汉译世界学术名著丛书

对德意志民族的演讲

〔德〕费希特 著

梁志学 沈真 李理 译

商務印書館
SINCE 1897
The Commercial Press

2017年·北京

Johann Gottlieb Fichte
REDEN AN DIE DEUTSCHE NATION
根据巴伐利亚科学院版
《费希特全集》第Ⅰ辑第10卷(斯图加特2006年，
弗洛曼出版社)第99—298页译出

汉译世界学术名著丛书
（120年纪念版·珍藏本）
出 版 说 明

2017年2月11日，商务印书馆迎来120岁的生日。120年前，商务印书馆前贤怀揣文化救国的理想，抱持“昌明教育，开启民智”的使命，立足本土，放眼寰宇，以出版为津梁，沟通中西，为中国、为世界提供最富智慧的思想文化成果。无论世事白云苍狗，潮流左右激荡，甚至战火硝烟弥漫，始终践行学术报国之志，无改初心。

迻译世界各国学术名著，即其一端。早在20世纪初年便出版《原富》《天演论》等影响至今的代表性著作，1950年代后更致力于外国哲学和社会科学经典的译介，及至1980年代，辑为“汉译世界学术名著丛书”，汇涓为流，蔚为大观。丛书自1981年开始出版，历时三十余年，迄今已推出七百种，是我国现代出版史上规模最大、最为重要的学术翻译工程。

丛书所选之书，立场观点不囿于一派，学科领域不限于一门，皆为文明开启以来，各时代、各国家、各民族的思想与文化精粹，代表着人类已经到达过的精神境界。丛书系统译介世界学术经典，引领时代思想，为本土原创学术的发展提供丰富的文化滋养，为推动中国现代学术和现代化进程做出了突出的贡献。

为纪念商务印书馆成立120周年，我们整体推出“汉译世界学术名著丛书”120年纪念版的珍藏本，寄望既利于文化积累，又便于研读查考，同时向长期支持丛书出版的译者、编者和读者致以敬意。

两甲子后的今天，商务印书馆又站在了一个新的历史时间节点上。我们不仅要铭记先辈的身影和足迹，更须让我们的步伐充满新的时代精神。这是商务人代代相传的事业，更是与国家和民族的命运始终紧密相连的事业。我们责无旁贷，必须做好我们这代人的传承与创造，让我们的努力和成果不仅凝聚成民族文化的记忆，还能成为后来人可以接续的事业。唯此，才能不负前贤，无愧来者。

商务印书馆编辑部

2017年10月

Reden

an

die deutsche Nation

durch

Johann Gottlieb Fichte.

Berlin, 1808.
In der Realschulbuchhandlung.

中文版序言

费希特的这部作品是他从 1807 年 12 月 13 日至 1808 年 3 月 20 日在柏林所作的十四次演讲，发表于 1808 年 5 月中旬，由于它在德意志民族的解放和复兴中发挥了十分卓越的作用，早已被大家认为是一部世界名著而载入史册。不过，对于它的包罗宏富的内容，却在不同的时期和不同的人们当中有不同的理解，因此，对于它的基本观点的评价也就往往很不相同，甚至截然相反。所以，我们想在这个中文版问世的时候，按照自己的初步理解和研究结果，扼要地向我国读者谈这样三个问题：首先，从当时欧洲政局的急剧变化和费希特哲学的现实使命来看，这部著作是如何形成的？其次，它究竟包含着哪些基本观点？它们是如何表述出来的？它们在什么限度内是正确的？以及最后它的历史命运如何？我们应该怎样评价它？

（一）这部著作的形成过程

大家知道，这位德国古典哲学家终生都坚持法国革命的理想，孜孜不倦地致力于弘扬理性王国。即使这场革命处于低潮，共和政府陷于困境的时候，他也向他的友人们明确地表示：“很显然，从现在起，只有法兰西共和国才能是正直的人的祖国，而正直的人也只能为这个共和国贡献自己的力量，因为从现在起，不仅人类的殷切希望，而且人类的现实生活都是与这个共和国的凯旋连结在一起的”[①]；“在我看来，最确实的事情在于，如果没有法国人取得巨大的优势，并且在德国，至少在它的一个相当大的部分，进行根本的变革，那么，任何一个深知要在自己的生活中作自由思考的人就都决不再会在若干年内找到德国有一个栖息的地方了”[②]。费希特把自己视为生活在理性王国里的世界公民，甘愿把法兰西共和国当做他自己的祖国。正是基于这种世界公民的立场，他曾经赞扬过为法兰西共和国立下赫赫战功的波拿巴·拿破仑将军，说“他了不起的地方在于，他不仅能指挥他的军队，而且也能指挥敌人，因为他总是懂得把事情安排成这样：敌人恰好做他希望他们做的”[③]。

但是，从拿破仑 1799 年 11 月 9 日担任第一执政的时候起，费希特就以疑虑的眼光注视着法国政局的演变。他对巴黎发生的事情作了冷静的、长期的观察。他看到了拿破仑镇压民主派和起用保皇派、清洗保民院和恢复世袭制，看到了拿破仑把保卫法兰西共和国的正义战争转变为侵略欧洲其他民族的非正义战争，犹如一只翱翔在欧洲上空，寻取猎物的秃鹰。一言以蔽之，费希特最后认识到，拿破仑决不是法国革命原则的传播者和继承者，而是这场革

---

① 致美因茨教育管理中心弗·威·容（1799 年 5 月 10 日），《费希特全集》，第 III 辑第 3 卷，第 349 页。

② 致基尔大学卡·莱·赖因霍尔德（1799 年 5 月 22 日），同上书，第 355 页。

③ 《同时代人谈论中的费希特》，第 1 卷，第 418 页。

命的伟大成果的篡夺者。因此,在 1804 年 12 月 2 日罗马教皇庇护七世给拿破仑加冕以后,费希特在自己的著述活动中就逐步展开了对于这个篡权者的批判,而且这种批判是站在爱国主义的立场上进行的。

如果说费希特在 1805 年的哲学演讲里也只是应用以古喻今的方法,暗示拿破仑属于暴君之列[①],并不尊重人类[②],那么,在 1806 年法国与普鲁士的矛盾加剧,弗利德里希·威廉三世决定对拿破仑开战的时候,他的爱国主义则不仅见诸文字,而且也诉诸行动。4 月至 7 月,针对《普鲁士家中常客》杂志宣扬的普鲁士沙文主义,他撰写了《爱国主义及其对立面》的谈话录第一部分;8 月至 9 月,写出《把激动人心的雄辩能力用于当前的战争》、《对德意志战士的演说》和《略论一个当今的无名之辈》,希望振奋民心和坚决抗敌;9 月 19 日上书普鲁士国王,请求担任随军宣讲师,虽然这个申请未被批准,但费希特的爱国热忱感动了众人;10 月 14 日拿破仑军队在耶拿和奥尔施泰德战胜普鲁士军队以后,他经普鲁士大臣哈登贝格同意,随他的友人、国王的御医胡弗兰德退到柯尼斯堡,以便在那里能够继续自由地思考;他在柯尼斯堡大学任教的时候,相继研究了马基雅维里和裴斯泰洛齐,写出《论英雄主义》、《对于政治问题的考虑》、《德意志共同体》、《论马基雅维里》、《爱国主义及其对立面》的谈话录第二部分和《裴斯泰洛齐〈格特鲁德是如

① 见《现时代的根本特点》第 12 讲(1806 年 2 月 10 日),《费希特全集》,第Ⅰ辑第 8 卷,第 334—335 页。

② 见《关于学者的本质》第 8 讲(1806 年 8 月 2 日),《费希特全集》,第Ⅰ辑第 8 卷,第 120 页。

何教育她的孩子们的〉研究》，为德意志民族的复兴从理论上进行了大胆的探索；1807 年 6 月 14 日拿破仑军队在弗里兰德击败俄国军队，占领柯尼斯堡以后，费希特又辗转到哥本哈根，在那里一直等到 7 月 12 日法国与普鲁士签订了《提尔西特和约》，才于 8 月 19 日返回柏林。

费希特在这个时期写下的这些论著为他随后的《对德意志民族的演讲》做了准备。具体地说，他的这些论著已经给德意志民族的解放和复兴解决了这样一些基本理论问题：

第一，关于爱国主义与世界主义。费希特把世界主义规定为一种认为人类生存的目的会在人类中得到实现的信念，而把爱国主义规定为一种认为这个目的首先会在我们是其成员的民族中得到实现，然后将所得的成就从这个民族传遍全人类的信念。他所说的人类生存的目的，像在《现时代的根本特点》中讲的，就是人类在自己的世俗生活中自由地、合乎理性地建立自己的一切关系，换句话说，就是建立理性王国；这是必须加以肯定的普遍原理，它将具体地体现出来。因此，费希特认为，世界上根本不存在什么抽象的世界主义，相反地，世界主义在现实中势必会变成一种以建立理性王国为宗旨的爱国主义。之所以如此，是因为世界主义无论在什么地方都不会毫无作为，而是会突然表现出来，按自己的方向进行工作和发挥作用，但是，它只能影响它作为活生生的力量直接生存于其中的那个国家，而这个国家则以自己的手段，按照自己的法律，在自己的界限内不断地引导它发生影响的活动。所以，费希特得出结论说：“任何一个世界主义者都会借助于民族给他设置的限制，势必成为爱国主义者；任何一个在自己的民族中是极其有力、

极其活跃的爱国主义者的人，也是极其活跃的世界公民，因为一切民族文明的最终目的都在于这种文明传遍全人类。”[①]这样，费希特就以一般与个别的辩证关系揭示了爱国主义与世界主义的统一性，一方面与脱离文明大道、放弃人类目标的狭隘民族主义划清了界限，另一方面与超越民族疆界、侵犯他国人民的世界霸权主义划清了界限。

第二，关于时代的演变。在费希特看来，在法兰西民族那里，建立理性王国的努力已经失败，代之而起的是对内镇压民主、对外发动侵略的拿破仑帝国；“这个篡权者为他自己利用了他从他的敌对者那里掠夺来的种种东西”[②]。在德意志民族这里，违反理性的利己主义发展到了极端，人们的“社会地位越高，道德品质就越坏”，而“只有在低等阶层当中，由于受到高等阶层的压迫，还能保持一些诚实性”[③]。他按照《现时代的根本特点》中规定的人类历史发展的逻辑，认为德意志民族这时已经走完了第三个阶段，即恶贯满盈的阶段，而正在转入第四个阶段，即理性科学阶段。或用他自己的话来说，“在人类发展中迄今发生的一切，都是在模糊的合理本能的指导下完成的。这种本能曾经鼓舞为数不多的出众人物，借助他们的活动进一步塑造人类。随着文明国家的形成，这种本能逐渐衰退，而且这些有独创才能的人物已经死绝；因此，对人类来说将不再可以指望他们”。“代替这种模糊的、神秘莫测的天才人物的是科学；自从理性不再作为模糊本能，以直接生命的形式

① 《爱国主义及其对立面》，《费希特全集》，第 II 辑第 9 卷，第 400 页。

② 《略谈当今的一个无名之辈》，《费希特全集》，第 II 辑第 10 卷，第 83 页。

③ 《德意志共同体》，《费希特全集》，第 II 辑第 10 卷，第 378 页。

发挥作用以来，理性就以自身的统一性，通过概念得到了明确的贯彻。科学的这种出现甚至就是合理本能衰减和消失的原因，因为这种本能实质上是预先为理性科学准备的能力”。“因此，科学和它的尽可能广泛的传播在我们的时代是人类最切近的目标，除了它以外，人类决不可能设定任何其他目标。”[①]所以，尽管时局有变迁，但费希特过去作为世界主义者视法兰西共和国为自己的祖国的立场和他这时作为爱国主义者献身于传播理性科学的德意志祖国的立场，却在逻辑上是前后一致的。

第三，关于德意志民族的特点和语言。针对德意志民族长期四分五裂的局面，尤其是面对奥地利与普鲁士当时那种在败北以后国破山河碎的景象，费希特写道：“普鲁士人与其他德意志人的分离是人为的，是基于一些任意的、由偶然机遇造成的安排；德意志人与其他欧洲民族的分离则是基于天然的东西。使德意志人与其他欧洲民族分离开的是共同的语言和共同的民族特点，这些共同的东西把德意志人相互统一起来。”[②]在他看来，德意志人的祖先就拥有这样的特点：严肃认真、坚韧不拔、谋求正当收益和对事物穷根究底；他希望这样的民族特点首先能在普鲁士突现出来，然后在整个德意志民族得到恢复。为了在民族危难时刻能长自己的志气和灭敌人的威风，他甚至借用马基雅维里在自己的时代对法国人和德国人作出的对比，从这位佛罗伦萨人的著作援引了这样的文字：“法国人不能忍受持久的劳顿和辛苦”；“遭受不幸，他们就

① 《爱国主义及其对立面》，《费希特全集》，第 II 辑第 9 卷，第 401、404 页。

② 同上书，第 403 页。

十分谦恭，时来运转，他们就狂傲无礼”；“他们往往变化不定，是轻浮的货色。”[①]关于把德意志人相互联系起来的共同语言，他是从人类进入理性科学时期的角度考虑的。他写道：“在德意志人当中已经开始有了这种科学，它积淀于他们的语言里；可以相信，有力量创造这种科学的民族也有巨大的能力去把握被创造的科学；只有德意志人会希望这么做，因为只有他们拥有这种科学，拥有他们可能由此得到的对于时代的理解，从而能认识到这就是人类最切近的目标。”[②]

第四，关于德意志民族复兴的途径和意义。在费希特的视野里，德意志民族的复兴并不单纯是德意志民族的事情，而且同时也是人类如何从它发展的病态阶段进入健康阶段的问题，即人类如何从利己主义占统治地位的时期进入自觉的理性进行统治的时期的问题。他的基本主张是：“科学是治愈病入膏肓的人类的唯一手段，”“科学的目的是让人自由地获得真理和实在的根据。”[③]当具有那种民族特点的德意志人能以这样的理性科学塑造他们自己的一切社会关系的时候，他们的民族也就得到了复兴，亦即进入了理性科学昌盛的时期。对于这个问题的解决，费希特并不寄望于那些在恶贯满盈的环境中成长起来的人们，而是寄望于质朴无华的后代。因此，他认为德意志民族的复兴完全取决于新人的教育。他肯定了裴斯泰洛齐作出的巨大贡献，认为这位瑞士教育家发现了能够教育出掌握理性科学的一代新人的唯一办法，因而“他也发

① 《论马基雅维里》，《费希特全集》，第I辑第9卷，第269—270页。

② 《爱国主义及其对立面》，《费希特全集》，第II辑第9卷，第404页。

③ 同上书，第426页。

现了医治整个人类的唯一办法”[①]。费希特批评了迄今的教育制度，主张用他倡导的民族教育重新塑造德意志民族；他同时把这样复兴德意志民族视为整个人类的事业，向世人明确地指出，“如果德意志人不能拯救人类文明的现状，那么，另一欧洲民族也几乎不会拯救这种现状”[②]。

第五，关于写作自由和出版自由。费希特正像他在过去已经认识到思想自由和言论自由是国家繁荣昌盛的必要条件一样，这时也深知写作自由和出版自由是德意志民族的解放和复兴的首要前提。理性科学本身就是一种自由的思考，如果它所获得的成果无法加以公开传播，德意志民族怎么能得到解放和复兴？因此，他一直不遗余力地抨击现行的书刊检查制度，建议当局取消这种扼杀理性的自由发展的制度。在当时的现实生活中，讲空话、讲套话的文字大肆泛滥，讲实话、讲真话的著作则受到了压制。他写道，“现在这里出现的情况是，那些除了会说每个人能背诵的话语之外，就不知道说出任何其他东西的人们，在方方面面都被允许如其所愿地使用大量纸张；但是，一旦确实存在理应说出的新思想，书刊检查官则不能立即理解它，并且会发生误解，以为它会包藏着一个在暗中留给他的毒物，所以他为了安全起见，宁愿把这种新思想压制下去”[③]。他把 16 世纪初的意大利与 19 世纪初的德国加以对比，要求当局能够提供三百年前罗马教皇公开承认的那种写作自由和出版自由。

① 《爱国主义及其对立面》，《费希特全集》，第 II 辑第 9 卷，第 438 页。

② 同上书，第 436 页。

③ 《论马基雅维里》，《费希特全集》，第 I 辑第 9 卷，第 234 页。

费希特返回柏林以后，就致力于整理这些研究成果，亟欲将它们传播给广大听众和读者。虽然由于接受普鲁士大臣卡·弗·拜梅的委托，起草建立柏林大学的计划，因而这个打算未能及时实现，但他很快就又回到了发表《对德意志民族的演讲》的准备工作上来。在11月，费希特不仅与出版家格·安·赖默尔(G. A. Reimer)商妥了出版这些演讲的办法，而且在《柏林政学消息报》上发表了两次通知，告诉听众，他将于今年冬季的每个星期天12时至下午1时，在柏林科学院圆形大厅作《对德意志民族的演讲》，作为前三年所作的《现时代的根本特点》的继续。12月10日在即将开讲的时候，费希特把他逐讲发表此书的方式通知柏林高等宗教监理会主席阿·弗·冯·舍费(A. F. von Scheve)，请这个书刊检查机构予以协助。

在准备这些演讲的过程中，费希特深知这是一项需要冒极大风险的工作。这是因为，纽伦堡出版家约·菲·帕尔姆(J. Ph. Palm)在1806年刊印过一本《处于极其屈辱的地位的德国》的小册子，由于不愿坦白交代这本反法著作的作者姓名，已被拿破仑下令枪决，而在当时的柏林，由于普鲁士政府尚未付清战争赔款，因而还驻扎着法国军队。所以，敢不敢作这一系列的演讲，对于一位立志要以自觉的理性塑造人类社会的先验哲学家来说，确实是一次生死的考验。费希特对此是做过充分准备的。他在11月下旬撰写讲稿时留下一页亲自写出的札记，其中说道："我个人的安危毫不足虑，相反地，我个人遭受的危害倒会产生极其有益的影响。我的家庭、我的儿子必将会得到我们的国家给予的援助，我的儿子必将会以自己拥有一个殉国的父亲为荣。这可以说是最好的命运。”[①]当他的《对德意志民族的演讲》第一讲书稿在书刊检查中遇到障碍，求助于那位跟随普鲁士国王仍然居住在梅梅尔的拜梅时，他在信中又进一步写道：“我深知我在冒什么危险；我知道我就像帕尔姆一样，会被一颗子弹打死；但这不是我害怕的事情，而且为了达到我所抱定的目的，我也会乐意死去。”[②]这种在民族存亡之际敢于挺身而出、大声疾呼的行动，真正表现了一位为真理而奋斗不息的德国古典哲学家的社会责任感。

（二）这部著作的基本内容

《对德意志民族的演讲》是按照原定计划在12月13日作的。开讲的情况已经不能像在三年前讲《现时代的根本特点》那样，在报纸上加以如实报道了。只有《有教养者晨报》这份不太显眼的刊物发表过一则不太显眼的消息：“在上个星期天，费希特又开始作他的演讲，在人数极多的听众面前，就时代精神的特点发表了既富有内容，又直言不讳的言论。他说，几年以来，自私自利毁灭了令人崇敬的形式，以敌对的态度阻挠了有益的美好事物的进步。社会地位较高的听众对他继续讲这个很重要的课题感到高兴。”[③]开讲时的那种既激动人心，又令人惊惧的场面，也只有在时过境迁以后，才有可能见诸文字。德国著作家卡·奥·法恩哈根·冯·恩

① 《一个考虑》，《费希特全集》，第II辑第11卷，第275页。

② 致卡·弗·拜梅（1808年1月2日），《费希特全集》，第III辑第6卷，第213页。

③ 柏林《有教养者晨报》，1801年1月1日。

塞(K. A. Varnhagen von Ense,1785—1858 年)在自己的《回忆录》里就对费希特演讲时的情景有过这样的描述:

"费希特是在 12 月开始作他的报告的,我没有错过听这些在科学院圆形大厅里向许多男女听众作的报告。这位杰出的男子汉以极大的感召力鼓舞那些垂头丧气、迷失方向的祖国同胞要有勇气和信心,向他们描绘了德意志人的大量优点,这些优点虽然由于漫不经心和蜕化变质而已经被夺走,但德意志人无论在什么地方和什么时候都能够,并且应当把它们作为自己的不可转让的财富再夺回来;这位杰出的男子汉为此指出了一种需要从根本上重新建立的、有计划地实施的民族教育,作为真正的、唯一的和不可缺少的治病措施。他的严肃的精神旨在全盘改造我们的现状,他所渴望的无非是要在道德精神生活中随时随地促进和发展本真的东西,而放弃虚伪的、空洞的东西,让这类东西本身逐渐死亡;并且他认为,不靠暴力转变,而单纯通过进化,就将从现存的持久东西中不知不觉、毫无阻碍和自然而然地涌现出我们民族哀叹自己缺乏的那全部力量和壮丽景象。在这方面,他有充分的理由,违背他过去那种把全有和全无相互对立起来的做法,而去欢迎新生活的任何极其微小的萌芽,欢迎进化过程的任何还很不甚重要的开端,并且打算先满足于这样的萌芽或开端。他那种具有巨大思想意义的、用全部极其真挚的信念力量讲出的言论,也由于他有一种非凡的勇气而发生了特别重要的影响,正是依靠这种勇气,一位德国教授在法国军队面前扶起了德意志民族的那面被敌人扳倒、践踏在地的旗帜,宣告了这样一条原则,这条原则经过发挥,必将又战胜外国当权者,彻底消灭其势力,但法国军队则多次从旁列队经过,

以其击鼓的声音直接妨碍他的演讲，对他的演讲起了一种紧急警告的作用。对于出版家帕尔姆的命运的想象还完全浮现在人们的脑海里，使好多人对这位毫无惧色的男子汉提心吊胆，因为他的自由和生命就像挂在一根线上一样，完全系于他讲的每一句话；虽然有方方面面对他发出的告诫，有那些生怕法国人恼火，给自己造成伤害的普鲁士下级行政机构对他产生的疑虑，甚至还有闯进来听讲的法国人对他的注视，但他在已经开始的工作中并没有让自己受到这些因素的干扰。”①

这段回忆录最后涉及一个重要问题，即在法国军队仍然驻扎在柏林，普鲁士政府派出的直属维和委员会维持当地局面的情况下，费希特用什么样的方式，才能既不在涉及法兰西帝国的方面授人以柄，又不在涉及普鲁士政府的方面增加麻烦，而把自己要向公众讲的观点巧妙地阐述出来。如果说他在过去被指控为宣传无神论时还在实际的斗争中显得经验不足，那么，1807—1808 年的费希特则已经不再是 1798—1799 年的费希特了。我们可以从他的整个演讲看出，他为了把他业已形成的观点在那样危险和难办的处境中陈述出来，的确字斟句酌，考虑过自己应当采取什么样的表达方式。在谈到德意志民族的解放时，他并没有说要把侵略者赶出去，而是说我们的客人有朝一日要回到他们的家中；在批判那种对拿破仑的崇拜时，他应用对比的方法，首先说明伟大人物的本质，然后揭示与此相反的人物的卑劣行径，让听众自然而然地联想

① 法恩哈根：《回忆录》，莱比锡 1871 年第 3 版，卷二，第 82 页以下。见《同时代人谈论中的费希特》，第 4 卷，第 72—73 页。

到拿破仑究竟是什么东西；在批评普鲁士政府的腐败无能时，他也总是采用暗示和淡化的方法，甚至把他认为腐败之风是从上而下蔓延开的观点加以颠倒，说腐败现象会从下而上侵袭统治者。所有这些都足以表明，费希特不仅具有勇于宣传真理的无畏精神，而且具有善于宣传真理的娴熟技能。

关于他在《对德意志民族的演讲》里提出的思想，我们大致可以把它们概括为四个方面，分别予以述评。

第一，关于德意志民族在当时所处的历史阶段。在《现时代的根本特点》里，德国所处的历史时期曾经被规定为个人直接摆脱专断权威、间接摆脱任何理性统治的时期，但是在此之后的三年中，欧洲的局势出现了迅速而巨大的变化。1805年，拿破仑在奥斯特里茨打败了奥地利人和俄罗斯人，并在普雷斯堡和约中迫使奥地利进一步割让了它在德国南部和意大利的地区；1806年，拿破仑在德国南部和西部组成依附自己的莱茵同盟，消灭了德意志神圣罗马帝国以后，又击败了孤军反法的普鲁士，使之遭到毁灭性的军事失败；1807年，普鲁士虽然根据《提尔西特和约》还可以作为一个国家继续存在下去，但它必须把易北河西部地区割让给法国，并且法国人占领了全部普鲁士要塞，还规定了普鲁士军队的编制不得超过四万二千人。对于德意志国家遭到的这种惨败，费希特是站在具有世界主义思想的爱国主义者的立场上进行考察的，因此，他与那些抱着狭隘民族主义思想的人们不同，首先看到这是一个已经过时的历史阶段的结束。他在第一讲的开头就声明：

“我已经预告过，我就此开始的演讲是三年前的冬天我在这同一个场地作过的一些演讲的继续，它们已经以‘现时代的根本

特点'为题刊印出来。我在那些演讲里表明，我们的时代处于全部世界史的第三大阶段，这个阶段以单纯喜欢感性享受的自私自利为其一切活跃的行为的动力；这个时代也完全是以这种动力的唯一可能性理解它自己的；它依靠对于它的本质的这种清楚的认识，在它的活生生的存在中拥有过深厚的基础，获得过牢固的支柱。

"我们的时代胜过了有史以来的任何其他时代，正在迈着巨大的步伐前进。自从我这么解释正在前进的时代以来，在所述的以往三年当中，这个发展阶段已经在某个地方完全结束了。在这个地方，利己主义经过充分的发展以后，丧失了它的自我及其独立性，从而自己毁灭了自己；而在它除了它自己，并不喜欢设定任何其他目的的时候，外来暴力也还把另一个这样的外来目的强加给了它。"[①]

费希特向他的听众说明了利己主义的充分发展怎样使德意志国家遭到了惨败。他说，利己主义"在首先掌握了全体被统治者以后，如果也从被统治者出发，侵袭了统治者，成为他们生活的唯一动力，那就发展到了登峰造极的程度"[②]。这时，这种利己主义的统治在对外方面会放弃把德意志民族联结起来的纽带，而抱有一种认为只要自己不受侵犯，自己就拥有和平的可悲幻想，在对内方面会表现出优柔寡断，会使管理国家的机构涣散无力，举措没有威严。其结果就是德意志民族完全腐败，在遭到严厉打击时趋于没

① 《费希特全集》，第Ⅰ辑第10卷，第104页。

② 同上书，第109页。

落，丧失了自己的独立性。同时，费希特也向他的听众说明，谁丧失了自己的独立性，谁也就丧失了影响时代潮流的能力，而使自己的生存和发展取决于支配他的命运的外来暴力，不得不听从外国人的计划；但这种外来暴力并不代表人类历史发展的更高阶段，而是在建立理性王国的努力失败后产生的肆意扩张的利己主义，所以，这种外来暴力强加给遭到惨败的利己主义的也无非是另一个自私的目的，惨败者并没有因而进入一个新的世界里。

那么，德意志民族今后的出路何在呢？费希特同样站在具有世界主义思想的爱国主义者的立场上回答了这个问题。在他看来，按照《现时代的根本特点》中阐明的人类历史发展的逻辑，合理本能直接进行统治的时期和合理本能间接通过外在权威进行统治的时期，都是人类自我塑造过程中的不自由的阶段，而只有自觉的理性传播于全人类的时期和自觉的理性进一步通过完善的技艺塑造人类的时期，才是人类自我塑造过程中的自由的阶段；在居于这两者之间的第三个时期，那种要摆脱任何理性的个人并没有真正的自由，而只有开始出现的自觉理性才有真正的自由可言。在他看来，虽然人类在当时整个来说还处于第三个时期，但是，德意志民族既然已经在利己主义自己毁灭自己时走完了第三个时期，那么，也就拥有了率先转入建立理性王国的第四个时期的美好前景。他向他的听众说，“人类如果不应停留于那个没有价值的阶段，那就必须从现在开始，把自己塑造为自己还应进一步变成的一切东西”。“这种自我塑造一般是经过深思熟虑，按照规则，有朝一日必定会在空间里的某个地方和时间上的某个时刻开始的，而这会使人类经过深思熟虑的自由发展的第二个主要阶段取代不自由发展

的第一个主要阶段。我们认为，从时间方面来看，现在正是这个时期，人类现在正处于其尘世生活过程的真正中段，处于其两个主要发展时期之间；但从空间方面来看，我们却认为，首先应该要求德意志人开始一个新的时期，成为其他民族的先驱和典范”[①]。在这里，费希特把德意志民族的发展方向与整个人类的发展结合到了一起，认为它在过渡到第四个时期时应该作出好的榜样，尽到世界主义的义务。

告别恶贯满盈的阶段，转向自觉理性的阶段，这就是德意志民族所处的时期，就是德意志民族的复兴。正是依据这样的清晰认识，费希特劝告那些在失败面前痛心疾首，垂头丧气的人们要正确了解当前的处境，振作起来，积极投入新的生活，致力于复兴德意志民族的伟大事业。而在这里，“没有任何人，没有任何神，也没有可能的世界里的任何事件，能够救助我们，而是唯独我们自己必须救助自己，如果我们能得救的话”[②]。

第二，关于德意志民族复兴的途径。费希特所说的德意志民族的复兴，并不是通常所谓的民富国强，而是从人类社会发展的第三个时期过渡到第四个时期，逐步在尘世建立起理性王国。在这个系列的演讲里，他总结了法国革命后为什么未能逐步建立起这样的王国的经验教训。他说，在我们这些同时代的人眼前，一些外国人轻松、热情和勇敢地进行过现代世界的建立完善国家的课题。但不久以后，他们放弃了这项课题，不仅把它作为罪行予以谴责，

① 《费希特全集》，第Ⅰ辑第10卷，第138页。

② 同上书，第107页。

而且还要尽可能把他们过去做出的那些努力从他们的历史中一笔勾销。“造成这种结局的原因已经昭然若揭:合乎理性的国家不能靠弄虚作假的做法,用手头现有的材料建立起来,相反地,要建立起这样的国家,一个民族首先必须获得文化素养,教育水准必须得到提高。一个民族只有依靠脚踏实地的工作,首先解决了培养全面发展的人的教育课题,然后才能解决建立完善的国家的课题。”①

这个总结极其重要,它向人们明确地指出,法国革命的理想之所以没有实现,是由于在莱茵河西岸的那个民族的文化素养和教育水准不够高,没有首先解决培养全面发展的人的历史课题。那么,在莱茵河东岸的德意志民族是否有解决这个课题的必要性和可能性呢?费希特对此做出了肯定的回答。首先,从历史发展的逻辑来看,费希特认为,在德意志民族过去所处的发展阶段,由于利己主义的自我毁灭,它已经丧失了它的自我,丧失了它的独立性,如果它想要救亡图存,那它就必须逐步过渡到人类历史发展的更高阶段,创造一个由自觉的理性支配的新世界,过一种由自觉的理性支配的新生活。他写道,“利己主义的这种现在发生的自我毁灭,既是我提到的时代进程,也是这个时代的崭新事件,在我看来,它使我就这个时代在以前所作的描述的继续已成为可能和必要;所以,这种毁灭应该是我们当前的真实情况,我们的新生活在一个被我断定同样存在的新世界里必须跟它直接联系起来”②;针

① 《费希特全集》,第Ⅰ辑第10卷,第178—179页。

② 同上书,第109页。

对人们就德意志民族的不幸相互指责别人的情况，他进一步指出，“招致我们的不幸的，不仅是那些曾经偶然身居最高位置的个人，而且是时代的整个风尚”；“人们如果仍然不完善，那就别无他途，而只能犯错误”；“只有进行一种彻底的改造，只有开始一种崭新的精神，才能够救助我们”[①]。这就是说，培养全面发展的新人是德意志民族过渡到人类文明史上的一个更高发展阶段的必由之路。

其次，从思想发展的过程来看，费希特认为，在德意志民族中形成的真正哲学作为时代精神的精华已经获得概念的明晰性，进入了真正干预实际生活的阶段，因而完全有可能解决培养全面发展的新人这样一个理性课题。具体地说，从莱布尼茨到康德，不仅提出了在理性本身去发现超感性的东西，创造真正的哲学的课题，而且终于解决了这个课题。于是，自由思维就成了获得真理的源泉，哲学就成了自身变得清晰的哲学。现在，德意志民族可以借助于这种哲学，应用清晰的概念，既认识到自己过去在模糊感觉的状态下，被自然力量规定为什么，也认识到自己将按照时代的要求，被理性力量塑造为什么。目前，从长远的意义上列入议事日程的步骤是培养全面发展的人。没有这一步，已经建立的真正的哲学则将永远得不到广泛的理解，更谈不上被普遍应用于生活；反过来也一样，没有这样的哲学，培养完善的人的教育将永远不能达到其目的。正是依靠真正的哲学的这种取代旧世界和创造新世界的巨大威力，费希特写道，“来自模糊感觉的、由既定的和自己塑造自己

① 《费希特全集》，第Ⅰ辑第10卷，第279—280页。

的存在者组成的世界现在已经沉沦下去，而且还会继续沉沦下去；与此相反，来自原始清晰性的、由不断从精神分娩出来的存在者组成的世界则将光芒四射，开始其整个光辉的时期”[①]。所以说，德意志民族是为培养完善的人做了充分准备的。

据此，费希特倡议废除迄今的教育制度，而实施一种培养全新的自我，使德意志民族能过全新的生活的教育制度。这两种教育制度的区别在于：其一，前者虽然也在宗教、道德和法律方面劝诫它的学子们要在自己的生活中模仿良好的榜样，但并没有抓住生活发展的根苗，因而它的学子们都没有遵循这些劝诫，而是遵循了他们那种不必加以教育就自然而然地形成的利己主义冲动；与此相反，后者则抓住了生活发展的根苗，因而不是要培养人的某种东西，而是要培养人本身，不是要使自己提供的教养成为学子的财富，而是使这种教养成为学子人格的组成部分。其二，前者迄今只是将它所能提供的教养施给那些人数极少的阶层，而民族共同体真正依靠的大多数人，即民众，则几乎完全为它所忽视，受着盲目机遇的摆布；与此相反，后者则“把新的教养施给一切德意志人，以致这种教养不是成为一个特殊阶层的教养，而是不折不扣地成为这个民族本身的教养，并且毫无例外地成为它的一切单个成员的教养”，因而“各个阶层将来在其他发展部门可能发生的一切差别都会完全消失”[②]。我们可以说，费希特就两种教育制度所作的这两点对比，即教育是培养言行一致的善良公民，还是培养言行不一

① 《费希特全集》，第Ⅰ辑第10卷，第139页。

② 同上书，第114页。

的利己主义者，教育是为有钱有势的阶层服务的，还是为消灭一切阶层的差别服务的，都抓住了教育事业中的根本问题，并从推动人类社会向前发展的角度给这两个问题作出了正确的答案。

费希特在他的这个系列的演讲中详细地分析了这种拯救德意志民族，彻底改造人类的新教育的各个方面，并最后以他那清除旧世界、创造新世界的先验哲学观点阐明了这种民族教育的精神实质。他说，"迄今为止，感性世界通常都是被看作完全本原的、真实的和现实存在的世界，最先向受教育的学子阐述的就是这个世界；学子是从这个世界才被引向思维，而且大多数是被引向对这个世界的思维，是为这个世界服务的。新的教育恰恰要把这种秩序颠倒过来。对它来说，只有被思维把握的世界才是真实的和现实存在的；它想从一开始就把自己的学子引入这个世界。它只想把学子们的全部爱和全部愉悦同这个世界联系起来，使得生命必然唯独产生和出现在他们的这个精神世界里。迄今为止，在大多数人中间只有肉体、物质、自然的力量是活着的；通过新的教育，在大多数人中间，甚至不久就在所有的人中间，将只有精神是活着的，并驱动着人类；这种坚定、确实的精神从前被说成是建制优良的国家唯一可能的基础，现在应当得到普遍的培养"[①]。这是从长远的目标谈新教育的精神实质的，肯定了它的使命在于培养建立理性国家的新人。同时，费希特也从切近的目标阐明了新教育的精神实质。他说，"这种需要加以培养的精神本身直接体现了对祖国的高度热爱，它把它的尘世生活理解为永恒的生活，把祖国理解为这种

① 《费希特全集》，第Ⅰ辑第10卷，第215页。

永恒生活的载体”;“从这种爱中自然会产生出保卫祖国的勇士和安分守法的公民”;这种“完整的人将在他的各方面都臻于完善,在内部变得圆满无缺,在外部变得十分干练,可以达到他在时间过程和永恒状态中的一切目的”;这样,“精神的本质就把我们完全摆脱一切压迫我们的苦难的解放事业同我们光复民族和振兴祖国的事业不可分割地联系在了一起”[①]。因此,从这种新教育的精神实质来说,它既是世界公民的,同时也是德意志的;换句话说,它的实质就在于世界主义与爱国主义的统一。

关于如何实施这种新教育的问题,费希特根据他以往的研究结果,向他的祖国同胞大力推荐了瑞士约翰·海因利希·裴斯泰洛齐的教育理论和教育实践,把这位伟大的教育家视为像马丁·路德那样,将会以其全部精神力量支配德意志民族的泰斗。对于裴斯泰洛齐提倡的教育原理,诸如德智体全面发展,智育要从感觉到思辨,循序渐进地加以提高,教育与生产劳动相结合,教育要与现存的污浊环境隔离开,他都给予了高度的评价。同时,他也看出了这种教育理论与教育实践的内在矛盾。他指出,裴斯泰洛齐一方面像路德那样,把对于无人关心的民众的爱变为自己生命中的生命,因而想达到一个特定的目的,那就是给特别受到忽视的民众的孩子们提供最亟须的帮助;但另一方面,裴斯泰洛齐使用的教育方法却是达到一个更高目标的手段,那就是培养全面发展、建立理性王国的新人的手段。费希特要求人们放弃所有从第一个目的而来的东西,而只坚持所有达成第二个目标的东西;他据此肯定了裴

① 《费希特全集》,第Ⅰ辑第10卷,第216页。

斯泰洛齐给人类作出的贡献，说“他的晚年凭他真正在精神领域里作出的发明而获得了最大的盛誉，而这种发明的成就远远超过了他过去最勇敢地期望得到的成就。他的确只想帮助民众，但他的发明如果完全得到推广，却将会扬弃民众，扬弃民众与有教养阶层之间的全部差别，不会提供所要寻求的民众教育，而会提供民族教育，并且很可能有能力帮助各民族和全人类走出现在所处的苦难深渊”[①]。

第三，关于德意志民族的独特性。这个课题的提出不仅是为了维护德意志民族的独立，而且是为了贯彻新教育所要求的原则。费希特认为，一个民族就是那些在社会中生活在一起，不断地在精神上从自身产生出自身的人们所组成的整体；他按照这个民族概念，对日耳曼人的迁徙和分化的历史进行了考察，认为德意志民族仍然处于一种由现实生活发展而来的原始语言不断流动的状态，而日耳曼裔的其他民族则采用了一种相对于他们而言的外来语言，于是就造成了这样的结果：在具有活生生的语言的德意志民族中，精神文化影响生命，在不具有这种语言的其他民族中，精神文化与生命则互不相干；德意志民族对精神文化采取严肃认真的态度，其他民族则把精神文化视为天才的游戏；德意志民族做一切事情，都很诚实、勤奋与认真，而且不辞劳苦，其他民族则作风懒散，随遇而安；因此，在德意志民族中，广大的民众都是可以教育的，教育者将自己的发明用于民众，在其他民族中，有教养阶层则与民众分离，把民众视为实现自己的计划的盲目工具。费希特这里说的

① 《费希特全集》，第Ⅰ辑第10卷，第218页。

是德意志民族的特点，他用这些特点说明德意志民族最适合于实施他所倡议的民族教育，而他得出这些特点的论据也不过是先验唯心论的这样一条语用学原理："语言塑造人远甚于人塑造语言。"①

关于把一个民族维系为一个整体，使它能生息繁衍的精神，费希特也进行了考察。在他看来，德意志民族的精神是一种坚定的、确实的精神，它生机勃勃，不断地推动社会生活前进，因而在新的教育中着眼于芸芸众生，着眼于整个民族；其他民族的精神虽然也是一种坚定的、确实的精神，但早已失去生气，滞后于现实生活的发展，因而在教育工作中只着眼于拔尖人物，着眼于帝王将相。在这里，费希特殷切希望德意志人发掘和发扬这种生机勃勃的民族精神，使之成为自己的思维和行动的支柱，从而使自己成为本来就应当成为的德意志人。他向他的祖国同胞说，"在我们这里，生活和思维必须是一个整体，而且必须是一个融会贯通、毫无瑕疵的整体；我们必须在生活和思维中合乎自然和真理，从我们这里抛弃那些外来的玩意儿；一句话，我们必须塑造自己的性格；因为'具有性格'和'是德意志的'，这两者无疑是意义相同的，这件事在我们的语言中没有别的名称，因为它恰恰应当无须我们的一切知识和思索，而从我们的存在中直接产生出来。"②

任何不抱偏见的人都会对费希特在民族悲观主义普遍弥漫的时刻，竭力论证德意志民族有这样卓越的独特性表示理解，但是同

① 《费希特全集》，第Ⅰ辑第10卷，第145页。

② 同上书，第254—255页。

时也会看出其中不乏矫枉过正之处。弗兰茨·梅林曾经就此指出，"不难了解，崇高的东西可以变为可笑的，如果不是在一步之中，就是在一世纪之中"[①]。这个评论是完全正确的，但问题在于费希特这样夸大德意志民族的独特性，是否达到了违反世界主义的普遍原则的地步。我们的答案是否定的。其一，他认为，"有些民族，他们自己想要保存他们的特点，想要使别人知道尊重他们的特点，因而也承认其他民族自身的特点，乐意和允许其他民族有这种特点；毫无疑问，德意志人是属于这些民族的"[②]。其二，他在谈到德意志民族的复兴所建立的最高尚的道德必将传播到其他民族的时候，针对拿破仑蹂躏欧洲其他民族的现实写道，人的伟大之处在于，"他鄙弃那种为统治人们而必定先要贬低他们的想法；看到自己周围的堕落，他十分压抑，不能尊重人们，这使他感到痛心；但是，所有那些能使他的情同兄弟的同时代人得到提高和变得高尚的事情，所有那些能将他们置于更为庄严隆重的光明境地的事情，则使他自己的高尚精神感到舒畅，而且是他的最高享受"。因此，"这样一种人绝对不可能除了尊重自己，就不尊重各个民族和个人的独立性、坚定性以及生存的独特性"[③]。其三，在谈到德意志人应该如何对待其他民族彼此进行的战争时，他指出，"只要这个民族仍然团结一致，同心协力，那么，如果其他的欧洲人想在一切海域，在一切岛屿和海岸自相残杀，德意志人在欧洲中心的坚固壁垒就会阻止他们相互靠近，——这里本来会保持和平，德意志人本

① 梅林：《保卫马克思主义》，北京1982年，第233页。

② 《费希特全集》，第I辑第10卷，第276页。

③ 同上书，第263—264页。

来会保持自己的安宁和富裕，同时保持其余一部分欧洲民族的安宁和富裕”①。其四，在谈到欧洲的其他民族远渡重洋，掠夺地球上其他部分的居民时，他写道，“呵，但愿德意志人的有利命运能同样保护他们不间接参与掠夺其他世界的行径，就像它曾经保护他们不直接参与这种行径一样！但愿轻信态度和那种也希望像其他民族一样优雅地、高贵地生活的欲望，不会使产于其他世界的非必需品成为我们的必需品；但愿我们在考虑那些不怎么缺乏的物品时，宁肯向我们的自由同胞提出一些可以承受的条件，而不想从大海彼岸可怜的奴隶的血汗中攫取利益”②。德意志民族之所以能这样对待其他民族和国家，是有其根据的。因为德意志民族的复兴在于培养建立理性王国的新人，而“这项工作在内容上拥有的精神并不是狭隘的和排外的，而是普遍的和属于世界公民的”③。试问，一个由这样的新人组成的国家怎么可能以另一种方式对待其他民族和国家呢？所以，费希特关于德意志民族的独特性的论述无论有什么偏颇，也仍然没有偏离开普遍的世界主义原则。

第四，关于德意志民族复兴的砥柱和前景。费希特在谈到他的复兴德意志民族的宏图时，直言不讳地声明它是在形式上以柏拉图的理想国为范本的，但在内容上则是要满足他那个时代建立理性国家的要求，因此，在回答谁应该实施复兴德意志民族的新教育计划时，他当然就不再寄希望于他的祖国会出现一个哲学家国

① 《费希特全集》，第Ⅰ辑第10卷，第269页。

② 同上书，第273页。

③ 同上书，第189页。

王，而是把自己期待的目光首先投向了国家。他强调指出，唯有实施民族教育，才能摆脱压迫德意志民族的一切灾难；人民之所以需要国家，也仅仅是为了让它在它的整个领土上毫无例外地为它的每个新生公民实施这种教育。他主张把国家的收入集中投入民族教育事业，而批评了那种把国家的绝大部分收入都用于维持常备军的做法，因为他认为，在普遍实施民族教育以后，新生长起来的年轻一代都经过了完备的训练，习惯于承受任何艰苦努力，在心中充满了对于祖国的爱，而克服了任何自私的冲动，因此，“国家一旦需要，就能召唤他们，将他们武装起来，并且可以肯定，没有任何敌人能够打垮他们”[①]。费希特把他倡议的新教育的实施寄希望于国家，当然符合于时代发展的需要，但他的全民皆兵的思想就像后来在反拿破仑的民族解放战争中表明的那样，则是竭力维护自己的世袭统治地位的德意志君主无法接受的。

其次，这种民族教育的实施应该以哪种社会力量为其支柱呢？应该说，费希特已经正确地认识到，“迄今为止，人类的一切进步在德意志民族中都是从民众开始的，各项伟大的民族事务总是被首先交付给民众，由他们加以掌管和进一步加以促进；所以，这时就第一次出现了一种情况，那就是这个民族的根本改造是向各个有教养的阶层提出的，如果他们真正采纳了这个建议，也就会破天荒地出现那种改造”[②]。他完全相信民众能够做出伟大的创举，这的确是一个宝贵的思想；他在寻求支持新教育的社会力量时，诉诸有

① 《费希特全集》，第Ⅰ辑第10卷，第242页。

② 同上书，第11页。

教养的阶层，这也是很明智的，而且为了做到这一点，他甚至主张采用强制措施，让青年学子与那些没有教养、业已腐败的成年人隔离开，并且希望像《圣经》上说的那样，给这些堕落的人们的脖子套上磨盘，让他们淹死在大海深处[①]。但是，这种有教养的阶层在哪里呢？费希特首先把目光投向乡村中开明的封建领主，认为这个阶层在自己的领地上为孩子们创办的教育事业是卓越的，然而1807年10月9日普鲁士政府宣布了废除隶农制度，这样，费希特也就只寄希望于国家保留这项事业了。其次，他把目光投向城市中拥有善良意志的市民，但是在当时的德国并没有从市民中形成一个在经济上强大的有产者阶层，足以大规模地兴办教育事业。这也就表明，费希特复兴德意志民族的教育理论正像他的其他社会理论一样，在现实生活中还缺乏立即付诸实践的社会力量，而且后来从普鲁士建立柏林大学到实行强制性的义务教育都是由不怕花钱的政府完成的。

最后，我们还应当挑明费希特是怎样设想德意志民族复兴的前景的，即怎样设想自觉理性支配的新世界的。其一，从政治体制方面来看，费希特认为，德意志民族应在民主制的基础上统一起来。他虽然没有像1813年夏季这个问题提上议事日程时在《国家学说》的演讲里那么详细论述，但这时也指出了德意志人应该建立什么样的统一政府。他反对一个特定的德意志国家谋求整个德意志民族统一于它的治理之下，实行集权专制，而认为共和政体是德意志文明的首要源泉，是保障它的独特性的优异手段，所以他写

① 《新约全书》，“马太福音”，第18章第16段。

道,“假如建立的统一政府本身真的没有采取共和政体的形式,而是采取了君主政体的形式,那么我说,在这种情况下,如果这一图谋获得成功,如果每个高尚的人都必须在整个共同的大地上对它进行抵制,这对德意志人的热爱祖国的事务就诚然会是一个很大的不幸”①。其二,从经济体制方面来看,费希特重申他在《锁闭的商业国》中的主张,即将社会分为农业、工业、商业和公务四个领域,并相应地将社会成员分为农民、工人、商人和公职人员四个阶层,规定这些阶层在生产、流通、分配与消费方面的合理比例关系,从而制定出一个杜绝对外贸易,自给自足,按比例发展的国民经济模式;为了给这样一个既没有穷人,也没有懒汉的社会培育新人,费希特特别强指出,在把学子们培养为劳动者时,要把这样一条体现人的尊严的原则铭刻在他们的心中:“想靠别人,而不是靠自己的劳动维持自己的生计,是可耻的。”②其三,从道德风尚来看,费希特认为,德意志民族复兴的根本就在于建立起一种本身纯粹、高尚和伟大的精神,作为一种坚定不移的基础,使这个民族“最终将在这种基础之上建立起最高尚、最纯粹的和人类还从来没有过的道德,它在以后的一切时代都将获得保证,并将从这个民族出发,被传播给世界上的其他民族”③。正是在德意志民族率先建立起这样一个按照自觉理性安排自己的社会关系的新世界的意义上,这个民族才能够成为世界的再生者和重建者,而这可以说就是《对德意志民族的演讲》的主旨。

---

① 《费希特全集》,第Ⅰ辑第10卷,第213页。

② 同上书,第236页。

③ 同上书,第264页。

(三)这部著作的历史命运

费希特本来打算逐讲送审,逐讲付印,以期在最后一讲结束后,出版家格·安·赖默尔能够尽快开印,让读者早日见到此书。但这个演讲系列从第一讲送审开始就命途多舛。书刊检查官约·威·亨·诺尔特(J. W. H. Nolte)在审查结论中说,"尽管作者先生是从一种哲学立场考察他的研究对象的,但他无论在涉及普鲁士政府的地方,还是在暗指法国政府的地方,两者都讲得很明了、很醒目,使我当然不无理由地担心,无条件地签发印刷许可证,将会带来令人不快的麻烦";因此,这位书刊检查官就要求费希特"不必逐讲付印,而是在演讲结束以后,将全书呈交审查"[①]。真正的哲学家不怕牺牲,希望尽量把事情讲清楚,胆怯的书刊审查官则怕丢掉乌纱帽或者招来杀身之祸,其结果就是第一讲书稿被扣压下来,未能及时付梓。不过,阐述民族教育的一般原理的第二讲却使书刊检查官先生们感到很放心,因而立刻获得了印刷许可证。而且从此以后,除了第三讲的宗教哲学内容让书刊检查官难以读懂,第五讲批评法国语言和文学的言论可能惹出麻烦和第八讲暗示德国现状的说法会在政治上引起疑问,因而使书刊检查机关费了一点周折以外,费希特的讲稿都获得了印刷许可证。但最后,他还是遇到三个问题:其一,书刊检查机关不负责任,丢失了送审的第十

① 《同时代人谈论中的费希特》,第 4 卷,第 80—81 页。

三讲书稿；费希特对此极为恼火，但也只好补写，而书刊检查机关的领导人阿·弗·冯·舍费则把发生这个事故的责任推给了可怜的出版家。其二，第十四讲的两个段落又被认为会引起法国人的反感，费希特修改了它们以后，仍然不能使舍费满意；他求助于普鲁士首相斯坦因男爵，不料这位政治家在涉及法国的问题上亦爱莫能助，于是又不得不再违心地做一次妥协。其三，第一讲的印刷许可证在费希特结束最后一讲时都没有颁发，他曾求助于普鲁士大臣卡·弗·拜梅，但这位大臣告诉他，这个问题需要等到普鲁士政府从柯尼斯堡返回柏林以后才能解决，在这种情况下，他又不得不对书刊检查机关表示让步，修改了要求修改的段落。由此可见，一位真正的哲学家在民族危亡之际愿为祖国竭尽绵薄，总是会遇到重重阻碍，而难以完全发挥自己的力量。

这部著作在柏林发表于1808年5月中旬。要是在正常的情况下，它肯定会引起强烈的反响和热烈的争论，但即使是在当时那种仍然驻有法军的条件下，各类报纸和期刊也相继发表了八篇评论它的文章。大部分文章都对它作出了肯定的评价。例如，基尔大学著名历史学教授狄·赫·黑格维什(D. H. Hegewisch)就认为，这部著作会给那些垂头丧气、忧心忡忡的德意志人鼓起勇气，让他们认识到，不管他们的命运如何严峻，他们依然是一个值得尊敬的民族，甚至在其他许多民族面前，将成为一个卓越的民族。他预见到了这部著作将流芳千古，说“费希特以他这篇讲话，在世界名著殿堂中获得了一个与克利陶马赫的讲话齐名的光荣席位，而这位克利陶马赫曾经在他的祖国城邦迦太基被罗马人毁灭以后，写过一篇安慰和激励他的同胞的著作"[1]。又如，文学家让·鲍尔(J. Paul)写道，"不抱偏见的读者们，不论他们接受还是否弃这位品格高尚的作者的历史观点和哲学观点，至少对这本书的道德观点和审美观点必定会彼此达成一致，尤其是在他们读完最后一讲相会的时候"。而且这位文学家肯定了费希特倡议的民族教育，说"他把教育仿佛选定为告别沮丧的过去与走向光辉的未来的向导，这不仅是正确的——因为他提出的主意符合于一切时代，甚至符合于良好的时代——，而且也是合乎逻辑的，因为它符合于最坏的时代，而他是把现在的时代定为最坏的时代的"[2]。当然，这部著作也受到一些人的批评，对它批评得最激烈的当推费希特的哲学对手亨·卢登。这位耶拿大学历史学教授发表长篇书评，批判费希特的论点。例如，对于这个系列的演讲是《现时代的根本特点》的继续的论点，他就认为，"费希特完全放弃了在前三年演讲中提出的观念，看来是从一个完全不同的观点出发的；因此，他把这些演讲称为三年前那些演讲的继续是没有道理的"。又如，对于国家在实施民族教育时应将学子们与其家庭隔离开的措施，他慷慨激昂地写道，"费希特作为讲授法权哲学的导师竟然鼓吹这样一个危险的主张，我们对此决不能保持沉默。试问，国家究竟是从什么地方获得了这种权力的呢？是谁赋予它这种权力呢？"卢登认为费希特关于德意志民族丧失了独立性的论断是危言耸听，因为"只要人类存在，一切东西就都没有丧失；只要我们自己存

① 《历史与文学短篇著作汇编》，阿尔托纳 1809 年，第 111 页。

② 《海得堡语言学、历史学与文学艺术著作年鉴》，1809 年第 1 分册。

在，德意志的一切东西也都没有丧失”[①]。然而不管人们的评论如何，费希特的这部著作已经迅速传遍了全国，鼓舞了人民的爱国热忱。

但是，这部反对拿破仑的爱国主义著作却在打败拿破仑以后被打入了冷宫。其时，参加过民族解放战争的大学生们于 1815 年在耶拿建立了德意志大学生协会，发起一场在民主的基础上统一祖国的运动。1819 年，大学生协会成员卡·路·桑德（K. L. Sand）刺杀了给沙皇传送情报的作家奥·弗·费·科策布（A. F. F. Kotzebue），梅特涅利用这个事件，纠集德意志各邦代表在卡尔斯巴德开会，通过了取缔大学生协会，对大学进行监督和实施书刊检查的决议。弗利得里希·威廉三世在普鲁士积极执行了这个决议，把费希特的这部著作也列入了禁书，以杜绝它在民众中产生的影响。结果，费希特的这些演讲倡议的民族教育不仅在有教养的阶层和改革家们当中没有公开采纳，而且当它们的精神深入到大学生中间的时候，连他所阐述的爱国主义也在被普鲁士国王利用过以后，被抛到了九霄云外。

在 1848—1849 年的民主革命废除了卡尔斯巴德决议以后，这部著作在费希特的祖国相继由许多学者予以编辑出版，并被译为意大利文、法文和英文，在欧美各国得到了广泛的传播。与此同时，在德国先后涌现出大量研究这部著作的作品；但在这些研究中始终存在着两种对立的方向：一种是把费希特视为主张建立理性王国的爱国主义者；另一种是把他视为主张侵略其他民族的沙文

① 《耶拿文汇报》1808 年 11 月 7—9 日。

主义者；尤其是在德国法西斯主义猖獗的时期，一些哲学家，诸如卡·齐美尔曼（K. Zimmermann）、赫·施瓦茨（H. Schwarz）和伊·希尔什（I. Hirsch），都力图伪造费希特，把他的这部著作歪曲为法西斯主义对外侵略和对内镇压的理论来源。苏联马克思主义哲学家瓦·费·阿斯穆斯（В. Ф. Асмус）批评和揭露了这种混淆黑白的做法。他指出，费希特诚然是民族主义者，但他的民族主义不是要求德意志人征服、统治和掠夺欧洲的其他民族，而是要争取和维护德意志民族的独立，使它从外族的压迫下解放出来。他指出，费希特诚然是爱国主义者，但他的爱国主义并不是主张国家至上，而是对他的祖国人民的爱，尤其是对受剥削、受奴役的劳动人民的爱。他在唤起德意志人的民族自豪感时，虽然有时走得过头，但是，只要我们了解他是在什么样的环境中发表演说的，也就可以理解他为什么有些夸大之词。“一个为法西斯憎恨的卢梭，阻挡着费希特走向法西斯主义的道路”；因为费希特的演讲是以民主主义为基础的。“法西斯主义者千方百计地把费希特硬拉到法西斯主义一边的愿望，使他们对他的学说作出了最露骨的伪造。”①

这部著作在亚洲也同样有两种相反的遭遇。在日本，自从康德研究家天野贞祐于1914年把费希特介绍给本国读者以来，军国主义思想家一直在歪曲和滥用这部著作，以致文部省把它编译于《关于时局之资料》中，免费颁发给全国文教部门，用以论证大和民族优越论。与此相反，自从梁启超于1915年把费希特介绍给中国

① 瓦·费·阿斯穆斯：“真正的费希特与法西斯对他的伪造”，载《在马克思主义旗帜下》1942年第7期。

读者以来，这部著作则一直被视为反对卖国主义，维护民族独立的宝书。当时，袁世凯正与日本政府缔结密约，拟将德国在山东的权益转让给日本，以此换取对他称帝的支持；这位伟大的启蒙主义者在反对袁世凯这种丧权辱国的行径时，发表了这篇洋为中用的文章，以唤醒国人的民族意识，“拔诸晦盲绝望之渊，而进诸辑熙光明之域”[①]。但费希特的这些演讲的真正传播，还是在日本侵占我国东北三省之后。其一，张君劢翻译了这些演讲的节本[②]；其二，贺麟在《大公报》副刊上连续发表了“费希特处国难时之态度”的长文[③]。前者向读者介绍了这些演讲的概要，后者向读者介绍了费希特的复兴德意志民族的思想，它们都对我国人民的救亡图存发生了积极的影响。在抗日战争时期，臧广恩与马采又在兵荒马乱、生活艰苦的环境中分别完成了《对德意志民族的演讲》全译本[④]，对我国人民的浴血抗战作出了自己的贡献。但这些作者和译者在向读者推荐费希特的这部著作的时候，都有一个共同的缺点，那就是只着眼于民族解放的方面，而对费希特的历史哲学都不甚了解，因而忽视了建立理性王国的社会解放，而这就使读者看不到费希特是一位把爱国主义与世界主义、民族主义与民主主义集于一身的伟大思想家。坚定不移地走人类文明的康庄大道，既热爱自己的祖国，又坚持世界大同的理想，既反对狭隘的民族主义，又反对

① 梁启超：“《人的天职》评述”，载北京《大中华》，1915 年第 4、5 期。

② 费希特：《对德意志国民讲演》，张君劢译，再生杂志社，北京 1932 年。

③ 贺麟：《费希特处国难时之态度》，载《德国三大哲人处国难时之态度》，北京大学出版社，1934 年。

④ 同时出版于：文通书局，贵阳 1942 年；独立出版社，重庆 1942 年。

列强的霸权主义，这才是《对德意志民族的演讲》这部世界名著的真谛。

梁志学

北京，2008 年 3 月

目　录

前　　言

(I,10,99)

下列演讲是在柏林于1807—1808年冬季作过的，它们构成一个演讲系列，是1804—1805年冬季在同一个地点所作的报告《现时代的根本特点》(1806年也同样在实学书局印刷出版)的续篇[1]。要用它们向听众说的内容已经在它们本身完全说出来了，所以也就不必再写什么前言。印刷这些演讲的方式在这期间造成了一个需要加以填补的空白，因此，我利用了一些东西把它填补起来[2]，而它们当中的一部分是已经通过书报检查机关的审批刊印过的；现在出现的这个空当使人想到了它们，而且我特别还要让人参看第十二讲谈到同一个问题的结语，因而一般来说，它们在这里也有用途。

柏林　1808年4月

费希特

《论马基雅维里》摘录

(I,10,100)

Ⅰ. 这篇著作的结语摘录[3]

我们想到的主要是两种人,如果我们可能,我们想在这两种人面前保护自己。首先是这样一种人,这种人的思想从未超出最新的报纸上的谈论,他们认定,这里不可能有其他人,所说和所写的一切都与这类报纸有关,因而也应当对此作出评论。我请这些人思考一下,没有任何一个人会说,“瞧,这里指的就是这个人,就是这个人!”——他并没有事先在自己那里作出判断说,这个人的确实际上是这样,这里指的会是他;因此,没有任何一个人会指责一位大体站得住的、在涵盖一切时代的规则中忘却每个特殊时代的著作家撰写讽刺作品,而不把自己作为原初的和独立的著作家,去撰写这些讽刺作品,并且以最荒唐的方式去暴露他自己最隐蔽的思想。

其次是这样一种人,这种人不害怕任何事情,但害怕涉及事情的语言,而且对这种语言非常恐惧。你可以踩他们于脚下,而全世界都可以旁观;这时,这件事情对他们来说既不是耻辱,也不是恶行。但是,如果发生了关于踩人的事情的谈话,这时,这就会是一个不可容忍的事件，而变为恶行。此外，也没有一个有理性的和友善的人出于幸灾乐祸，会谈这件事，相反地，仅仅是为了找出办法，不再发生这样的事情，才会谈这件事。对未来的恶行，他们也持同样的态度。他们不愿意别人打扰他们甜蜜的梦，因此对未来是紧
(I,10,101) 闭双眼的。但是，其他睁着眼睛的人并没有被阻止去观察正在临近的事情，他们会不由自主地说出他们看到的东西，并且给它一个名称，这时，这种人就觉得，克服这种危险的最安全的办法是不要谈论和称谓所见的事情，似乎可以对现实倒行逆施，不言语就意味着未看到，未看到就意味着不存在。于是，夜游者就大踏步地走在深渊旁边；没有人出于怜悯大声呼唤他，他的梦境现在正保护他，但是，如果他醒来，他就会坠入深渊。但愿那种人的梦幻会给夜游者带来恩赐、特权和安全，以便不用大声呼唤他们和叫醒他们，就有挽救他们的办法。人们常说，鸵鸟会在猎人走向它的时候闭上眼睛，似乎它不再看见危险，危险就不再存在。鸵鸟的敌人不会大声向它吆喝："睁开你的眼睛，看看吧，猎人正在来，快逃往另一个方向，你就可以躲避这个敌人了。"

Ⅱ. 马基雅维里时代的巨大写作自由与出版自由[4]

由于上一节的安排，同时也因为我们的一些读者或许感到惊讶，说那时怎么能对马基雅维里有刚才所述的评价，所以，我们也许值得花费力气，在 19 世纪初从各个炫耀自己有最广泛的思想自由的国家出发，去回顾 16 世纪初在意大利和教皇所在地罗马存在

的写作自由和出版自由。我只从成千上万的事例中举两个事例。马基雅维里是应教皇克莱门七世的要求撰写《佛罗伦萨史》的，并且标明是献给这位教皇的。但在这部史书的第一卷立即就有这样一段文字：“如果说迄今为止还未有过关于某一位教皇的侄子辈或亲戚们的报道，那么从现在起则充斥了关于这些人的故事，直到我们随后还将会看到关于儿子们的报道；这样，未来的教皇就不再是被提升的，因为就像他们现在试图把他们的儿子们安插在君主国中一样，他们还想把教皇的宝座传给儿子们。”

教皇克莱门七世为了顺应诚实的安东尼（这是出版商的名字） (I,10,102)
的意愿，给他签发了印刷《佛罗伦萨史》、《君主论》和《论集》的特许证，根据这项特许证，翻印这些著作的，如果是基督徒，将受到逐出教会的惩罚，如果是教皇的臣民，还将受到没收印刷品的惩罚，并被科以 25 个杜卡特的罚款。

无论怎样，这种情况是应当得到解释的。历届教皇和教会的大人物们把他们自己的全部存在仅仅看做是供极其低贱的群氓观看的一个幻象，如有可能，也看做是供教皇极权主义分子观看的一个幻象；他们有足够的自由，允许每一个高尚的、有教养的意大利人对这些事情进行思考、议论和写作，就如同他们私下对此进行议论一样。他们不想欺骗受过教育的人，而群氓却不读书。这样就容易解释，为什么其他的规章制度在后来成为必要的。宗教改革家们教育德国民众去读书，他们援引在教皇眼皮底下进行写作的著作家们，读书的范例对其他国家是有感染力的，而现在著作家们却成了一种可怕的，因而受到严格监视的力量。

虽然这样的时代已经过去，但是现在，尤其是在新教国家，某些专业的著作，比如提出任何一种哲学普遍原理的著作，肯定会受到书刊检查制度的检查，因为情况就是如此。现在这里出现的情况是，那些除了会说每个人都能背诵的话语以外，就不知道说出任何其他东西的人们，在方方面面都被允许如其所愿地使用大量纸张；但是，一旦确实存在理应说出的新思想，书刊检查官则不能立即理解它，并且会发生误解，以为它会包藏着一个在暗中留给他的毒物，所以他为了完全安全起见，宁愿把这种新思想压制下去。因此，如果19世纪初的一位著作家希望得到教皇在16世纪初业已毫无顾虑地普遍认可的那种出版自由的适当的，并不过分的部分，这位身居新教国家的著作家也许不应当受到指责。

(I,10,103)

Ⅲ. 未发表的《关于爱国主义与其对立面》“前言”摘录[5]

于是，在这些要求正义和公正的限定之内，我会设想，那些人很可能允许我们不害怕说出他们自己不害怕实地去做的事情；因为很显然，这些即使我们不说也会昭然若揭的事实惹出的麻烦，远比事后说出这种事实大得多。虽然完全没有任何东西阻碍那些以官方名义监督公开的书籍印刷的人们本身从属于目前争论不休的两个主要派别中的任何一派，然而他们只有在自己作为著作家出现的时候，才能注意他们这个派别的利益；但他们作为公开场合的人是根本不从属于任何派别的，他们必须把他们每天都允许非理智按照自己的所有兴趣去从事自己的所需的东西也同样给予理智，而理智在他们那里请求讲话本来就比非理智罕见得多；他们无权由于某种声音在他们的耳朵听起来异样和荒谬就禁止发出这种声音。在我看来，情况本当如此。在实践中情况是否正好如此，将会显示出来。

写于柏林，1806 年 7 月

(I,10,104)

第一讲　绪论[6]

我已经预告过，我就此开始的演讲是三年前的冬天我在这同一个场地做过的一些演讲的继续，它们已经以“现时代的根本特点”为题刊印出来。我在那些演讲里表明，我们的时代处于全部世界史的第三大阶段，这个阶段以单纯喜欢感性享受的自私自利为其一切活跃的行为的动力；这个时代也完全是以这种动力的唯一可能性理解它自己的；它依靠对于它的本质的这种清楚的认识，在它的活生生的存在中拥有过深厚的基础，获得过牢固的支柱。

我们的时代胜过了有史以来的任何其他时代，正在迈着巨大的步伐前进。自从我这么解释正在前进的时代以来，在所述的以往三年当中，这个发展阶段已经在某个地方[7]完全结束了。在这个地方，利己主义经过充分的发展以后，丧失了它的自我及其独立性，从而自己毁灭了自己；而在它除了它自己，并不喜欢设定任何其他目的的时候，外来暴力[8]也还把另一个这样的外来目的强加给了它。谁曾经做过解释他的时代的工作，谁就必须使他的解释符合于他的时代的进展，如果他的时代有这样一类进展的话；所以，在某个发展阶段业已不再是现时代以后，我的职责就是要在我曾把它描述为现时代的听众面前，承认它已成为过去的发展阶段。

谁丧失了自己的独立性，谁也就同时丧失了深入地影响时代潮流、自由地决定其内容的能力；如果他长期处于这种状态，那么，他的时代的发展以及他本身的那种与他的时代结合在一起的发展，就都取决于支配他的命运的外来暴力；从这个时候起，他根本不再拥有什么属于自己的时代，而是根据外族异邦发生的事件和所处的时代来计算自己经历的岁月。在这种状态下，整个迄今的世界都脱离了他的积极影响，他在这个世界里留下的也不过是能 (I,10,105) 够服从别人的美誉；他只有在一个条件下才能超越这种状态，那就是在他面前出现一个新世界，他随着这个世界的创造而在时间上开始了一个属于他自己的新阶段，并且随着这个世界的不断塑造而充实了这个新阶段；然而，既然他已经屈服于外来暴力，这个新世界就必须具有这样的性状：它对那种暴力始终是默默无闻地存在的，决不会引起那种暴力的猜忌，甚至那种暴力受其自身的利益的驱动，也决不会阻碍这样一个世界的塑造。对于一个丧失了自己过去的自我，丧失了自己过去的时代和世界的民族来说，假如现在存在着一个具有这样的性状的世界，作为创造一种新自我和一个新时代的手段，那么，对于这个可能的时代的全面解释就会提供对于具有这样的性状的世界的说明。

我现在本着我的职责认为，这样一个世界是存在的，这些演讲的目的就是要向你们证明它的存在和真正拥有者，在你们眼前展现出它的一幅生动景象，说明创造它的手段。因此，从这个意义上说，这些演讲就是以前所作的那些关于当时的现时代的演讲的继续，因为它们将揭示出这样一个新时代，这个新时代在外来暴力毁灭利己主义的王国以后，是能够和应该接踵而至的。

然而，我在着手这项工作以前，关于以下各点，必须请你们假定自己永远不会忘记，必须请你们在必要的时候和必要的地方能同意我的看法。

1）我是直截了当地为德意志人演讲的，是直截了当地讲德意志人的；数百年来在这一民族中造成不幸事件的一切明显的差别，我并不认为是正当的，而是完全把它们撇到一边，不加以理睬。尊敬的听众，用我的肉眼来看，你们的确是在我面前直接体现受人喜欢的民族特点的首要代表，是点燃我的演讲的火焰的可见焦点；但是，我的精神是从它已经传遍的一切国度，把整个德意志民族的有教养的部分聚集到它自己周围的，它注意和考虑的是我们大家共同的处境和情况，它的愿望在于，这些演讲用以打动你们的一部分活力也会积淀在那种只供未能听讲的缺席者阅读的无声印刷品里，从那里散发出生气，无论在什么地方都点燃德意志人的心灵，使之作出决断和付诸行动。我说过，我只讲德意志人，并且是直截了当地为德意志人演讲的。我们到时候就会表明，任何其他的统
(I,10,106) 一标志或民族纽带要么是从来都没有真理和意义，要么是在它有真理和意义时，这些联合的枢纽由于我们现时的状况[9]而遭到毁灭，让人从我们这里夺走，而绝对不可能复返；我们到时候也会表明，在我们的民族与外国人融合的过程中，我们能据以防止自己的民族没落的，仅仅是德意志民族精神共同具有的根本特点，而我们又能从中获得一个自力更生、完全不可能有任何依赖性的自我的，也仅仅是这个根本特点。一俟我们认清这个论断，它与其他的职责、它与那些被认为神圣的事情在表面发生的矛盾——这也许是现在好多人所担忧的——就会同时消失殆尽。

由于我讲的只是一般德意志人，所以，我将把某种在最初并不适用于这里的听众的东西说成仍然适用于我们，就像我将把另一种在最初只适用于我们的东西说成适用于一切德意志人一样。我把那种流溢出来，构成我的这些演讲的精神，看做一个交错生成的

有机统一体，在这个统一体里，没有任何一个环节可以把其他环节的命运视为与自己的命运无关，如果我们不应当完全灭亡，这个有机统一体就应当和必须产生出来；而我看到这个有机统一体已经产生出来，臻于完善地步，并且现在就存在于那里。

2)我假定我的听众不是这样一些德意志人，这些德意志人顺乎他们的一切天性，完全陷于对遭受到的损失的痛感，在这种痛苦中寻求慰藉，沉湎于他们痛心疾首的事情，想要靠这种感受，去接受那种向他们发出的行动号令；相反地，我假定我的听众是这样一些德意志人，这些德意志人已经使自己上升到超越这种无可非议的痛苦，去做深思熟虑、明辨是非的工作的高度，或至少有能力使自己上升到这个高度。我了解那种痛苦，我像任何人一样感受到了它，而且我对它表示关注[10]；麻木的人是不会有这种痛苦的，他们找到食物和饮料，而不会在身体上有任何不适，就感到了满足，对他们来说，荣誉、自由和独立都是一些空洞的名称；但是，连这种痛苦之所以存在，也仅仅是为了激励我们去深思熟虑、作出决断和付诸行动。在达不到这个终极目的的时候，这种痛苦就使我们失去了深思熟虑的可能，失去了我们依然留有的一切力量，而我们的 (I,10,107)
不幸也就这样达于极点；因为这种痛苦作为我们懒惰和怯懦的确证，还提供了我们活该不幸的明证。但是，我决不想要你们求救于一种将会从外部而来的帮助，求救于时代将会造成的各种可能的事变，去超越这种痛苦；原因在于，即使这种宁可漫游于不确定的可能性世界，而不愿追踪必然事物的思维方式，这种宁可把自己的解救委诸盲目的机遇，而不愿委诸它自己的思维方式，就像它实际上做的那样，没有让人看出它对于这种痛苦本身采取了最不可原

谅的轻率态度和抱有莫大的蔑视心理，所有这样的求救和求教对于我们的处境也毫无用途。可以严格地证明，而且我们届时也会严格地证明，没有任何人，没有任何神，也没有可能性世界里的任何事件，能够救助我们，而是唯独我们自己必须救助自己，如果我们能得救的话。倒不如说，我想要你们清楚地认识我们的处境、我们还留有的力量和我们的解救之道，去超越这种痛苦。为了达到这个目的，我当然会要求你们具有某种程度的深思熟虑的能力、某种程度的主动性和若干牺牲精神。并且我会寄望于那些可以这么加以要求的听讲者。满足这类要求的各种东西整个来说是容易弄到的，而且它们的开发所需要的力量，像我相信的那样，决不大于大家所能相信的我们的时代具有的力量；至于谈到危险，则可以说它在这里是绝对不存在的。

3）由于我想要给这样的德意志人提供一种对于他们现在的处境的清晰认识，所以我假定我的听众是一些爱好用自己的眼睛看待这类东西的人，而决不是这样一些人，这些人觉得，在考察这些东西时硬给自己戴上一副异样的外国眼镜更加舒服，但这副眼镜不是以故意造成错觉为目的，便是有其不同的视角，并且精确度很小，当然也就从来都不适合于德意志人的眼睛。此外，我还进一步假定，这些听众在用自己的眼睛进行考察的时候，具有诚实地正视现实存在的东西、诚实地承认自己看到的东西的勇气，假定他们不是已经克服了，便是毕竟有能力克服那种经常表现出来的倾向，即
(I,10,108) 对自己的事情发生错觉，展示出一幅不能符合真相的、令人不快的图像。这种倾向是对自己的思想的一种怯懦逃避，是一种幼稚想法，它似乎以为，只要它不看到或至少不承认看到它的不幸，这种

不幸就像在它的思维中得到扬弃那样，也会在现实中被扬弃。与此相反，大丈夫的勇气则在于密切注视现存的弊端，强迫它经受拷问，冷静地、自由地钻研它，把它分解为它的各个组成部分。只有凭靠这种清晰的认识，人们才会控制现存的弊端，用可靠的措施克服它；这是因为，人们如果能在每个部位综观整体，就总知道自己的处境，并且凭靠业已得到的清晰认识，对自己从事的事业确信无疑，与此相反，那种没有可靠向导、没有确定信念的人则是盲目地在梦中摸索的。

我们为什么竟然要畏惧这种清晰的认识呢？这种弊端既不会因为我们不认识它就变得更小一些，也不会因为我们认识了它就变得更大一些，而是只有我们认识了它，它才可以医治；不过，造成它的责任是不应该在这里提出来的。对于懒惰自私的人，大家可以严厉惩戒、热讽冷嘲和极端蔑视，可以刺激他们，这虽然不能使他们幡然悔悟，但至少能使他们对惊世骇俗者本身表示愤恨，也毕竟是他们的一种强烈的感情冲动；只要这种弊端作为必然的结果还没有达到极点，只要解救或缓解的办法还是可以从改恶从善方面期待的，大家就一直可以这么做。但是，在这种弊端发展到极点，以致我们没有这么犯罪的可能性以后，还要进一步谴责不再会犯的罪过，则是无的放矢，并且看起来好像是幸灾乐祸；从此以后，我们的考察就从伦理学领域进入了历史学领域，而对于历史学来说，自由已经消逝，历史学把当前的现象视为以前的现象必然产生的结果。这样，除了这个观点，就没有给我们的演讲留下任何其他关于现时代的观点，所以，我们也决不会采取另一种观点。

由此可见，我预先设定的是这样的思维方式：我们直截了当地

把我们自己视为德意志人，我们甚至也没有受过痛苦的困扰，我们希望认识真相，并且具有正视真相的勇气；我在我将要说出的每句话中依靠的，也是这样的思维方式。所以，假如有人把另一种思维方式带入这样的集会，那么，他就应该把那种可能在此给他造成的不愉快感觉完全归咎于他自己。这话可讲到这里为止，以后不再赘述。我现在要着手另一件事情，那就是要提纲挈领地向你们提出以后的一切演讲的根本内容。

(I,10,109) 我在本讲的开头说过，在某个地方，利己主义经过充分的发展以后，丧失了它的自我，丧失了独立地给自己设定自己的目的的能力，从而自己毁灭了自己。利己主义的这种现在发生的自我毁灭，既是我提到的时代进程，也是这个时代的一个崭新事件，在我看来，它使我就这个时代在以前所作的描述的继续成了可能和必要；所以，这种毁灭应该是我们当前的真实情况，我们的新生活在一个被我断定同样存在的新世界里必须跟它直接联结起来；所以，这种毁灭也应该是我的演讲的真正出发点，而我现在首先应该说明，利己主义的这样一种毁灭是通过什么方式和由于什么缘故而必然发生于其最高发展阶段的。

利己主义在除了不重要的特殊情况以外[11]，首先掌握了全体被统治者以后，如果也从被统治者出发，侵袭了统治者，成为他们生活的唯一动力，那就发展到了登峰造极的程度。在这样一种统治中，首先在对外方面出现了对于把它自己的安全与其他国家的安全联结起来的一切纽带的忽视，出现了对于它作为一个环节所构成的有机整体的放弃——这仅仅是为了它不会让人从它那懒洋洋的睡眠中惊醒——，出现了它认为只要自己的疆界不受侵犯，自

己就拥有和平的那种可悲的幻想；然后在对内方面出现了一种管理国家的优柔寡断的领导，它用外国语言来说，叫做仁慈博爱、慷慨大度和深孚众望，但应该更正确地用德语称为机构涣散无力和举措没有威严。

我说的是，如果利己主义也侵袭了统治者。这时一个民族会完全腐败，也就是说，会变得自私自利，因为利己主义是所有其他腐败现象的根源；然而在这个时候，只要它的政府还没有腐败，它就不仅能够持续存在下去，而且甚至在外部世界里也能建立起光辉的业绩。诚然，它的政府只要在对内方面具有勇气，敢用严厉的手段执政，敢赢得对于自己的更大敬畏，甚至也可以在对外方面做出不讲信义、不负责任和不要体面的行为。但是，在刚才提到的这一切因素汇合起来的地方，共同体[12]则会在受到最初的严厉攻击时就趋于没落，而且就像它最初不讲信义，脱离开它作为一个成员所参加的团体一样，它的各个对它毫无惧色而更加害怕外国势力的成员现在也以同样不讲信义的行为，纷纷脱离开它，而各自走各自的道路。但这些四分五裂、单独支撑的成员感到的畏惧更大，他们强颜欢笑，把他们过去极不愿意献给祖国捍卫者的东西，大量地 (I,10,110) 捐赠给了敌人；随后，连那些在一切方面遭到遗弃和背叛的统治者们也不得不以听从外国人的计划，来换取自己的苟延残喘；于是，甚至那些在捍卫祖国的战斗中丢下武器的人们现在也在外国军旗之下，要学着猛举这种反对祖国的旗帜。所以就发生了这样的事情：利己主义经过极其充分的发展以后，遭到了毁灭；外来暴力给这种除了自己，就不喜欢设定任何其他目的的利己主义，强加上了另一个这样的目的。

没有一个沦于这种附属地位的民族能够依靠迄今使用的通常办法，使自己脱离这种地位。在它还拥有它的一切力量时，它的抵抗都毫无结果，在它的绝大部分力量被夺走以后，这样的抵抗能起什么作用呢？在以前——即在它的政府雷厉风行地行使职权时——能生效的东西这时不再适用了，因为这些职权只不过表面上还掌握在它的政府手里，但这只手本身是由一只外国人的手来摆布和指挥的[13]。这样一个民族是不再能信赖自己的，也同样不能信赖胜利者。这位胜利者如果不能维持既得的利益，不能用一切方法谋求这样的利益，就必定会像那个国家过去那样缺乏深思熟虑，那样软弱无力和没有勇气。或者，如果他随着时间的推移，有朝一日会变得如此缺乏深思熟虑和软弱无力，那么，他虽然也会像我们一样走向没落，但不会变得对我们有利，而是会成为一位新的胜利者的战利品，而且我们会随着成为这件战利品的显而易见的、无足轻重的陪衬。假如一个沉沦到这种地步的民族毕竟能够挽救自己，那么，这就必定是依靠一种崭新的、迄今尚未使用的方法，借助于创造一种崭新的事物秩序完成的。所以，就让我们来看看，在迄今存在的事物秩序中，必定能在某个时刻使这种秩序告终的根据是什么，以期我们在与这种根据相对立的东西中找到必然会被引入时代的新环节，以期这个沉沦的民族能靠振作自己，走向新的生活。

大家在探究这种根据时将会发现，在迄今的一切体制下，对于整体的关切是借助于一些纽带而跟个人对于他自己的关切联结起来的，这些纽带在某个地方已经完全被切断，以致对于整体的任何

(I,10,111) 关切都不再存在了，而它们就是根据整体的命运，对个人在某种未

来的生活和现在的生活中的事情表示担忧和希望的纽带。单纯计较感性生活的理智所发动的启蒙是这样一股力量，这股力量取消了宗教所建立的某种未来生活与现在生活的联系，同时也把道德思维方式的其他补充手段和替代手段，诸如现存的爱名之心和民族荣誉，理解为骗人的幻想[14]；政府的软弱之处在于它经常不惩罚玩忽职守的人，从而放弃了本该根据个人对待整体的态度，去对个人事情，甚至对现代生活表示的担忧，并且也同样使那种对个人事情表示的希望完全无效，因为它甚至于经常丝毫不考虑个人为整体作出的贡献，而按照迥然不同的规则和动机去满足个人的希望。这样一些纽带已经在某个地方被完全切断，由于它们被切断，共同体也就土崩瓦解了[15]。

无论如何，胜利者从这时起，总要孜孜不倦地做那种也只能由他做的工作，即再联结与加固纽带的最后部分——对现在生活的担忧与希望。但这只对他有利，而绝不会对我们有利；这是因为，既然他确实懂得他的利益，他便首先只把他的事情跟这个修复的纽带联结起来，至于我们的事情，则只有在对它的维护作为达到他的目的的手段，成为他本身的事情的限度内，他才把它跟这个纽带联结起来[16]。对于一个如此衰落的民族来说，担忧与希望从现在起都被完全放弃了，因为它们的表现已经脱离了它的控制，它自己虽然应有担忧与希望，但从这个时候起，没有任何一个人再对它有什么担忧，抱什么希望；给它留下的出路也只能是寻找一个迥然不同的、完全新颖的和凌驾于担忧与希望之上的纽带，以期把它这个整体的事情同它的每个成员对其自身的关切联结起来。

超越担忧或希望的感性动力，而直接与这种动力毗邻的，有道德上赞同与否的精神动力，有对我们与别人的状况满意与否的高度感受。看惯清洁整齐的东西的外部眼睛，会被一个绝对不能直接刺痛身体的污点或一堆摆得乱七八糟的东西的景象，弄得痛苦
(I,10,112) 不安，就像被实际刺痛那样；然而，习惯于污秽与紊乱的人则在这样的处境中安之若素。人的内部慧眼也能被培养起这样的习惯：他自己和他的类族生活得杂乱无章和寡廉鲜耻的那种赤裸裸的景象，会使他痛心疾首，而不考虑那种为了他的幸福感性生活，可以对此担忧或希望的东西，而且这种痛苦也会使拥有这样一种眼力的人完全不依赖于感性方面的担忧或希望，在他尽其所能，消除了他不满意的状况，代之以一种只能使他感到满意的状况以前，一直不得安宁。对于拥有这样一种眼力的人来说，包括他在内的整体的事情是通过对于道德上的赞同与否的动人感受，跟他自己的业已扩大的自我不可分离地联结起来的，而这个自我感觉到自己仅仅是整体的一个部分，并且只有在整体令人满意时自己才能天长日久；所以，把自己培养得具有这样一种眼力，可以说是给一个丧失了自己的独立性，因而对公众的担忧与希望不发生任何影响的民族留下的一种确实可靠、唯一可行的办法，以期它从它遭受的毁灭中再次求得生存，并依靠业已发生的这种新的高级感受，坚定地致力于它那些在它没落以来，任何一个人和任何一个神都没有再考虑过的民族事务。由此可见，我答应指出的解救之道就在于培养一种全新的自我，这种自我至今也许作为例外在个别人中存在过，但从来没有作为普遍的、民族的自我存在过；就在于教育那个业已丧失往日生活的光辉，而变成一种外来生活的陪衬的民族，去过一种全新的生活[17]，这种生活要么一直是它独占的财富，要么是

从它手里传到其他民族那里，经过无限分割，也依然完好无损；一句话，我作为维护德意志民族生存的唯一手段提出的建议，就是完全改变迄今的教育制度。

大家必须给儿童以良好的教育的说法，即使在我们的时代也往往是讲得够多的，而且被重复得令人厌烦，所以，如果我们想在我们的场合把这同样说一番，那会是一种没有价值的事情。就我们相信自己能做另一件事情而言，倒不如说，我们的职责在于仔细地、明确地探讨迄今的教育究竟有什么缺陷，阐明经过改革的教育制度必定会给人们迄今的教养补充什么崭新的成分。

在做过这样一种探讨以后，大家必定会承认，迄今的教育并不 (I,10 113)
是没有在其学子眼前提供某种有关宗教思维方式、道德思维方式、法律思维方式和有关各种秩序、良好习俗的形象，而且也必定会承认，它有时忠实地告诫其学子要在自己的生活中模仿那种形象；但是我说，除了极其罕见的例外——它们并不是由这种教育确立起来的，而是由其他原因造成的，因为如果不是这样，它们对于所有经历过这种教育的人来说就必然是作为常规现象出现的——，它的学子们都没有遵循那些道德表象和劝诫，而是遵循了他们那些不必借助于任何教育方法就能自然而然地形成的利己主义动力。这无可反驳地证明，这种教育方法虽然能使人记住一些名言和成语，冷静地、无动于衷地想象一些苍白无力的形象，但从来都没有把它的道德世界秩序的描述提高到栩栩如生的程度，使它的学子受到感动，去热爱和向往这种秩序，抱有在生活中推动自己建立这种秩序的深切感受，使那种自私自利的思想就像枯萎的树叶一样，在这样的感受面前凋谢。所以，这也同样证明，这种教育还远远没有抓到和培养现实生活发展的根苗，因为这种根苗在遭到盲目软弱的教育的忽视以后，已经尽其所能，到处肆意生长起来，在不多的几个受到上帝感召的人那里结出了美果，而在大多数人那里结出了恶果。根据这种教育的这些成败之处描绘出它的概貌，在目前也就完全够了；而且就我们的目的来说，大家也可以省得做那番分析一棵树木内部的液汁与纹理的艰辛工作，而这棵树木的果实现在已经完全成熟，并且落到了地上，展现在一切世人的眼前，极其清楚和明白地宣示了它的培植者的内在本质。按照这样的看法，严格地说，迄今的教育决不是培养人的方法；它也没有炫耀过自己是这么做的，而是由于它要求给它预先提供一种天赋的才能或天才，作为它取得成功的条件，而经常坦率地承认了自己无能为力。倒不如说，这样一种方法首先需要发明出来，而它的发明则应该是新教育的真正任务。这种新的教育应该给迄今的教育补充它缺少的东西，即抓到现实生活发展的根苗；如果说迄今的教育顶多是要培养人的某种东西，那么，这种新的教育则是要培养人本身，
(I,10,114) 并且决不是要像以往那样，使自己提供的教养成为学子的财富，而是使这种教养成为学子人格的组成部分。

进一步说，这种如此有限的教育迄今只是被施与那些由于上述原因而受过教育的阶层的极少数人，而共同体真正依靠的大多数人，即民众，则几乎完全为这种教育方法所忽视，受着盲目机遇的摆布。我们现在打算通过新的教育，把德意志人培养为一个整体，这个整体的一切单个成员都受到同一件事情的激励，都是由同一件事情赋予生气的。如果我们在这里又打算把一个受过教育的阶层——这个阶层也许是由道德上表示赞同的新出现的动力赋予

生气的——同一个没有受过教育的阶层分离开，那么，这后一个阶层就会背弃我们，因为唯独还能对它发生影响的希望与担忧的用途不再支持我们，而是反对我们。由此可见，给我们留下的唯一办法就是不折不扣地、毫无例外地把新的教养施给一切德意志人，以致这种教养不是成为一个特殊阶层的教养，而是不折不扣地成为这个民族本身的教养，并且毫无例外地成为它的一切单个成员的教养；在这种教养方面，即在使人对公正事情衷心表示满意的教养方面，各个阶层将来在其他发展部门可能发生的一切差别都会完全消失；所以，按照这种方式，就在我们当中决不会形成民众教育，而是会形成特有的、德意志的民族教育。

我将向你们说明，我们希求的这样一种教育方法实际上已经被发明出来，并且正在得到实施，所以我们除了接受这种呈现给我们的事情，就不必再做什么了，而这种事情需要的力量正如我们关于所要建议的解救之道答应过的，在大小方面无疑不会超过大家能合情合理地假定我们的时代拥有的力量。我现在要给这项答应过的事情补充另外一点，那就是我们的建议绝对不包含什么危险，因为支配我们的暴力自身的利益所要求的，在于宁肯促进而不要阻碍这个建议的实行。我觉得，立刻在这第一讲里说明我关于这一点的观点是适宜的。

诚然，在古代像在现代一样，政治上拐骗和道德上贬低臣服者的做法作为一种统治手段，是往往被使用得成功的。有人通过编造各种谎言，通过混淆语言概念，在民众面前诽谤君主，在君主面前诽谤民众，以便更可靠地支配这两部分分离开的人；有人通过设置阴谋诡计，诱发满足虚荣心与自私心的一切动机，以便使臣服者

(I,10,115) 受到鄙视，从而心安理得地糟踏他们。但是，有人如果打算对我们德意志人采取这种做法，则会犯一种肯定导致毁灭的错误。在撇开担忧与希望的纽带以后，我们现在接触到的那部分外国人的内聚力就有赖于追求名望、维护民族荣誉的动机了；但德意志人依靠明确的认识，早已不可动摇地坚信，这类东西是空洞的幻象，个人的任何创伤、任何残废都不能用整个民族的荣誉治疗好；如果不是有一种更高的人生观传给我们，我们很可能成为这种十分容易理解的、自身有好多诱惑力的学说的危险的宣讲人。因此，不用再加给我们一种新的不幸，我们在我们的自然而然的处境下就是一种有害的战利品，而只有实施已经提出的建议，我们才可能成为一种有益的战利品；所以，这种外国人既然懂得自己的利益，就会受这种利益本身的推动，宁肯打算用后一种方式占有我们，而不用前一种方式占有我们。

现在，我的演讲要以这种建议，特别求助于德国的各个有教养的阶层，因为我的演讲希望首先对他们成为可理解的，然后提议他们成为这项新的创造的首倡者，从而一方面使世事能与他们迄今发挥的作用不再发生矛盾；另一方面使他们在未来能够继续存在下去。我们在这些演讲的过程中将会看出，迄今为止，人类的一切进步在德意志民族中都是从民众开始的，各项伟大的民族事务总是被首先交付给民众，由他们加以掌管和进一步加以促进；所以，这时就第一次出现了一种情况，那就是这个民族的根本改造是向各个有教养的阶层提议的，如果他们真正采纳了这个提议，也就会破天荒地出现那种改造。我们将会看出，这些阶层并不会考虑，他们有多久的时间，还能居于这类事务的首位，因为这类事务在向民众展示出来以前，几乎已经酝酿成熟，准备就绪，并且对于各个来自民众的人来说，都正在加以完成；而且在不久以后，民众就会不要我们的任何协助，而自己解救自己。这只能给我们产生一个结果，那就是：现今的有教养者及其后代变为民众，而从现今的民众中则会涌现出另一个受过更高的教育的阶层。

最后，这些演讲的总目的在于给已被击溃和精疲力竭的人们注入勇气和希望，给深为悲痛的人们宣示欢乐，引导他们轻松地、(I,10,116)
平安地度过陷入最大困境的时刻。我觉得，现在的时代好像是一个鬼魂，他萦回于大量疾病刚使他脱离开的那具死尸之上，为之痛哭不已，而无法令自己的目光离开从前钟爱的躯壳，并且他拼命试验一切手段，以期再投入这个发生瘟疫的巢穴。虽然与世长辞者所进入的另一世界的那些能赋予生机的大气已经席卷了这个时代，用抚爱的温暖气息把它包围起来，虽然姐妹们暗地里发出的声音已经向这个时代高兴地致意，对它表示欢迎，虽然这种情况已经表现出来，在这个时代的内在深处朝着一切方向延伸，以期发展出它要长成的光辉形态；但是，这个时代还没有对于这些大气的感觉，也没有对于这些声音的听觉，即使它有它们，它也是沉湎于对它遭受的损失的痛感，它以为，由于有这种损失，它也同时丧失了它自己。这样的时代该怎么办呢？新世界的曙光已经来临，把山巅照得金光闪闪，预示着即将来到的白昼。我愿尽我的所能，抓住这曙光的条条光线，使它们密集到一块明镜上，而这个绝望的时代可以在它上面看到自己的模样，从而确信自己依然存在，并且自己的真正核心在它上面也可以给自己呈现出来，而这个核心的各种发展过程和各种形态则以一种作出预言的姿态相继从自己面前消

失了。毫无疑问，在这种直观中，连这个时代以往的生活的图像也会沉没和消逝，而且已故者可以在没有过度悲叹的情况下，就被送往他安息的场所。

(I,10,117)

第二讲　概论新教育的本质[18]

这些演讲想首先引导你们，并且与你们一起，引导整个民族，去清楚地认识我所提出的维护德意志民族的根本办法；这样一种办法产生于时代的性状和德意志民族的特点，并且应当对时代和这种民族特点的形成反过来发生影响。所以，在这种办法与后者未放在一起加以相互比较以前，在两者未在其完全相互渗透的关系中得到阐明以前，它是不会被完全弄清楚，而变得容易理解的。要完成这件工作，就需要花一些时间，所以，只有在我们的演讲的结尾，才可望完全弄清楚我所提出的办法。然而，既然我们必须从某个部分开始讲起，那么，首先撇开这种办法在时间和空间上的条件，就它本身考察它的内在本质，将是最合适不过的；所以，我们今天的演讲和随后的演讲都应该致力于这件工作。

上述办法是德意志人的一种全新的、以前在任何民族中还从来没有存在过的民族教育。在上一讲里，这种新教育与以往常见的教育不同，已经被描述为这样：以往的教育充其量说，也仅仅是告诫人们遵守良好的秩序与道德，但这些告诫却对现实生活不曾有任何效果，因为现实生活是按照全然不同的、这种教育根本不可能了解的缘由形成的；与这种教育相反，新的教育则必定能够按照规则，确实可靠和毫无差错地塑造和规定其学子的现实生活活动。

就像以前的教育的领导人的确几乎毫无例外地说的那样，有人现在好像也这么说过：任何教育都要给学子们指出正义的事情，提醒他们忠于这样的事情，大家怎么能对它有更多的要求呢？他们是否愿意遵循这些劝告，是他们自己的问题，如果他们不遵循它们，那是他们自己的责任，因为他们拥有任何教育都不能从他们那里夺走的自由意志。因此，为了更精确地阐明我所设想的新教育，我想对此回答说：以前的教育的首要错误，这种教育的软弱无能和毫无价值的明白供认，恰恰在于这么承认学子们有自由意志，这么信赖学子们有自由意志。这是因为，以前的教育承认意志在教育发挥过一切最强有力的作用之后依然是自由的，即依然在善恶之 (I,10 118)
间犹豫不决和摇摆不定，也就是承认它既不可能，也不打算或希望培养意志和人本身——因为意志是人的真正根本——承认它认为这类培养工作根本是不可能的。与此相反，新的教育必定恰恰在于，它将在它承担加工改造的土地上完全消灭自由意志，给意志造成作出决断的严格必然性和优柔寡断的不可能性，从今以后，大家就可以确实指望和依靠这样的意志了。

一切教育都以塑造一种坚定果断、不屈不挠的性格为宗旨，这种性格不再是变化的，而是永远存在的，并且只能像它存在的那样存在。如果教育不以这样一种性格为宗旨，那它就不成其为教育，而是某种漫无目标的游戏；如果它没有塑造出这样一种性格，那它就还没有臻于完善地步。如果谁还必须自己提醒或让他人提醒自己立意从善，他就还没有任何坚定的和永远抱有的意志，而是每每想在用到的时候才形成这种意志；谁拥有这样一种坚定的意志，他就会永远愿意做他愿意做的事情，而且在任何可能的情况下都不会愿意做不同于他永远立意做的事情;对他来说,意志自由已被消灭,合并到了必然性里。正因为如此,迄今的时代表明,它既没有一种关于人的教育的正确概念,也没有表达这种概念的力量,它希望依靠劝诫性的说教,使人们得到改善,而在这些说教毫无成效时,它就变得怏怏不乐,到处骂人。这些说教怎么能有成效呢?人的意志已经在受到劝诫以前,不依赖于劝诫,而拥有了它的固定方向;如果这种方向符合于你的劝诫,那么,劝诫就未免来得太晚了,无须劝诫,人也会做出你劝他做的事情;如果这种方向与你的劝诫相矛盾,那么,你至多能在若干时刻抑制他,一有机会,他就忘记了他自己和你的劝诫,而顺从了他的天生偏好。如果你想能对他有某种影响,那你就不能单纯劝说他,而必须做更多的事情;你必须造就他,而且必须把他造就成这样:他的立意完全不可能不同于你想要的他的立意。对于没有翅膀的人说"你飞吧!"这是白费力气,他决不会因为你的全部劝诫而飞离大地一步;但是,如果你能做到,你就要培养他的精神羽翼,让他锻炼这种羽翼,使它炼得坚强有力,而且他无须你的全部劝诫,除了飞翔,根本不再打算或不再可能做其他事情。

(I,10,119) 新教育必须按一种确实可靠、普遍有效的规则,培养这种坚定不移的意志;就是说,它本身必须依靠必然性,创造它所企及的必然性。以往变好的人是由于他能够克服不良环境的影响的天赋素质变好的,而绝不是由于受过教育变好的,因为否则,一切受过教育的人就都必然会变好。同样,以往变坏的人也不是由于受过教育变坏的,因为否则,一切正在受教育的人就必定会变坏;相反地,以往变坏的人是由于他自己,由于他的天赋素质变坏的。在这方面，教育在以往的作用微乎其微，也绝不是有害的，而形成性格的真正手段是精神因素。因此，对人的教育工作这时就应该从这种模糊不定、不可预测的力量的手掌中，被转移到一种深思熟虑的做法的管辖之下，而这种做法在一切信赖它的人那里都会毫无例外、确实可靠地达到它的目的，或者，在它达不到它的目的时，它起码也知道它没有达到自己的目的，因而教育工作还没有结束。所以，在人心中培养坚定不移的善良意志的这样一种确实可靠、深思熟虑的做法，应当是我所提倡的那种教育方法，而这就是这种教育方法的首要特征。

进一步说，人只能想要得到他爱的东西；他的爱是他的意愿和他的一切生活发展过程的唯一的，同时也是不容置疑的动力。迄今国家使用的做法，作为对社会的人的自我教育，是把每个人都热爱和希求他自己的感性幸福生活预先设定为确实可靠、普遍有效的规则，并且这种做法依靠对这种生活担忧与希望的心情，把它所希望确立的善良意志，即把对共同体的关切，人为地同这种天生的爱联系起来。在这种教育方式下，那种在表面上业已变为无害公民或有用公民的人在内心方面却依然是邪恶的，因为这恰恰是造成这一恶果的原因：大家只爱自己的感性幸福生活，只能由那种对这类生活的担忧或希望——无论这是在现今的生活中，还是在将来的生活中——策动起来；撇开这个情况不谈，我们也已经看出，这样的规则已对我们不再适用，因为担忧与希望的心情不再用来支持我们，而是用来反对我们，所以，感性的自爱决不可能被列为我们的长处。因此，我们甚至因困境所迫，而不得不从内心方面和根本地方打算培养善良的人，因为德意志民族只有依靠这样的人

才能继续生存下去，而依靠邪恶的人，则势必会与外国人融合到一起。因此，在我们愿意算作我们德意志人的那一切人的心中，我们
(I,10,120) 必须设定和确立另一种直接指向单纯的善本身、以善自身为目的的爱，来取代那种早已同我们希求的任何善都无法联系起来的自爱。

这种为了单纯的善本身，而不以善对我们的有用性为目的的爱，像我们已经看出来的，具有对于善感到愉悦的形态，而这种愉悦很真挚，以致大家由此受到推动，要在自己的生活中把善体现出来。由此可见，新教育需要作为其学子们的坚定不移的性格加以培养的，正是这种真挚的愉悦；因为这种愉悦会依靠其自身的力量，把学子们的坚定不移的善良意志确立为必然的。

一种愉悦在推动我们把某个实际上不存在的事物状态转变为现实时，是以这个状态在它实际存在以前就浮现于精神面前的图像为前提的，这种图像把能促使它得到实现的愉悦之情吸取到自身。所以，这种愉悦的前提在于，凡在能受到它的感动的人心中，都有自动设计这类图像的能力，这些图像是独立于现实的，它们绝不是反映现实的摹本，而是创造现实的蓝本。我们现在必须最先谈到这种能力，而且在作这项考察时，我请大家不要忘记：一种由这类能力创造的图像恰恰作为单纯的图像，作为我们从中感觉到自己的创造力量的东西，就能够令人喜欢，而不必因此被视为创造现实的蓝本，也不必令人喜欢到它促使蓝本得到实现的程度；促使蓝本得到实现是一种迥然不同的事情，是我们的真正目的，我们往后不会不谈到这个目的，但那种图像令人喜欢，仅仅包含着达到教育的真正最终目的的预备性条件。

这类能力自动地设计的各个图像决不是反映现实的单纯摹本，而有能力变为创造现实的蓝本，它可以说是用新教育培养种族的工作所必须依据的出发点。我说的是自动地设计这些图像，所以这意味着学子们靠自己的力量造成它们，而绝不意味着，他们只能被动地把握和充分地理解那种由教育提供给他们的图像，并且就像它被提供给他们那样重复它，好像问题仅仅在于有这样一种图像。之所以要求学子们在形成图像方面要有自己的自动性，是因为只有在这种条件下，设计的图像才能引起学子们强烈的愉悦之情。这是因为，让人对于某个东西仅仅表示喜欢，而没有任何抵触情绪，是一回事，并且这样让人被动地表示喜欢，至多只能是由被动的给予造成的；但是，对于某个东西感受到愉悦，以致这种情 (I,10 121)
绪变为创造性的，引起我们的一切创造力量，则是另一回事。我们现在谈的不是前一种经常在以往的教育中出现的事情，而是后一种事情。但这后一种愉悦却仅仅是这样引发的：学子们的自动性也同时被引发出来，在特定的对象上呈现给他们，因而这个对象不仅就其本身来说是令人喜欢的，而且作为表现精神力量的对象也是令人喜欢的，并且这种表现是直接地、必然地和毫无例外地让人感到愉悦的。

这种在学子们当中需要加以发展的精神创造活动，无疑是一种按照规律进行的活动，而这些规律直到他们凭自己的直接经验认识到它们是唯一可能的时候为止，都是这些能动的学子们所要了解的；于是，这种活动就提供了认识，更具体地说，提供了对普遍的、毫无例外地生效的规律的认识。在从这一点开始的自由的深造中也不可能做出什么违背规律的事情，而在规律得到遵守以前，则一事无成；因此，这种自由的深造即使在开始时是从盲目的摸索出发的，最后也必定是以扩大了对于规律的认识而告终的。所以，这种培养工作就其最终结果而言是学子们的认识能力的培养，具体地说，绝不是了解事物现状的历史训练，而是把握规律的高级哲学训练，按照这种规律，事物的现状会变成必然的[19]。学子们是在学习。

我要补充说，学子们是兴高采烈地学习的，他们只要力所能及，就宁肯学习，而绝不愿做任何其他事情；因为他们在学习时是自动的，而且他们对于学习简直抱有莫大的兴趣。我们在这里看到了真正的教育的一个外在标志，它既引人注目，又确实可靠，这就是：每个接受这种教育的学子，不论天赋差异如何，一律毫无例外，纯粹为了学习本身，而不是出于任何其他原因，都在兴致勃勃地学习。我们已经找到了激发起这种纯粹的学习爱好的方法，那

(I,10,122) 就是直接激励学子们的学习自动性，把它当作一切认识的基础，使得依靠这种自动性，就会学到所学的东西。

在我们已知的某件事情上恰当地激励起学子们的这种固有的能动性，是教育方法的首要内容。如果这项工作做成功了，另一个重要问题就在于从这件事情出发，使激起的能动性永葆蓬勃的生机，而这一点只有通过合乎规则的进步过程，在教育工作的每个失误都立刻由于达不到预期结果而暴露出来的地方，方才有可能做到。因此，我们也就发现了把预期结果与所述教育方法不可分离地结合起来的纽带，即发现了驾驭人的精神本质的永恒的、普遍有效的基本规律，它规定了人应该直接致力于精神活动。

假如有人受了我们时代的日常经验的误导，竟然怀疑这样一

种基本规律的存在，我们就要偏偏向他说明，只要直接的迫切需要和当前的感性需求对人有推动作用，人的生性当然是单纯喜欢感性享受和自私自利的，他不会受到任何精神需求或妥善考虑的阻碍，而不去满足感性需求；但是，在它得到满足以后，他就没有什么兴趣，靠自己的想象力来处理它的令人痛苦的图像，把它铭记在心，相反地，他会在很大的程度上喜欢把自己的无拘无束的思想集中于自由地考察那种引起他的感官注意的东西，他甚至也不会蔑视到理想世界去做一次富有诗意的旅游，因为他对短暂的事物的感受能力生来就很肤浅，这样他对永恒的事物的感受能力就可以获得若干发展的余地。这是由一切古代民族的历史和从他们流传给我们的各种考察与发现得到证明的；这在我们的时代则是由对于依然存在的其余野蛮民族——如果他们的气候条件对待他们并非太不仁慈——的考察和对于我们自己的儿童的考察得到证明的；这甚至于是由我们那些反对理想的狂热分子的直率供词得到证明的，他们抱怨说，学习各类名称和年代推算方法，较之遨游于那个向他们展现出来的空洞理念世界，是一桩更加令人烦恼的事情，所以他们本人看来都宁肯做后一桩事情——如果他们可以冒昧地这么做的话——，而不愿做前一件工作。当未来的饥荒和一连串可能发生的未来的饥荒在丰衣足食者眼前作为充满他脑海的唯一要事浮现出来，不断地打动他的心思的时候，深沉的感受能力就会代替这种天生的肤浅的感受能力，而这种结果在我们的时代是由我们的做法造成的，具体地说，在儿童那里是由惩罚他们天生的肤浅的感受能力造成的，在成年人那里是由立志做聪明人的努力造成的，但这种美誉也只有时刻不忽视上述观点的人才能享有；(I,10,123)

因此，我们这里说的绝不是我们本当依靠的天生习性，而是用力强加于进行反抗的天性的腐败东西，一俟不再使用这样的力量，腐败东西就会荡然无存。

我们在前面说过，这种直接激起学子们的精神自动性的教育是产生认识的，这就给我们提供了机会，更深入地说明这种与迄今的教育相反的教育。真正说来，新教育也同样直接力求仅仅激起合乎规则地发展的精神活动。像我们在上面看到的，认识仅仅是顺便作为不可避免的结果得出的。虽然这时由此得出了这种认识，塑造现实生活的图像——这图像将激励我们那些变为大丈夫的学子们在未来从事严肃认真的活动——只有用它才能加以把握，因而它也当然构成需要获得的教养的一个重要部分，但我们还不能说新教育想要直接得到的就是这种认识，相反地，它对于新教育来说仅仅是偶然产生的。另一方面，迄今的教育想要得到的则简直是认识和一定量的认识素材。此外，在新教育顺便产生的这类认识与迄今的教育想要得到的那类认识之间存在着巨大的差别。给新教育产生的，是对于制约一切精神活动的可能性的各种规律的认识。例如，如果一位学子试图凭自由想象，用直线限定一个空间，那么，这是他的最初被引发的精神活动。如果他在这种尝试中发现，他使用的直线少于三条，便不能限定任何空间，那么，这就是对于另一种完全不同的活动顺便产生的认识，而这种活动是属于限定最初引发的自由能力的认识禀赋的。因此，在新教育开始的时候，就立刻产生了一种真正超越一切经验的、超感性的、具有严格必然性和普遍性的认识，这种认识已经在自身预先包含了一切在后来可能有的经验。与此相反，迄今的课程通常都力求仅

仅理解事物的现状，就像事物在无人能指出其根据的情况下必定会存在、必定会被猜想到和察觉到的那样；所以，迄今的教育力求达到一种单纯被动的理解，它是通过只服务于事物的记忆能力进行的，因而完全不可能猜想到精神是事物本身的一种独立的、原始
的开端。现代的教育切不可误以为，诉诸自己对生背硬记经常产 (I,10,124)
生的反感，诉诸自己业已知道的具有苏格拉底风格的杰作，就能使自己免遭这类谴责；因为在这件事情上它早已从别处完全获悉，苏格拉底的论证同样仅仅是可以靠死记硬背学到的，这给不作思考的学子们造成了他们会思考的假象，因而是一种更加危险的死背硬记的学习方式，并且它也同样获悉，这在它想用以发展独立思考能力的题材上绝不会有任何不同的结局，而要达到这个目的，大家
就必须从一个迥然不同的题材着手[20]。从迄今的课程的这种状况 (I,10,125)
可以一方面明显地看出，为什么学子们至今通常都不乐意学习，因而学得很慢，并且少得可怜，为什么在缺乏来自学习本身的吸引力时，一些奇特的推动力量必须加以引用；另一方面也可以得出以往有离开常规的例外的原因。如果唯独要求有记忆，而不要服务于任何其他精神目的，那么记忆与其说是精神的一种能动性，倒不如说是精神的一种被动性，而且学子们极不喜欢采取这种被动态度，也是可以看出来的事实。即使熟悉各种异样的、丝毫引不起学子兴趣的事物，熟悉它们的特性，这也是加给学子们的一种被动性的拙劣代替品；于是，要克服学子们的厌恶情绪，就不得不依靠搪塞，说这种认识在将来有用，说大家只能用它找到生计和获得荣誉，甚至依靠直接摆在面前的奖惩。这样，认识从一开始就被定为感性幸福生活的侍女，而这种在其上述内容方面被定为对于发展道德

(I,10,126) 思维方式纯粹无能为力的教育，为了完全施于学子们，甚至一定要培植和发展他们的道德败坏，一定要把自己的兴趣同这种败坏的兴趣结合起来。大家将进一步察觉，天生有才能的人作为脱离常规的例外，在实施迄今的这种教育的学校里乐意学习，因此学得很好，而且通过那种在他心中起支配作用的高尚的爱，战胜了来自周围环境的道德败坏，通过他天生的偏好，保持了自己的思维方式的纯正，这样的人是对那些题材或课程表现出实践兴趣的，并且这样的人受他的幸运的本能的引导，宁肯以创造这类认识本身为目的，而不以单纯把握它们为目的；于是，在这种教育当做脱离常规的例外，还算极其普遍、极其幸运地达到了它的预期目的的课程方面，总是会有它允许积极练习的一些课程，例如，一种以达到书写和口述为目的的学术语言[21]，就被学得几乎普遍地都相当之好，但与此相反，另一种在书写和口述方面忽视练习的学术语言[22]则被学得一般都很糟糕、很肤浅，而且在学子们成年以后都被忘光了。因此，即使从以往的经验也可以得知，唯有课程对精神活动的发展能引发对于单纯认识本身的愉悦，从而也使心灵接受道德陶冶，与此相反，单纯被动的接受则会麻痹和扼杀认识，正如这种教育需要根本败坏道德思维方式一样。

再返回来谈谈接受新教育的学子们。很清楚，他们受到他们的爱的推动，将学到很多东西，而且他们是从相互联系方面掌握一切的，又直接以行动把掌握的知识付诸实践，因而会将这很多东西学得正确和不易忘却。但这只是次要的事情。更重要的是，通过这种爱，他们的自我得到升华，而且经过深思熟虑，按照规矩被引入了一种全新的事物秩序，而在以往，只有少数得到上帝恩宠的人才大致进入了这种秩序。推动学子们的是这样一种爱，这种爱完全不以任何一类感性享受为目标，因为这种享受作为动力对学子们是完全停止的，相反地，它是为了精神活动而以这种活动为目标，是为了精神活动的规律而以这种规律为目标。虽然道德生活涉及的不是这种一般的精神活动，而是这种精神活动还必须为此有一个特定的方向，但这种爱却是道德意志的普遍性质和形式；因此，这种精神教化方式就是达到道德教化的直接准备，它从来都不允许感性享受成为动力，从而完全铲除了非道德生活的根源。迄今为止，这类动力都是受到激励和得到发展的首要动力，因为如其 (I,10,127)
不然，人们就以为根本无法劝说学子们，并对他们发挥一些影响；如果说道德动力在后来已得到了发展，那么，它也来得太晚，发现心灵已被另一种爱占领，并且充满了这另一种爱。另一方面，通过新的教育达到纯粹意志的教养则应当成为首要的事情，使得利己主义如果仍然在心中苏醒或受到外来激励，也会来得太晚，在已被某种不同的东西占领的心灵中给自己找不到任何地盘。

对于这第一个目的和即将提到的第二个目的来说，重要的是学子们从一开始就不断地和整个地处于新教育的影响之下，与下流人完全隔离，避免与之有任何接触。他们一定不会听说，人们为了自己的保养和自己的安康才会在生活中激励和发展自己；也同样不会听说，人们是为了这个目的才学习的，或学习会对达到这个目的有所帮助。由此可知，采取上述方式的精神发展必定是提供给学子们的唯一的精神发展，必须让他们不停地致力于这种发展，而绝不可把这种授课方式同那种需要相反的感性动力的授课混淆起来。

不过，虽然这种精神发展不允许利己主义进入生活，并且提供了道德意志的形式，但这还不是道德意志本身；我们倡议的新教育假如不进一步发展，则顶多培养出一些研究以往也有过的、只有少数人需要的科学的卓越人才，他们为我们真正合乎人道的民族目的所能做的事情不会超过这样的人以往也能做出的事情，那就是一再提出告诫，让人对自己表示赞叹，但有时也遭到辱骂。然而很清楚，并且我们在前面也已经说过，这种自由的精神活动是有目的地发展起来的，以期学子们可以凭它自由地勾画出关于现实存在的生活的道德秩序的图像，可以凭自己心中也已经发展起来的爱把握这幅图像，可以受这种爱的推动，在自己的生活中，并且通过自己的生活，确实把这幅图像表现出来。问题在于，新教育如何能证明它靠它的学子们达到了它这个真正的和最终的目的？

首先很清楚，学子们早先已经在其他对象上得到锻炼的精神活动必定会被激励起来，勾画一幅关于人类社会秩序的图像，就像
(I,10,128) 这种秩序全然应该按照理性规律而存在那样。这幅由学子们勾画的图像是否正确，一种教育只要自身拥有这幅正确的图像，就最容易作出评判；它是否靠学子们固有的自动性加以勾画，而绝不只是被动地予以解释，被复述得对学校深信不疑，进一步说，它是否被提高到了应有的清晰性和生动性，这种教育将能以同样的方式作出评判，就像这种教育早先在这方面对其他对象作出了准确的判断那样。所有这些还是单纯认识的事情，依然停留在这种教育很容易达到的认识领域里。一个完全不同的、更高的问题是：学子们是否深受对于这样一种事物秩序的热爱的感动，以致他们在离开这种教育的引导而独立自主的情况下，根本不可能不希求这种秩

序和不竭尽全力、促其实现呢？要对这个问题作出判定，无疑不能听其言，而只能观其行。

对于这最后的考察给我们提出的课题，我是这么解决的：接受这种新教育的学子们虽然与那种已经滋长出来的卑鄙东西隔离开，但学子们本身无疑都彼此共同生活在一起，因而就会构成一个分离的、独立存在的共同体，它有它那精确规定的、基于事物本性的和完全由理性所要求的体制。激励学子们在精神领域勾画的那第一幅关于社会秩序的图像，应该是关于他们自己生活的共同体的图像，因此，他们就在内心受到了强制，要把这种秩序正如它实际上被勾画出来的那样，详详细细地给自己塑造出来，并且他们要根据它之所以存在的理由，把它的一切部分都理解为绝对必然的。而这又是单纯的认识活动。在这种社会秩序中，每个人都必须为了整体，在现实生活中经常不做许多事情，而这许多事情，他假若独处，本来是会毫不迟疑地做的。适宜的做法将是这样的：在立法中，在需要以立法为依据的法制课程中，对每个人来说，所有其他的人都被设想为具有一种已被提高为理想的对秩序的爱，它也许在现实中是没有任何一个人拥有的，但所有的人都应当拥有它；因此，这种立法具有高度的严厉性，禁止做许多事情。这类禁令作为某种绝对必须有的、社会的存在所系的东西，在紧急情况下甚至必须利用那种对于立即惩罚的畏惧心理加以强制实施，而且这种刑
法必须绝对不讲情面和毫无例外地得到执行。这种把畏惧当做动 (I,10,129)
力使用的做法，并没有给学子们的道德生活造成任何损害，因为在这里不是要推动他们为善，而只是要推动他们不在这种体制下作恶。此外，在法制课程里必须让人完全懂得，那种还需要惩罚观念

的人，或者，那种还确实需要亲自受到惩罚，重温这个观念的人，是处在文明发展的很低的阶段上的。尽管完全如此，然而很清楚，既然大家从来都不能知道，在让人服从的地方，这种服从是出于对秩序的爱，还是出于对惩罚的畏惧，那么，在这个范围里学子们就无法把自己的善良意志表现于外，教育工作也无法测度这种意志。

另一方面，这样一种测定在下列范围里则是可能的。因为体制必定是进一步用这样的方式建立起来的，即个人为了整体不仅必须不做什么，而且也可以做什么，可以靠行动做出什么成绩。在学子们组成的共同体里，除了有学习方面的精神发展，也还有体育锻炼，有机械的，但在这里已变为高尚理想的农业劳动，以及各式各样的手工业劳动。体制的根本规则应该是：对于每一位在任何一个这样的部门里表现突出的人，都可以要求他在这个部门帮助教其他人，并承担各式各样的管理工作和责任；对于每一位发现任何一项改进措施，或首先最清楚地理解了教师倡议的改进措施的人，都可以要求他靠自己的努力贯彻这些措施，但他不应因而解除了他那些反正不言而喻的个人学习与劳动的任务；每个人都要心甘情愿满足这类要求，而不是由于受到强迫，因为不抱这种愿望的人也可以随便拒绝这类要求；满足这类要求的人不必为此指望得到任何报酬，因为在这种体制下人人都在劳动和享受方面完全平等，甚至也不必指望得到表扬，因为在共同体里占支配地位的思维方式主张，每个人都应就此完全尽到自己的责任，但是，唯有满足这类要求的人才能享受到他为整体而行动和工作的乐趣，享受到整体达到预定目标的乐趣，如果他也分享了这种成功的话。因此，在这种体制下，从业已获得的巨大技能和因此花费的辛劳而来的

将仅仅是新的辛劳和新的工作，而且恰恰是能力较大的人往往在别人酣睡时自己必须醒着，在别人游戏时自己必须思考。

这一切虽然对学子们是完全明白易晓的，但如果还要继续下去，使得大家肯定会信赖他们，他们就必须愉快地承担起那最初的辛劳和由此而来的许多进一步的辛劳，始终感觉到自己的力量和 (I,10,130)
活动是强健的，并且会变得更强健。教育是能从容不迫地让这样的学子们见世面的；它靠他们达到了自己的这一目的；爱已经在他们的心中点燃起来，并且烧到了他们的生命活动过程的根部，从这时起，它将进一步毫无例外地感动所有会达到这种生命活动过程的东西；在他们从这时起进入的大共同体里，他们决不可能是某种异样的人，而只能是他们在他们现在离开的小共同体里已经不可移易、不可更改地成为的那种人。

对于当前的世界向学子们毫无例外地提出的各种最近的要求来说，他们已经以这种方式达到完善境地，教育以这个世界的名义要求他们做的事情已经完成。但是，他们在他们自身和为了他们自身，还没有达到完善境地，他们自身能要求教育做的事情还没有完成。一俟连这种要求也得到满足，他们也就会同时有能力满足一个更高的世界以当前世界的名义在一些特殊情况下可以向他们提出的各种要求。

第三讲　再论新教育[23] (I,10,131)

我们所倡议的新教育的真正本质，就它在前一讲里得到的描述而言，在于它是培养学子们去过纯粹伦理生活的一种经过深思熟虑的、确实可靠的技艺。我说的是过纯粹的伦理生活；新教育力求达到的这种伦理生活，是作为一种首要的、独立不倚的事物存在的，它靠自己的力量过它自己的生活，而决不像以往经常预期的合乎规律性那样，被联结和移植到使其得到满足的另一种非伦理冲动上。我说过，新教育是这种道德教育的经过深思熟虑的、确实可靠的技艺。它并不是毫无目的地靠好运气前进的，而是按照固定的、它熟知的规则阔步前进的，并且对自己的成功确信无疑。它的学子们会在适当的时候作为它这种技艺的一种固定的、不可更改的作品产生出来，这种作品只能像它调节好的那样运行，并且不需要某种辅助，而是靠自己的力量，按照其自身的规律不断地运行的。

虽然这种教育也陶冶它的学子们的精神，而且这种精神的陶冶甚至是它的首要的、它由以开始工作的事情，然而，这种精神的发展并不是首要的、独立的目的，而仅仅是将道德教育施于学子们的制约手段。在这期间，这种仅仅偶尔获得的精神陶冶也就始终是一项无法从学子们的生活中铲除的所有，是在学子们对道德的爱心中永远燃烧着的火炬。不管学子们从教育获得的知识的总和有多大或有多小，学子们肯定从中获得了一种精神，这种精神在他们的整个一生都能把握他们必然要认识的任何真理，既能不停地接受别人提供的教益，也能不停地自己进行反思。

我们在前一讲中关于这种新教育所作的描述就做到了这个地步。我们在前一讲的结尾说明，通过这一切，我们的描述仍然没有完成，而是尚须解决另一个课题，而这个课题不同于我迄今提出的课题；现在，我们就来做详细说明这个课题的工作。

接受这种教育的学子们的确不单纯是这个地球上的人类社会的成员，也不单纯是为了度过在地球上赐给他们的短暂生活而存在的，而且在一种高级社会秩序中也是存在的，无疑被这种教育认为是永恒的精神生活链条中的环节。毫无疑问，一种已经决意囊括他们的整个生存的教育也必须引导他们去认识这种高级秩序，并且正像它引导过他们靠自己的自动性去勾画道德世界秩序——这种秩序从来都不是现成存在的，而是应当不断生成的——的图像一样，它也同样必须引导他们靠同样的自动性，在思想中设计超尘世界秩序——在这种秩序中没有任何东西生成，并且这种秩序也从来不是生成的，而是永远单纯现成存在的——的图像，使他们最深切地理解和认识到事情只能如此。如果引导得当，他们就会完成设计这样一种图像的尝试，并且会在这个结局中发现，除了生命，即除了在思想中活的精神生命，没有任何东西是真实存在的；所有其余的东西都不是真实存在的，而仅仅是映现为存在的，造成这种映现的那个来自思想的根据，他们同样会把握，即使仅仅是泛泛地把握。他们还会进而认识到，那个唯独真实存在的精神生命在它不靠偶然机遇，而靠基于上帝本身的规律所获得的品汇繁多的形态中，又是一个统一整体，即神圣的生命本身，而这个神圣的生命唯独存在和显现于活生生的思想中。这样，学子们将会学习认识和虔诚地保持他们自己的生命和任何其他的精神生命，把它们当作显现神圣生命的链条中的永恒环节；他们只有在与上帝的直接接触中，在他们的生命从上帝的直接流出中，才会发现生命、光明与极乐，而在任何离开这种直接性的地方，都会发现死亡、黑暗与痛苦。一言以蔽之，这种精神发展将培养他们达到宗教，而这 (I,10,132)

种认为我们的生命寓于上帝的宗教当然也应当在新时代居于支配地位，并得到精心培育。与此相反，旧时代的宗教把精神生命同神圣生命分离开，只知道借助于对神圣生命的脱离[24]，使精神生命获得它想赋予这种生命的绝对存在，并且它把上帝当做这样的线索
(I,10,133) 使用，那就是在凡人躯体死后，还把利己主义引入另一世界，利用对这个世界的畏惧与希望，强化这种在现世依然脆弱的利己主义；这种显然是利己主义的侍女的宗教，当然应该与旧时代一起被埋葬，因为在新时代里永恒境界并不是在坟墓的彼岸才开始的，而是切入了这个时代的现实生活的核心，但那种利己主义却既没担任过治理的职务，也没有肩负起效劳的责任，因此，连它的仆人也随它撤退下去了。

因此，达到真正宗教的教育是新教育的最后一项任务。学子们在勾画宗教所需要的超尘世界秩序的图像时，是否做得真正主动，勾画出来的图像是否完全正确无误和彻底明白易晓，教育使用研讨其他知识对象的方法，将会很容易作出评判，因为这也依然在认识的领域里。

但在这里，更重要的也是这样的问题：教育如何能测定，并且作出保证说，这种宗教知识依然不是僵死、冷漠的，而是会表现于其学子们的现实生活的呢？在回答这个问题之前，须先回答另一个如下的问题：宗教究竟是怎样和用什么方式显示于生活的呢？

直接地说，在通常的生活里，在井然有序的社会里，完全不需要宗教塑造生活，相反地，真正的伦理就完全足以达到这个目的。所以，从这方面看，宗教不是实践的，也根本不可能、不应该成为实践的，而仅仅是一种认识；这就是说，宗教仅仅是使人完全明白和

理解他自己，回答他所能提出的最高问题，给他解决最后的矛盾，从而把完备的自洽性和彻底的明晰性带到他的知性中。宗教是人完全摆脱一切外来束缚的解救和解放，所以，宗教毕竟对人负有教育责任，是人应该不抱任何其他目的，而直截了当地得到的某种东西。宗教要么是在一个社会极其没有道德，而十分腐败的时候，获得了作为动力发挥作用的领域的，要么是在人的活动范围不在社会秩序之内，而在社会秩序之外，并且要不断重新创造和维持社会秩序的时候，获得了这样的领域的，就像那种在许多事情上不靠宗教而凭良心根本不可能执掌其职权的统治者遇到的情况那样。关于这后一种情况，在一种从一切人和整个民族出发考虑的教育里是不会涉及的。关于前一种情况，如果在知性明确认识到时代弊端不可匡正时，还要不停地对时代做工作，如果在对收获不抱一点希望时勇敢地承受播种的辛劳，如果甚至对忘恩负义之徒也要行 (I,10,134)
善，并且在明确料知口吐恶言之辈又会口吐恶言时，也为他们作出业绩和获得财富而祈神保佑，如果在经过千百次失败以后，还坚持信仰和爱，那么，在这里起推动作用的就不是单纯的伦理，因为伦理是希望达到一个目的的，相反地，在这里起推动作用的是宗教，是对一种很高的、我们不知道的规律的服从，是对上帝表示恭顺的沉默，是对上帝的那种迸发于我们之内的生命的挚爱，而在眼睛看不出任何其他拯救办法时，也唯有这种生命应该为其自身而得到拯救。

按照这种方式说，接受新教育的学子们在他们最初成长起来的那个小共同体里获得的宗教认识，既不可能成为实践的，也不应该成为实践的。这个共同体井然有序，做得适当的事情总是在其

中获得成功；人在年纪还小时也应当保持无拘无束、毫无偏见的态度，保持对于自己的种族的恬静信赖。对于人的隐患的认识，也许只有依靠他自己在年龄成熟、思想定型时的经验才能够做到。

由此可见，在教育早已不管学子们的事情以后，如果他们的社会状况要由简单的阶段前进到更高的阶段，他们也只有在这个成熟的年龄，在认真加以对待的生活中，才会需要有他们的宗教知识，作为一种推动力量。在这件事情上不能考核自己掌管的学子们的教育，怎么还一定会确信只要出现这种需要，这种推动力量也就会毫无错误地发挥作用呢？我的回答是：办法在于学子们是这么受到教育的，那就是学子们拥有的任何知识在出现了它掌握生活的可能性时，在他们那里绝不是僵死的和冷漠的，而是一俟生活需要它，它都必然立刻深入地影响着生活。我将立即更深入地论证这个看法，从而把在这一讲和前一讲讨论过的整个概念提高和纳入到一个更大的知识体系里；我在预先明确地陈述了新教育——我刚才结束了对于新教育的一般描述——的真正本质以后，将根据这个概念，给这个更大的知识体系本身作出崭新的阐明，赋予更高的清晰性。

这时，这种教育就不再像我们今天这一讲的开头说的那样，单纯显得是培养学子们去过纯粹的伦理生活的技艺，反而明显的是把整个的人彻底和完全培养为人的技艺。这有两个主要部分：首先从形式方面来看，得到培养的是现实的、活生生的人，直至他的
(I,10,135) 生命的根本，而决不是人的单纯的阴影和图像；其次从内容方面来看，人的一切必要组成部分都毫无例外地、平衡地得到发展。这两个组成部分是知性和意志；教育想要达到前者的清晰性和后者的

纯粹性。但关于前者的清晰性，必须提出两个主要问题：首先，纯粹意志真正希求的是什么？用什么办法能达到这种希求的东西？哪个主要部分包含着需要传授给学子们的其余知识？其次，这种纯粹意志的根据和本质本身是什么？哪个主要部分包含着宗教知识？上述两个部分在它们被发展到深入影响生活以前，都是教育绝对要求的，教育决不想给任何人免除它们当中的丝毫东西，因为每个人都应当是一个完整的人；至于有人还会进一步变成什么样的人，在他身上的普遍人性会采取或获得什么特殊形态，这与普及教育毫不相干，不属于普及教育的范围。——现在，我就来作出我答应过的对于这样一个命题的更深入的论证，即在接受新教育的学子们那里没有任何知识可能是僵死的，就来作出我打算把所述的一切都提高到其中的系统联系，而这都是借助于下列命题进行的。

1)根据以上所述，从教育方面来看，在人们当中有两个截然不同、完全相反的等级。给人们的各式各样的生命表现奠定基础的，是一种在一切变易中坚持不变、自身依然如故的冲动，在这一点上，所有的人首先都是一样的，因而这两个等级也是一样的。顺便指出，这种冲动的自我理解和向概念的转变创造了世界，而且除了这个在决不自由，而纯属必然的思想中如此创造出来的世界，便不存在任何其他的世界。这种冲动总是需要转变为意识，所以在这一点上两个等级又彼此相同，这时，它能以一种双重的方式，按照意识的两个不同的基本类型，被转变为意识，但在转变和自我理解的这种方式中两个等级并不相同。

意识的第一个基本类型按时间说是首先发展起来的，它是模糊感觉的基本类型。根本冲动通常都靠这种感觉，被理解为个体对其自我的爱，模糊感觉最初仅仅把这个自我作为一种希求生存和幸福的自我提供出来。感性利己主义作为现实的根本冲动，作为一种囿于原始根本冲动的这类转变的生命的发展力量，就是由此产生的。只要人继续这么理解自己，他就必定会自私自利地行动，而决不可能是别样的；这种利己主义在他的生命的不绝变化中，是唯一能持久不变、自己依然如故和确实可期待的东西。作为
(I,10,136) 脱离常规的非凡例外，这种模糊感觉也能跃过个人的自我，把根本冲动理解为一种对于模糊感觉到的另一类事物秩序的渴求。我们在其他地方充分描述过的生命就是由此产生的，这种生命超越了利己主义，是由一些理念推动的，它们虽然模糊，但还是理念，并且在这种生命中，作为本能的理性起着支配作用。只靠模糊感觉对根本冲动作出的这种理解，是人们之中第一个等级的根本特点，这个等级不是由教育，而是由它自身塑造成的，并且它本身又有两个品类，它们是由于一种不可理解的、人的技艺根本无法测知的原因而被分离开的。

意识的第二个基本类型通常不是自行发展的，而是必须在社会中加以精心护理，它就是清晰的认识。假如人类的根本冲动会在这种环境里得到把握，这就会提供第二个由人组成的、全然不同于第一个等级的等级。这样一种能把握根本的爱本身的知识并不像另一种知识的确会做的那样，让我们感到冷漠和完全无动于衷，而是它的对象受到了超乎一切的爱，因为这个对象不过是我们原初的爱本身的解释和转变。另一种知识把握外来的东西，这种东西始终是外来的，并且让人感到冷漠，而这种知识则理解能知者本

身和他的爱，他爱的也就是这种知识。尽管这时在两个阶层中推动着他们的是同一种原初的、仅仅表现于不同形态的爱，但我们依然可以撇开这种情况而说，人在前一种情况中是由模糊感觉推动的，在后一种情况中则是由清晰的认识推动的。

这样一种清晰的认识会在生活中成为直接的推动力量，并且大家无疑可以指望事实会如此，而这像我们已经说过的那样，取决于下列情况：解释人的真正的爱的，正是这同样的爱，人直接明白事情是如此，并且这种爱的感受是同时靠解释在人心中引起的和让人感觉到的。因此，如果爱不同时成为得到发展的，认识就从来都不会在人内心得到发展，因为在相反的情况下，人会依然是冷漠的；如果认识不同时成为得到发展的，爱就从来都不会在人内心得到发展，因为在相反的情况下，人的推动力会成为一种模糊的感觉。因此，随着人的教育的每个前进步伐，完整的、统一的人都在受到培养。一种总是由教育当做不可分的整体这么加以对待的人，在将来也仍然是这样，而且任何认识都将必然成为他的生活的推动力量。

2）由于明晰的认识就这么代替了模糊的感觉，而被当做生活的首要东西，被当做生活的真正基础和起点，利己主义便被完全超越了，它的发展也落了空。因为只有模糊感觉才把人的自我作为 (I,10,137)
一种渴求享乐和畏避痛苦的自我提供给人；但是，清晰的概念却绝不这么给人提供他的自我，而是表明他的自我是一种伦理秩序的环节，并且他的自我有一种对于伦理秩序的爱，它在清晰的概念的发展中也同时被点燃和得到发展。这种教育没有什么涉及利己主义的东西，因为它已经用清晰性消除了利己主义的根源，即模糊的

感觉；它既不抨击，也不解释利己主义，它根本不知道利己主义为何物。利己主义假如有可能在往后还会活跃起来，则会发现人心中已经充满了一种高尚的爱，它是拒绝给利己主义让位的。

3)人的这种根本冲动在它被转变为清晰的认识时，并不涉及一种既定的、现存的世界，这种世界只能被动地、如实地加以接受，在这种世界里一种对原始创造活动有推动作用的爱好像给自己找不到什么发挥作用的范围；相反地，它在被提高为认识以后，涉及一种应该生成的世界，一种先验的世界，一种在未来存在的和永远在未来存在的世界。所以，给一切现象奠定基础的神圣生命从来都不表现为一种现有的、既定的存在，而是表现为某种应该生成的东西，而且在这样一种应该生成的东西生成以后，神圣生命又会表现为一种应该生成的东西，直到永远；因此，神圣生命从来都不表现于现有的存在的死亡，而是永远以流逝不绝的生命的形式存在的。上帝的直接显现和启示就是爱；认识对这种爱作出的解释才设定起一种存在，具体地说，才设定起一种永远只应生成的存在，并且就一个世界是真的而言，还把这种存在设定为唯一真的世界。与此相反，另一种既定的、被我们发现是现存的世界，则不过是阴影和图像，认识利用它们，给自己对爱作出的解释建造了固定的形态和可见的躯体；这另一种世界是可供直观那种高级的、本身不可见的世界的手段和条件。上帝甚至也不是直接出现于这种高级的世界的，而是仅仅间接地通过统一和纯粹的、不可变更和没有形态的爱出现于这种高级世界的，他唯独直接显现于这种爱中。除了这种爱，还有直观的认识，它从自身提出一种形象，用以表达爱的那种本身不可见的对象；然而，它总是遭到爱的反对，因而不断被

迫提出新的形象，但这新的形象也又同样遭到反对。唯独由于这个缘故，这种本身纯属统一整体，绝对不能有绵延性、无限性与永恒性的爱，才在这种与直观结合到一起的过程中像直观那样，也变成一种永恒的、无限的东西。刚才提到的那种由认识本身提供的形象，如果单就它本身来看，并且还没有被应用于清楚地认识到的 (I,10,138) 爱，则是现有的、既定的世界，或自然界。认为上帝的本质是以某种方式直接出现于这个自然界，而不是通过上述中间环节间接出现于这个自然界，这是一种幻想，它来源于精神的愚昧和意志的污秽。

4)要在一般情况下完全跃过作为爱的溶媒的模糊感觉，而代之以作为通常溶媒的明晰认识，如已经提到的，只能靠教育人的深思熟虑的技艺完成，但它至今没有这么完成。因为像我们同样看出的，一种全然不同于迄今的普通人的人的类型是用这种方式加以提倡的，并且被定为常规，所以这样一种教育当然会开始一种全新的事物秩序和一种新颖的创造工作。这时，人类是作为现存的世代把自己教育为未来的世代的，所以就会依靠自己的力量，把自己塑造为这种新颖的形态；这就是说，人类按照唯独自己能完成这项工作的方式，会依靠认识——唯一彼此共同的和需要自由传递的东西——与这个世界上真正的东西——把精神世界结合为统一体的光与气——把自己塑造为这种新颖的形态。迄今为止，人类都变成自己曾经变成和可能变成的东西，但这种偶然的变化现在已经结束了，因为人类在自己最广泛地发展了自己的地方，都变成了毫无价值的。人类如果不应停留于这种没有价值的阶段，那就必须从现在开始，把自己塑造为自己还应进一步变成的一切东西。

我在一些演讲[25]——现在的这些演讲是它们的继续——里说过，人类在尘世的真正使命在于，它应该把自己自由地塑造为它原初本来那样。这种自我塑造一般是经过深思熟虑，按照规则，有朝一日必定会在空间里的某个地方和时间上的某个时刻开始的，而这会使人类经过深思熟虑的自由发展的第二个主要阶段取代不自由发展的第一个主要阶段。我们认为，从时间方面来看，现在正是这个时期，人类现在正处于其尘世生活过程的真正中段，处于其两个主要发展时期之间；但从空间方面来看，我们却认为，首先应该要求德意志人开始一个新的时期，成为其他民族的先驱和典范。

(I,10,139) 5)然而，甚至这种全新的创造工作也不是从前一阶段一蹴而就的，而是以往时代真正自然而然的继续与结果，尤其是在德意志人当中。时代的一切活动和努力都旨在驱除模糊感觉，而唯独设法使清晰性和认识获得支配地位，这是显而易见的，并且我相信，也是得到普遍承认的。即使就以往那种没有价值的东西已被完全揭发出来而言，这种努力也做得完全成功。这种谋求明晰性的冲动绝不会被根除，或者说，糊涂地苟安于模糊感觉的做法决不会再占支配地位；这种冲动还会进一步得到发展，被引入更高的领域，以致在揭发了那种没有价值的东西以后，某种东西，即肯定性的和确实有所建树的真理也会同样变得显而易见。来自模糊感觉的、由既定的和自己塑造自己的存在组成的世界现在已经沉沦下去，而且还会继续沉沦下去；与此相反，来自原始清晰性的、由不断从精神分娩出来的存在组成的世界则将光芒四射，开始其整个光辉的时期。

诚然，预言这样一种形态的新生活也许在我们的时代看来是令人奇怪的，并且我们的时代如果仅仅注目于它对刚才所说的对象的那种占支配地位的看法与作为新时代的原理加以陈述的这些说法的极大差距，也许就几乎没有勇气去接受这种预言。但是，我想谈的并不是这样一种显然很坏的教育，这种教育作为一种无须普遍实施的特权至今通常都仅仅是由高等阶层获得的，它闭口不谈超感性的世界，而单纯致力于创造一些可供处理感性世界的事务的技巧；相反地，我想仅仅注目于这样一种教育，这种教育就是民众教育，从某种很有限的意义上说，也可以叫做民族教育，它对超感性世界绝对没有作过沉默无言的静观。这种教育依据的学说是什么呢？如果说我们提出的新教育的首要前提在于，人压根就有一种对于行善的纯正乐趣，它会得到很大的发展，以致人绝不可能不做被视为善的事情，而做视为恶的事情，那么，与此相反，迄今的教育则不仅假定，而且也从其学子年幼时起就教导他们，人一方面本来对于上帝发布的指令有一种天生的厌恶情绪；另一方面也简直不可能执行这类命令。如果这样一种教导被视为严肃认真的，并且得到了众人的信赖，那么，除了每个人都听命于自己的绝 (I,10,140)
对不可改变的本性，不试做自己曾经觉得不可能的事情，不希望将来做得比自己和其他一切人现在能做得更好，对这种教导还能抱什么别的指望吗？除了每个人都把要求他做的卑劣行为在上帝面前设想为能与上帝相容的唯一手段，因而能安于这种承认自己恶贯满盈的行为，对这种教导还真的能抱什么别的指望吗？除了每个人在听到我们这样的一种论断时，到处都从内心里感到，并且一清二楚地觉得，这不是真的，而唯有相反的论断才是真的，因而只能设想人们仅仅是想戏弄他，对这种教导还能真的抱什么别的指

望吗？如果我们假定一种完全不依赖于一切既定的存在，反而给这类存在本身颁布规律的认识，在一开始就使每个儿童都沉浸于这种认识，想使他们从这时起就永远处于这种认识领域，另一方面，则把那种只需要从历史中学到的事物性状视为自行产生的、微不足道的附属现象，那么，以往的教育最成熟的产儿就会迎击我们，提醒我们说，像尽人皆知的那样，根本不存在任何先验的认识，而且他们的确想知道，除了依靠经验，人们怎么会有认识。为了这个超感性的、先验的世界甚至在它看来不可避免地要暴露出来的地方也不会暴露出来，即在认识上帝的可能性中也不会暴露出来，甚至为了在上帝那里也不出现精神的自动性，反而被动的服从依然是一切的一切，以往的人类教育已经找到了防止这种危险的大
(I,10,141) 胆做法，即把上帝的在场当做一种历史事实，而这种事实的真实性是由审问见证人来查明的。

以往的教育的情况无疑是这样的，但我们的时代却不必因而对自己丧失信心。因为这种现象以及一切其他类似的现象并不是本身独立不倚的东西，而仅仅是旧时代的荒野根苗上长出的花朵和果实。只要我们的时代从容不迫地献身于在一种崭新、宝贵和健壮的根苗上做的嫁接工作，旧的根苗就会枯死，不能从它再得到任何养分的花朵和果实也会自行凋落。现在，我们的时代还完全不能相信我们所说的，它觉得我们的话犹如天方夜谭，这也是必然的。我们也不打算得到这种信赖；我们只打算得到从事创造和行动的空间。我们的时代将会在今后进行观察，将会相信它自己的眼睛。

举例说，每个熟悉近代成果的人都会早已察觉，近代德意志哲

学从它产生以来反复宣讲的原理和观点在这里又得到了陈述，因为它能做的无非是宣讲。这些宣讲已经毫无结果地消失得无声无息，这个事实是足够清楚的，它必定会这么消失的原因也是清楚的。活生生的东西只对活生生的东西发生影响；但我们时代的现实生活却与这种哲学毫无关系，因为这种哲学是在一个还完全没有给它开拓出来的领域，为那些还没有给它生长出来的感官从事它的事业的。它根本不会盛行于我们这个时代，而是一个时代的先觉，是给一个世代预先备妥的生活原则，这个世代按这个原则才会觉醒，走向光明[26]。它必须不寄望于现在这个世代，但为了到那时为止不无所事事，就应该在现在承担起塑造它所属的那一个世代的任务。一俟它这项最近的工作对它变得昭然若揭，它才会抱着和平友善态度，与一个在其他方面并不令它喜欢的世代共同生存。我们迄今描述过的教育，同时也是关于这种哲学的教育；在另一方面，从某种意义上说，只有这种哲学能是推行这种教育的教育家，所以这种哲学必定会在它可以被理解和被采纳以前，率先急行。但将会到来一个时代，在这个时代里，它将得到深入的理解和友善的采纳，所以，我们的时代不要对自己丧失信心。

但愿这个时代听到一位古代先知看见上帝的异象时的说法，他曾经预见到一种确实很值得痛惜的处境。这位迦巴鲁河畔的先知作为那些不是在本国，而是在外国被俘虏的人们的安慰者，是这 (I,10,142)
么说的："主的手降在我的身上，借助于主的灵带我出去，将我放在一片广袤的原野上，这原野布满骸骨，他引我到处观看，可以看到原野上骸骨很多，可以看到好多骸骨已经十分枯干。但主对我说，人子呵，你认为这些骸骨会复活么？我说，主呵，这只有你知道。

他又对我说，你要给这些骸骨作出预言，你要向它们说，你们这些枯干的骸骨要听主的话。关于你们这些枯干的骸骨，主就是这么说的。我想用肌腱把你们联结起来，让肌肉在你们上边生长出来；我想用皮肤覆盖你们，想赋予你们以气息，使你们复活，而你们应当知道，我就是主。我遵命作出预言，而且可以看到，在我作出预言的时候有响声，并且万籁俱动，而这些骸骨又相互接合起来，每个骸骨都各就其位，在它们上边长出了脉管和肌肉，主用皮肤覆盖住它们；但在它们体内还没有气息。于是主对我说，人子呵，你要向风作出预言，对风说，主是这么说的：风呵，你要从四方刮来，吹到这些被杀死的人们的身上，使他们复活。我遵命作出了预言。这时，气息进入了他们身体，他们复活了，用他们的双脚直立起来，组成了一支庞大的军队。”[27]让我们的高尚精神生活的各个组成部分同样变得枯干吧，让我们的民族统一的纽带也因此同样被撕碎吧，并且就像这位先知看到的尸骨那样，让它们横七竖八和支离破碎地置于荒野；让这些部分在许多世纪的狂风暴雨和烈日暴晒中变得苍白和枯干吧；但是精神世界的那种能赋予生命的气息还没有停止吹动，它也将会吹动我们民族躯体中那些已经死亡的骨骼，把它们相互接合起来，使它们光辉地屹立于面貌崭新、容光焕发的生命之中。

(I,10,143)

第四讲　德意志民族与其他日耳曼民族的主要差别[28]

前面已经说过，这几讲提倡的现代人类的教育方法，必须首先由德意志人应用于德意志人，而且它原本就最适合于我们民族。这句话需要加以证明；在这里，我们将一如既往，也从最高、最普遍的东西开始，说明什么是德意志人——不管其目前遭遇的命运怎样——自他们存在以来本身具有的基本特点，同时也说明，正由于德意志人具有这种特点，所以他们有接受这种教育的能力，非其他一切欧洲民族所能及。

德意志人当初是整个日耳曼民族的一个部族。关于日耳曼民族，我们只要指出它的使命在于将古代欧洲所建立的社会秩序同古代亚洲所恪守的真正宗教相结合，从而由它自身发展出一个与业已衰亡的旧时代对立的新时代，就足够了。进一步说，我们只要专门把德意志人跟与他们同时兴起的其他日耳曼部族加以比较，也就够了。其他新兴的欧洲民族，例如各个起源于斯拉夫人的民族，与其余的欧洲相比，看来还没有得到很明显的发展，所以不可能给他们作出明确的描述；然而，对于同样起源于日耳曼人的其他民族，例如斯堪的那维亚人，我们即将予以指出的形式差别的主要原因却不适用，他们在此无疑被看做德意志人，也被概括在我们的观察所得出的全部总的结论当中。

但是，我们现在要进行的专门观察，从一开始就必须先作以下说明。我将援引一个事实，作为在一个本原部族里形成差别的原因，而它单纯作为一个事实，是一目了然的和无可争议的。然后，我将列举这种已经形成的差别的各个表现，它们作为一些单纯的事实，也同样会被阐述清楚。但一俟涉及后者与前者、即结果与原因的关系，涉及由原因得出结果的推导，一般说来，我就不能认为人人对此都同样清楚和确信无疑了。的确，我在这方面也不会说

(I,10,144) 出全新的、迄今闻所未闻的论点，相反地，在我们当中有许多人，他们对于事实持这样一种看法，要么已准备就绪，要么已满有把握。然而在多数人当中，对我们倡议的课题却流传着一些与我们大相径庭的想法，纠正这些想法，反驳那些对把握整体课题毫无素养的人根据个别事例提出的一切异议，会远远超出我们的时间和我们的计划的范围。面对这些人，我只能就此说我必须说的看法，把它仅仅作为供他们进一步反思的课题，而它在我的思想体系中则可以不像在这里显得那么分散，也不像在这里显得缺乏真知灼见的论证。我不会完全忽略这种情况，因为我要顾及对我的整个论题不可免除的透彻论证，也要考虑由此得出的那些以后将出现在我们讲演进程中和原本就属于我们当前计划的重要结论。

由观察得来的最初和直接的结果是，在德意志人与其他同源部族的命运之间有明显的差别：前者定居在这个本原民族原初居住的地方，后者则迁徙至别处；前者保持、发展了这个本原民族的原始语言，后者则吸收了外族语言，并逐渐按照他们的方式改造了这种语言。这种最初的差别必定恰好说明以后发生的事情——而绝不是相反——，比如在原初的祖国，按日耳曼人的原始习俗，依然有一种在某个权力受限制的首脑统治下的联邦制，而在其他国家，政府体制则大多按迄今存在的罗马方式转变为君主专制。

在已经指出的变化之中，最先的变化，即家乡的变化，是完全无关紧要的。不管是在天下什么样的地带，人们都容易过本乡的生活，而那些未由居住地引起巨变的民族特点，却依照自己的模式支配和改变着居住地。不同的自然力量对于日耳曼人在天下居住的地带也没有很大的影响。对于日耳曼种族在被征服国家与当地居民混血的情况，人们也同样不必重视；因为胜利者、统治者也好，由混血形成的新民族的缔造者也好，都不外是日耳曼人。除此之外，在国外同高卢人、坎塔布里人等等发生的混血，与在国内同斯拉夫人发生的混血相同，而且范围并不更小；所以，今天不论对哪 (I,10,145)
一个有日耳曼人血统的民族成员来说，要表明其血统比其他民族纯净得多，都决不是一件容易的事情。

但更为重要的，而且像我认为的那样，能论证我关于德意志人与其他日耳曼裔民族的全面对比的，乃是第二种变化，即语言的变化。在此，我想首先明确指出的是，问题既不在于这个部族仍然沿用的这种语言的特别性状，也不在于另一个部族采用的另一种语言的特别性状，而只在于这里保留着本民族的东西，同时那里却采纳了外族的东西；问题也不在于继续沿用本原语言的那些人早先的血统，而只在于这种语言继续被使用而没有中断，因为语言塑造人远胜于人塑造语言。

为了在可能与必要的范围内阐明民族形成中这种差别带来的结果，阐明这种差别必然产生的民族特点的特定对比方式，我想请你们对语言的一般本质作一番考察[29]。

一般语言，特别是语言中由语音器官发音产生的实物名称，决 (I,10,146)
不取决于任意的决断和约定，而是首先有一个基本规律，依照这个规律，每个概念在人的语音器官中形成一个特定的音，而不是其他的音。实物正如在个人的感觉器官里是由特定的形态、颜色等等映现出来一样，在语言这个社会的人的器官中则是由特定的音映现出来的。所以，实际上不是人在说话，而是人的天然东西通过人在说话，并把自己报道给他同类中的其他人。因此，语言也许可以说是唯一的和完全必然的。

现在看来，虽然语言对于人本身来说，不论何时何地，都决不可能以它这种统一的形态出现，而是处处都受到两种影响，即语言的地区特性与使用频率对语音器官的影响和被考察与被指称的实物的次序对指称次序的影响，才进一步得以变化和演进的，这乃是语言的第二个要点；但是，这里也没有随意性和偶然性，而是有着严格的规律；而且在受上述条件影响的语音器官里，并不是产生了一种纯正的语言，而是产生了一种对它的偏离，并且恰恰产生了对它的这种特定的偏离，这都是必然的。

如果我们把那些在语音器官方面受同一个外在条件影响、共同居住在一起和在以后交往中不断发展自己语言的人们，称为一个民族，我们则必定会说，这个民族的语言必然是它本来那样，实际上不是这个民族说出它的知识，而是它的知识本身从它口中说出来了。

这种规律性在语言的发展由于受上述环境影响而发生的一切变化中，依然没有中断；具体地说，对于所有仍在不断交往的人，在大家都能听到每个人说出的新东西的场合，都是这同一种规律性在起作用。数千年之后，这个民族的语言的外在表现在其间发生一切变化之后，也始终保持着这同一股统一的、原初必然要如此迸
(I,10,147) 发的生动的天然语言力量。这股力量通过一切条件不断地流传下来，曾经在每一条件下都必然成为它过去成为的那样，最终必然是它现在那样，因而在若干时期将成为它以后必将成为的那样。纯粹的人的语言最初是与人们的语音器官结合在一起，作为它们发出的第一个声音讲出来的，由此产生的结果又进而与这第一个声

音在当时环境下必然获得的一切发展结合在一起，形成现在的语言，作为这一切产生的最终结果。由于这个缘故，这种语言始终仍然是同一种语言。哪怕过了几个世纪之后，后代总是不懂得他们的祖先那时使用的语言，因为这当中的各个过渡环节对于他们来说已经消失；然而，这种语言的发展从一开始便是没有飞跃的不断演变，它在当时往往不引人注目，只有再发生一些新的演变，才引起人们的注意，看起来像一种飞跃。从来没有哪个时代，其同时代人是彼此不能听懂对方语言的，因为他们人人共同具有的天然语言力量，过去一直是、现在也仍然是他们交流思想的那种永恒的中介者和传递者。语言作为直接感性知觉对象的指称，其情况就是如此，而且整个人类最初的语言也是如此。一俟人们由感性知觉阶段上升到把握超感性东西，这种超感性东西对于最初那些人就能随意加以再现，避免与感性东西相混淆，而且对于他人就能予以通报，成为合乎目的的向导；这里要首先加以坚持的，无非是标明，作为把握超感性世界的器官的一个自我与作为把握感性世界的器官的同一个自我俨然有别，也就是灵魂、精神被设定为肉体的对立面。进而言之，这个超感性世界的不同对象由于都仅仅表现于超感性器官中，并且是为这种器官而存在的，所以在语言中只能这样加以指称：据说，超感性世界与把握它的器官的特定关系犹如特定的感性对象与感性器官的关系，在这种关系中，可以将一种特定的超感性东西与特定的感性东西进行比较，通过这种比较，可以用语言暗示超感性东西在超感性器官中的位置。在这个范围内，语言再也无能为力了；它给超感性东西提供了一种感性形象，也只能注明那是这样一种形象而已。谁想认清事物的本质，谁就必须依照

这种形象赋予他的规则，把他自己的精神器官开动起来。总而言之，这种用感性形象指称超感性东西的做法，每每都必须以给定的人群处于感性认识能力的哪个发展阶段为转移，这是显而易见的。(I,10,148) 因此，这种用感性形象作出的指称，其开端和发展过程在不同的语言中将有非常不同的结局，而有赖于说某种语言的人群在感性教养与精神教养之间已有和将有的关系方面存在的差别。

我们首先举一个例子，来解释这个本来就很清楚的说明。按照前几讲已经阐明的基本冲动概念，某种不是凭模糊感觉，而是凭清晰认识直接产生的东西——这种东西也常常是超感性的对象——，用一个也在德语中常用的古希腊词汇来说，叫做 Idee[30]；这个词汇准确地表示了德语中用 Gesicht 一词表示的同样的感性形象，就像在路德圣经译本的下列措辞中说的那样：你们会看见异象，你们会做梦[31]。感性意义上的 Idee 或 Gesicht 可以说是某种只能由肉眼觉察，而决不能由其他感官——诸如触觉器官、听觉器官——觉察的东西，如同天空出现的彩虹或梦中在我们的眼前匆匆走过的形象一样。超感性意义上的 Idee 或 Gesicht 则根据它应当适用的范围，首先意味着某种完全不能由肉体，而只能由心灵把握的东西；其次，它与其他许多东西不同，是某种不能由心灵的模糊感觉，而只能由心灵的眼睛、清晰的认识把握的东西。如果有人想进而假定，希腊人在使用这种感性形象的指称时，一定是以彩虹和类似的现象为依据的，那他就必须承认：他们的感性认识已经进步到能看出各个事物之间的差别，也就是说，某些人向一切感官或一些感官显示自己的心态，另一些人却只向眼睛显示自己的心态；此外，如果他们已经弄清了发展成熟的概念，他们就必定会用其他

方法，而不是用这种方法指称这种概念。在这种情况下，他们在头脑清晰方面的优势，与另一种民族相比，也会是显而易见的，因为那种民族不能用一种由深思熟虑的清醒状态得来的感性形象指称感性东西与超感性东西之间的差别，而只能求助于梦幻，以获得表示另一个世界的形象；同时，有一点也会是清楚的，即这种差别并不是基于两个民族对超感性东西的感觉的强弱不同，而只是基于 (I,10,149)
当他们想指称超感性东西的时候，他们的感觉的清晰性不同。

所以，超感性东西的所有指称都是以指称者的感性认识的广度和清晰度为转移的。感性形象对他来说是明了的，完全明白地向他表明了所理解的东西与精神器官的关系，因为对他来说，这种关系是通过另一种对他的感性器官的直接、生动的关系得到说明的。这时，这种如此产生的新指称，同感性认识本身由于广泛使用符号而获得的所有新的清晰性一起，都储存在语言里，而未来可能有的超感性认识则是根据它与整个语言中储存的全部超感性认识和感性认识的关系加以指称的；事情就是如此不断发展的；所以，感性形象的直接清晰性和可理解性从不间断，而始终持续不断地流动着。更进一步说，语言不是任意的交往手段，而是作为直接的天然力量，从理智生命中迸发出来的，所以，不断地根据这个规律而得到发展的语言也就有一种直接影响生命、激励生命的力量。正如眼前存在的事物引起人的关注一样，这种语言中的词汇也必定会引起那种能理解它们的人的关注，因为它们是事物，绝不是随意制造的作品。首先感性事物是如此。超感性事物也没有什么不同。这是因为，虽然在超感性事物方面，观察自然的持续过程被自由的沉思和反思所中断，在这时仿佛出现了没有形象的上帝，但用

语言作出的指称却使没有形象的东西重新回到了有形象的东西不断联系的位置上。因此，即便在这方面，最初作为天然力量迸发出来的语言的不断发展过程也依然没有中断，也没有任何随意性进入指称的流动过程。正因为如此，得到这般持续发展的语言的超感性部分，也就不会丧失它那种激励生命的力量，不再对于开动自己的精神器官的人发生作用。这样一种语言在其一切组成部分的词汇就是生命，而且创造着生命。倘若在语言发展方面我们对什么是超感性东西作一假定，认为采用这种语言的民族仍在不断交往，某个人想到和说出的东西立即人人皆知，那么，迄今已经被普遍说出的东西，也适用于所有讲这种语言的人。凝聚于语言的感性形象，对于所有愿意思考的人都是清楚明了的；它对于所有真正思考的人都是有生命力的，激励他们的生命的。

(I,10,150) 我说，一种语言的情况就是这样。一种语言从它发出第一个声音的时候起就继续在一个人群或民族的实际共同生活中得到发展；一个语言组成部分如果不表现一个人群真正经历过的直观，不表现同这个人群的所有其他直观有全面交互联系的直观，那就从来都没有进入这种语言。也可以让其他部族的许多个人和讲其他语言的许多个人并入讲这种语言的人群或本原民族；只要这些个人不被允许将他们的直观范围提高到这种语言此后由以发展的立足点，那么，在他们自己进入这个人群或本原民族的直观范围以前，他们就仍然是生活在这个共同体内的哑人，而不会对这种语言发生影响。由此可见，他们没有塑造语言，而是语言塑造他们。

然而，当一个民族放弃自己的语言，采用已发达到足以指称超感性东西的外族语言的时候，就产生了与迄今所述的一切完全相反的结果；当然，我不是说这个民族完全自由地沉醉于这种外族语言的影响，在进入这种外族语言的直观范围之前，对自己没有语言的状态始终处之泰然；而是说这个民族不得不使自己的直观范围服从这种外族语言，而且从这时起，这种外族语言从这个民族发现它的立足点开始，必定会在这个直观范围内不断发展。至于语言的感性部分，这个事件倒没有造成什么后果。在每个民族，儿童无论怎样都得学习语言的感性部分，似乎语言符号是随意出现的，于是在这方面，一个民族整个早先的语言发展就得到了再现。不过，任何符号在感性范围内，都可通过直接观看或触摸所指称的东西而被弄得十分明了。由此至多会产生这样的结果，即这样一个已经改变了自己语言的民族的最初一代人，作为成年人，又不得不回归到童年时代；然而到了他们未来的子孙后代，一切又变得依然照旧，没有疑问了。另一方面，这种改变对于语言的超感性部分却有着极其重要的后果。虽然对于语言的头一批掌握者来说，这种超感性部分是按以前所述的方式形成的，但对于后来要精通语言的人来说，感性形象包含着一种同感性直观的协调，这种协调，他们早先在缺乏相应的精神教养的情况下，要么没有经历过，要么现在也尚未有过，也许永远不可能有了。他们在这种情况下能做的事情，至多是他们让感性形象和它的精神意义得到解释，他们用这种方式获得的是外来文化的平淡、僵死的历史，而绝不是固有的文化，他们获得的一些形象，对于他们来说，既不是直接明了的，也不是能激励生命的，而是必定像语言的感性部分那样，显得完全随意的。对于他们，通过这样进入单纯的历史，语言作为解释者便在它的整个感性形象的范围内成了僵死的和封闭的，它的不断流动也

(I,10,151)

就中断了。虽然在这个范围以外，他们可以按照自己的方式，在从这样一个出发点开始而可能做到的界限内，把这种语言又发展为活生生的语言，然而，那个语言组成部分也依然是一堵隔墙，由于有这堵隔墙，语言作为原初来自生命的天然力量的发端和真正的语言向生命的回归都毫无例外地中断了。虽然这样一种语言在表面上可以被生命之风吹动起来，因而显得自己有一丝生机，但它毕竟在深处有一个僵死的组成部分，并且由于进入新的直观范围，由于与旧的直观范围相分离，它就被切断了活生生的根。

为了解释以上所述，我们可以举一个例子；我们用这个例子也附带指出，这种彻底僵死的、不可理解的语言很容易被扭曲，也很容易被滥用来粉饰人类的种种堕落，而在从来不死亡的语言中则不可能有这种情况。作为这样的例子，我举出三个声名狼藉的词汇：Humanität［博爱］、Popularität［民有］、Liberalität［自由］。这些词[32]在一个从来没有学过其他语言的德意志人听来，简直是
(I,10,152) 一种毫无意义的叫声，它凭类似的音素，并不能使他想起他所知道的任何事物，也不能完全使他跳出他的直观和一切可能的直观的范围。然而，假若一个未知的词汇是通过其陌生的、考究的和悦耳的读音引起他的注意的，假若他认为发音如此高雅的词汇必定意味着某种高深的涵义，那么，他必定会一开始就完全让这种涵义作为某种在他看来全新的东西得到解释，而且他也只能盲目地相信这种解释，这样一来，他便会悄悄地习惯于承认某种东西是真正存在的和有价值的，而假若他孤独无援，他也许从来都不会发现这种东西是值得提及的。谁也不要认为，近代的各个拉丁民族说出这些词汇来，以为它们是他们的母语中的词汇，他们的

情况就会多么不一样。他们对于古代和古代实际使用的语言缺乏学术研究，就会恰好如同德意志人一样，对于这些词汇的来源并不怎么理解。现在，假定我们对于德意志人说 Menschlichkeit[人道]这个必然是从 Humanität 直译过来的词汇，而不说 Humanität 那个词汇，那么，无须作进一步的历史解释，他们便会理解我们的意思；不过，他们也许会立即说："在我们做人而不做野兽的时候，我们的情况也好不了多少。"罗马人或许从来都没有这么说过，可是德意志人会这么说的，因为在他们的语言里，Menschliheit[人性]只是一个感性概念，从来不像在罗马人那里那样，成为超感性东西的一种感性形象。我们的祖先也许早就注意到了人的各种德行，在它们出现于他们当中以前就在语言中用感性形象指称它们，将它们概括在一个与动物本性相对照的单一概念里，而且同罗马人相比，这也不算是我们的祖先的什么欠缺。尽管如此，谁现在想玩弄把戏，人为地把这种外来的和罗马人的感性形象引入德意志人的语言，谁就会显然贬低德意志人的道德思维方式，因为被他当做某种优异的、值得称赞的东西奉献给德意志人的，本来应该在外族语言中也算是这样的东西，但这种东西却被他按照他的民族想象力的不可磨灭的本性，仅仅几乎被视为全然不可缺少的东西。进一步的研究也许能向我们说明，那些采用了拉丁语的日耳曼部族，依靠这些不适当的、外族的感性形象，都一开始便遇到他们早先的道德思维方式有类似的下降；但对于这个情况，我们在这里不想特别予以重视。

再则，假若我向德意志人不说 Popularität 和 Liberalität，而说两个必然是从它们直译过来的词汇，即"谋求群众利益"和"清除奴

隶意识”，那么，他们首先绝不会像早期的罗马人自然而然地做到的那样，获得清楚、鲜明的感性形象。罗马人天天目睹觊觎名位的
(I,10,153) 候选人对一切世人随机应变的恭维态度，目睹奴隶意识在眼前的突然发作，而这两个词汇又活生生地向他们再现了这种情景。由于统治形式的改变和基督教的传入，即便是晚期罗马人也看不到这些景象了；除此之外，特别是由于他们既不能抵制，也不能吸收的外来基督教的输入，他们自己的语言也开始在很大程度上从他们自己的口中消亡。这种在自己的家园已经半死半活的语言怎么能生机盎然地被传给一个外来民族呢？它这时怎么能传给我们德意志人呢？再就那两个词汇包含的表示精神东西的感性形象来说，Popularität 原本也包含丑恶方面，它由于这个民族及其体制的腐败，在他们口中却被颠倒成了美德。德意志人则不然，一旦这种语言在他们自己的语言中被呈现给他们，他们从来都不作这种颠倒。然而，对于 Liberalität 被译成人切勿有奴隶的灵魂，或用最近流行的一种说法，被译成人切勿有卑躬屈膝的思维方式，他们便会再回答说，连这种说法也无甚意义。

但是，在罗马人的这种以其纯粹形态产生于低级道德教化阶段的或简直表示丑恶的感性形象中，在近代拉丁语进一步发展期间，有人还进而悄悄引入了玩世不恭的概念、自暴自弃的概念和放荡不羁的概念，而且也把这些概念带到德意志语言中，以期利用我们对古代和外国抱有的尊重态度，也使这些东西在我们当中受到尊重，而这完全是悄悄进行的，没有一个人很清楚地看出他们说的是什么。这一切混合在一起，其目的和结果从来都是这样的：首先，将听者从每种本原语言固有的直接可理解性和确定性，推入模

糊的和不可理解的境地；其次，向他那种由此引起的盲目信仰，提供他所急需的解释；最后，在此种解释中，将邪恶与德行搅混，以致再把它们分开已绝非易事。假如我们把这三个外来词汇的真正意义——如果它们有某种意义的话——应用于德意志人的感性形象的范围，用德语词汇 Menschenfreund-lichkeit［对人友善］、Leut-selichkeit［温良谦让］和 Edelmut［高风亮节］向德意志人说出来，那么，德意志人就会理解我们了；不过，决不能将上述那些丑恶东西塞进这些指称里。在德语范围内，之所以出现这样一种笼罩着不可理解性或模糊性的现象，既不是由于做法笨拙，也不是由于用心险恶；这种现象是可以避免的；准确地译成真正的德语，是一种 (I,10 154)
时刻准备就绪的辅助手段。但是，在各种近代拉丁语中，这种不可理解性却是本性使然和原本就有的，用任何手段都无法避免，因为它们并不拥有任何一种能够用以检验僵死语言的生动语言，而且仔细看来，它们根本没有一种母语。

用这个例子说明的事实，很容易在整个语言范围内发生，因而是处处都可以再发现的，它将在这里尽量把迄今所述的东西向你们解释清楚。我们说的是语言的超感性部分，而不首先直接是感性部分。这个超感性部分在永葆活力的语言中是以感性形象表示的，在发展的每一步都能以完全统一的方式，把语言中储存的民族的感性生活和精神生活概括为一个整体，以期指称一种同样不是随意的，而是由民族先前的全部生活必然产生的概念，明眼人根据这个概念及其指称回首往事，便必定能重建民族的全部文化史。可是在僵死的语言中，这个超感性部分——它在语言还有生气时，曾经是我们描述过的那种东西——这时却随着语言的死亡，变成了一些随意的和完全不可再解释的符号——它们表示的概念同样是随意的——的零散堆积，在这里，概念和符号不再有任何用处，除非大家正好学习它们。

这样一来，我们当前的课题，即找出区分德意志人与其他日耳曼裔民族的根本特征，便获得了解决。他们的差别是在共同的部族刚一分裂时就产生的，它的表现在于，德意志人说的是一种最初由天然力量迸发出来的时候起就一直活生生的语言，其余日耳曼部族说的则是一种只在表面有活力，在根部却僵死的语言。我们把他们的差别唯独归因于这种情况，归因于活与死。但我们决不讨论德意志语言的其他内在价值。在生与死之间是无可比较的，前者较之后者具有无限的价值。所以，在德语与各种近代拉丁语之间进行任何直接的比较，都完全没有意义，都是在被迫讨论一些不值得讨论的事情。假如硬要讨论德语的内在价值，那么，一种与希腊语具有同等地位的语言，一种与希腊语一样原始的语言，必定至少会受到挑战；但是，这种比较远远超出我们当前的目的。

(I,10,155) 如果一个民族的语言在思维和意志方面，把各个人带入本民族心灵的奥堂，时而限制他们，时而激励他们；如果一个民族的语言在它的范围内，把讲这同一种语言的整个人群统一于一种唯一的、共同的理解力；如果一个民族的语言是遍布感性世界和遍布精神世界的真正交流点，并把这两个世界的终端相互融合起来，以致根本无法说明它自己究竟属于两个世界中的哪一个——那么，这样的语言的性状会对本民族的整个发展过程发生怎样无可估量的影响，这种影响会造成怎样不同的结果，只要两种语言的关系是生与死的关系，一般说来，都可猜想而知。昭然若揭的事实是：首先，德意志人有一种手段,能与业已告终的拉丁语——它在感性形象的发展过程中与德语大相径庭——进行比较,更透彻地探究自己的活生生的语言,另一方面,他们有用同样的方式更清楚明白地理解那种拉丁语的手段,这对于依然彻底囿于同一种语言范围内的近代拉丁民族来说是不可能做到的;其次,德意志人在学习原始拉丁语的过程中,同时也在一定程度上获得了由此进化而来的语言,如果他们对它学得比外族人更透彻——根据上述理由,他们的确能做到这一点——,他们在学习中也就同时远比这种讲拉丁语的外族人本身对其固有的语言要理解得彻底得多,掌握得详细得多;最后,德意志人只要采用了自己的一切优势,就总能综观这种外族人,能全面地理解,甚至比他们本身更好地理解他们,因而能按照自己的全部尺度翻译他们的意思,另一方面,外族人没有极其艰苦地学会德语,则永远不能理解真正的德意志人,并且无疑会听任真正的德语不被翻译出来。在这些语言中人们能从外族人那里学的东西,大多是出于厌烦和忧郁而产生的那些新言语花样,人们在接受这种调教时,态度是很谦虚的。但在大多数情况下,人们不这么做,而可能会向外族人指出,他们应如何按照本原语言及其变化规则去言语,同时也可能会向他们指出,新言语花样没有什么用处,违背了从古代流传下来的良好习俗。

以上所述的大量结果,同最后特别指出的一些结果一样,像我们已经说过的,都是自行产生的。然而我们的目的是,把这些后果当做一个整体,按照它们结成统一体的纽带深入地把握它们,以便用这种方法,与其他日耳曼部族进行对比,对德意志人作一个彻底描绘。现在,我把这些结果暂时简要地叙述如下:1)在具有活生生

的语言的民族那里，精神文化影响着生命；在不具有这种语言的民族那里，精神文化和生命则各行其道，互不相干。2）出于同样的理
(I,10,156) 由，前一种民族对所有精神文化采取真正认真的态度，并希望它能影响生命；与此相反，后一种民族则宁可把精神文化看做一种天才的游戏，除此以外，对它不再抱更多希望。后一种民族只有精神，前一种民族除了精神，还有心灵。3）由第二点得出的结果是，前一种民族做一切事情，都很诚实、勤奋与认真，而且不辞辛苦；与此相反，后一种民族则作风懒散，随遇而安。4）由所有这一切得出的结果是，在前一种民族那里，广大民众都是可以教育的，而且这种民族的教育者都做出试验，将他们的发明用于民众，希望能对民众产生影响；与此相反，在第二种民族那里，有教养的阶层则与民众分离，无非是把民众视为实现他们的计划的盲目工具。对于以上所述的这些特征的进一步研讨，我将留到下一讲去进行。

(I,10,157)

第五讲　上述差别造成的结果[33]

为说明德意志人的特性，我们曾指出他们与日耳曼裔其他民族间的根本差别，指出前者仍处于一种由现实生活发展而来的本原语言不断流动的状态，而后者则采用了一种相对于他们而言的外来语言，这种语言已经在他们的影响下遭到了扼杀。我们在前一讲的末尾，还指出了这些不同的部族中存在的另一些现象，它们必然是由那种根本差别产生的，我们今天将进一步阐明它们，更扎实地说明它们共同的基础。

一种力求透彻的研究，可以引起许多的争论，招来不少的妒

嫉。当前的研究是上一次研究的继续，我们在这里将采取同上一次一样的方法。我们将一步一步地从上述根本差别推演出它的结果，而且唯独注目于这种推演是正确无误的。按这种推演必定存在的各种现象是否真的会在经验中遇到，这个问题我要全部留给你们和每个观察者去判断。特别是关于德意志人，我将在适当的时候证明，他们实际上已表明他们必定会如何像我们推演的那样生存。至于国外的日耳曼人，如果他们之中有人真的懂得我们这里讲的实际上是什么，如果他因此得以成功地证明，他的同胞也始终恰好是如德意志人一样的人，并且能证明他们完全没有相反的特征，我将不会对此有什么异议。一般说来，纵然我们描述这些相反的特征，也决不会专门挑剔毛病——尽管用这种手法较之用诚实态度更易取胜——，而是只会指出必不可免的结果，并且尽可能依照真实情况表明这种结果。

我说过，由上述根本差别产生的第一个结果是：在具有活生生的语言的民族这里，精神文化或精神文明影响着生活或生命，而在与此相反的民族那里，精神文化和生活则各行其道。更深入地解释这个说法的涵义将是很有用处的。首先，我们这里说的是生活以及精神文化对生活的影响，所以，我们必须把这理解为原始生命及其来自一切精神生活的源泉、来自上帝的不绝流动，理解为人际关系按照它们的原型的不断塑造，从而理解为一种新的、前所未有 (I,10,158)
的生活的创造；但我们说的绝不是把这些关系单纯维持在它所处的阶段上，以防衰败下去，更不是帮助那些已落后于一般发展水平的单个成员。其次，当我们谈论精神文化的时候，我们首先要把这理解为哲学——我们必须用外国名称来指称它，因为德意志人不

愿采用早已提倡用的德国名称——，因为正是哲学能科学地把握一切精神生活的永恒原型。哲学以及以它为基础的一切科学受到的赞扬，在于它们对拥有活生生的语言的民族的生活发生了影响。可是，看来与这个论断相反，有人——其中也包括我们的人——常常说，哲学、科学、文学艺术和诸如此类的东西都以自身为目的，并不服务于生活，而且又说，按照它们是否有利于这种服务来评价它们，是贬低它们。我们在这里必须更准确地规定这些说法，防止对它们的任何误解。从下列双重而有限定的意义上说，它们是正确的：首先，科学或艺术不必为处于某个低级发展阶段的生活服务，

(I,10,159) 比如，为世俗生活和感性生活，或为有些人设想的那种日常修身活动服务；其次，某位单个的人，由于他个人脱离了精神世界这个整体，也可以完全融化到普遍的神圣生活的这些特定部门中去，而无须来自它们之外的推动，并且可以在这些部门感到十分满意。但从严格的意义上说，它们是不正确的，因为以自身为目的的东西只有一个，而不可能有更多，正如绝对者只有一个，而不可能有更多一样。唯一的、以自身为目的的东西——除它之外，不可能有任何其他以自身为目的的东西——就是精神生活。精神生活一部分、一部分地外化自己，显现为一种源于它自身的永恒不绝的流动，显现为源泉，即永恒的活动。这种活动永无止境地从科学获得它的范型，并从艺术获得按照这种范型塑造自己的技巧，就此而言，这会让人觉得，科学和艺术是作为达到能动的生命这个目的的手段存在的。然而，通过活动的这一形式，生命本身永远不会完结，也不会以达到统一告终，而是无限地向前发展着。现在，假如生命是作为这样一个完备的统一体存在的，那么，它必须采取另一种形

式。而这种形式是一种纯粹思想——它提供了第三讲中描述的宗教洞见——的形式；这种形式作为完备的统一体，完全不能与行动的无限性分离，而且在行动中从来都不能完全予以表述。因此，思想与行动这二者只有在现象世界中才是相互分离的形式，而在现象世界以外，二者都是同一个绝对生命。大家绝不能说，思想之所以这样存在，是为了行动，或行动之所以这样存在，是为了思想，而是必须说，二者必定都是无条件地存在的，因为生命在现象世界中如它在现象世界之外一样，也必定是一个完备的整体。因此，在这个范围内，按照这个看法，还远远不足以说科学对生活发生影响，倒不如说，科学本身就是自身持续不断的生命。或者，把这一点同大家都知道的说法联系起来，人们有时会听到这样一个问题：要是人不按知识行事，一切知识还有何用？这种说法包含的意思是，知识被视为付诸行动的手段，而行动被视为真实的目的。人们也可以用相反的方式提问：不知道什么是善，我们怎么可能很好地行动？这种说法会把知识看做是制约行动的东西。然而，这两个说法都是片面的；事实真相是：知识与行动，都同样是理性生活的不可分割的组成部分[34]。

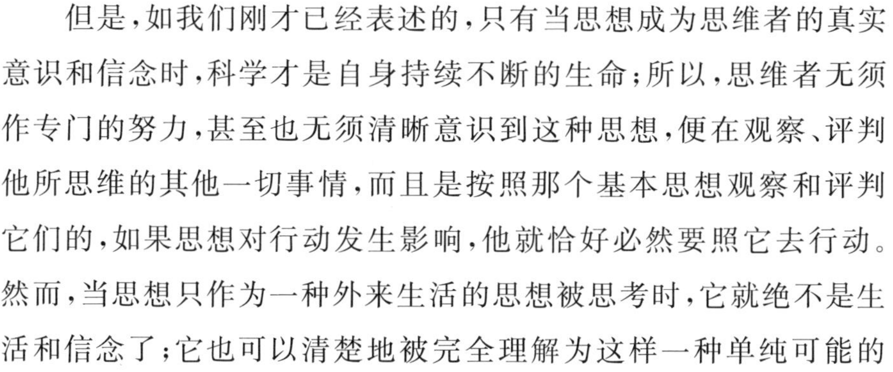

但是，如我们刚才已经表述的，只有当思想成为思维者的真实意识和信念时，科学才是自身持续不断的生命；所以，思维者无须 (I,10,160)
作专门的努力，甚至也无须清晰意识到这种思想，便在观察、评判他所思维的其他一切事情，而且是按照那个基本思想观察和评判它们的，如果思想对行动发生影响，他就恰好必然要照它去行动。然而，当思想只作为一种外来生活的思想被思考时，它就绝不是生活和信念了；它也可以清楚地被完全理解为这样一种单纯可能的

思想，而且人们也可以清楚地作如是想，如同有人或许也会作如是想一样。在这后一种情况下，在我们所思的思想与我们真实的思想之间就有偶然性和自由——一种我们也许无法实现的自由——的一个广阔地盘；由此看来，那种所思的思想始终是远离我们的，它只是一种可能的思想，一种不受我们约束的、向来自由地加以重复的思想。在前一种情况下，思想直接由它自己把握了我们的自我，把我们的自我塑造成它自身，而通过这种由此产生的、为我们存在的思想现实性，我们就获得了对它的必然性的洞见。如我们刚才说过的，没有任何自由可以强求出现后一种结果，相反地，这种结果必定是自己造成的，思想本身必定会把握我们，按照它的模样塑造我们。

思想的这种活生生的效用现已得到很大的促进，而且事实上，只要思想具有适当的深度和力度，这种效用甚至已由一种活生生的语言中的思维与指称变成了必不可免的。这种语言中的符号本身就直接是活生生的、感性的和再现整个固有的生活的，从而把握生活，影响生活；神与拥有这种语言的人直接对话，把自己显现给他，如同人显现给人一样。相反地[35]，僵死的语言中的符号则不能直接促进任何事情；为了进入这种语言以往的那个活生生的流动过程，人们首先必须重温从消亡的世界的历史中学到的知识，体谅别人的一种思维方式。假如固有的思维的冲动在这个漫长而宽广的历史领域内没有变弱，尤其是不太满足于这个领域，那么，这种冲动该有多么巨大呵！如果拥有活生生的语言的人的思维没有变成活生生的，大家便可毫不犹豫地责怪他根本不事思考，而是耽于幻想。然而在类似的场合，大家却不可这样立即责怪拥有僵死语言的人；他当然可能按照他的方式作过思考，小心谨慎地阐发过积淀在他的语言中的概念；只不过他没有做成这样一类事情，这类事情假如能由他做成，则可算是一种奇迹。

附带说一下，显而易见的是，思维冲动在采用僵死语言的民族那里，当这种语言还不是在一切方面都十分清晰的时候，起初会起到最有力的支配作用，产生最明显的结果；但是，一俟这种语言变得更清晰、更明确，思维冲动就会在这种语言的束缚下愈来愈趋于衰亡；于是，这种民族的哲学便最终会自觉地让自己顺从于这样一 (I,10,161)
个事实，即它只不过是词汇的一种解释，或者像我们当中的那种不属于德意志的人物用浮夸的方式说的，是语言的一种元批判[36]；最后，这样的民族会把一种以喜剧形式谈论伪善的平庸教育诗奉为它的哲学巨著[37]。

这样，我说，精神文化，尤其是一种语言中的思维就不对生活发生影响了，反而它自己就是这种如此思维的思维者的生活。不过，这种思维必然要努力由这种如此思维的生活去影响在它之外的其他生活，因而也要去影响现存的公共生活，并按它的模式去塑造公共生活。正因为这类思维就是生活，所以它的拥有者对于它那赋予生命、焕发容光和提供解救的力量感到由衷的喜悦。但每个从内心领悟到幸福的人都必然希望所有其他的人也能体验到同样的幸福，而他受这种认识的驱动，必定为达到这样一个目的而工作，那就是：他由以领悟他自己幸福的那个源泉，也能扩展到其他人身上。那种只将别人的思维理解为一种可能的思维的人，是不这么做的。正如这种思维的内容不能给他带来祸福，而只能使他过得悠闲适意、饶有兴味一样，他也不能相信，它会给其他人带来什么祸福，所以对于一个人凭什么锻炼自己的洞察力，用什么度过自己的闲暇时间，他认为终归是一样的。

在将发端于个人生活的思维引入公共生活的手段当中，最出色的是诗，因此，诗是一个民族的精神文化的第二个主要部门。如
(I,10,162) 果思维者用语言阐述他的思想——如上所说，这只能用感性形象完成——，并超越以往的感性形象范围，有新的创造，那么，这种思维者直接就是诗人；假如他不是诗人，那么，当他阐述第一种思想时，语言会于他无补，而当他试图阐述第二种思想时，思维本身会离他而去。让思维者开创的语言的感性形象范围的这种扩大和充实，经过整个感性形象领域流动起来，以致每个形象都获得它在新的精神的高尚化事业中应有的部分，因而整个生命，直至其最终的感性基础，看来都沉浸在新的光芒之中，可以感到愉悦和惬意，而且不知不觉地给人以一种能自己变得高尚起来的幻觉——这就是真正的诗要做的事情。只有一种活生生的语言能拥有这样的诗，因为只有在这样一种语言中，感性形象的范围才能由创造性思维加以扩大，只有在这样一种语言中，已经创造的东西才能保持活力，并向同族兄弟的生活的传入敞开大门。这样一种语言本身就蕴藏着一种创作无穷无尽的诗，使它永远清新和永葆青春的力量，因为在这样一种语言中，活生生的思维的每一次冲动都会开辟迸发出写诗激情的新脉络。所以，这种诗对于这样一种语言来说，是把已经获得的精神文化流传到公共生活中去的最佳手段。从这种更高的意义上说，一种僵死的语言则决不可能拥有什么诗，因为在这种语言中不存在诗所必需的一切上述条件。不过，这种语言在一定的时期也能用以下方式拥有诗的一种替代物。部族语言中存

在的那种诗艺相继外流的现象，会引起人们的注意。新生的民族诚然不可能在已经走过的道路上继续作诗，因为这条道路对于它的生活来说是陌生的，但它能把它自己的生活及其新近的情况引入它的远古时代借以表现过它自己的生活的那种使用感性形象和富有诗意的范围，而且举例说，它能将它的骑士打扮成英雄，并且反过来，能让古代的神灵同现代的神灵更换服饰。正是这种用陌生的东西包裹通常的东西的做法，使它赢得了一种近似于理想化了的东西的魅力，所以会出现一个完全令人满意的形象。然而，无论在这种部族语言中使用感性形象和富有诗意的范围，还是它的生活中的新情况，两者都规模有限；它们的相互渗透在某些地方已告完成；但在这种渗透已告完成的时候，这个民族就庆祝自己的黄金时代，而它那诗的源泉也就枯竭了。在某些地方，必定有一个最高点，它使完备的词汇适合于完备的概念，使完备的感性形象适合于完备的生活情况。在这个点达到之后，民族就只能做以下两件事情[38]：或者，用改变形式的方法重复它最成功的杰作，使这种杰作看起来好像某种新的东西，因为这种杰作毕竟不过是众所周知的旧东西而已；或者，如果这种杰作想成为一种全新的东西，它就 (I,10,163)
拿不合适和不得体的东西作庇护，同样在诗艺中把丑的东西和美的东西混在一起，而采用漫画和幽默的形式，如同这种杰作在想用新方式说话时不得不在散文中把概念搅混，把罪恶和德行相互混淆一样。

精神文化和生活以这种方式在一个民族中各行其道，自然会产生这样的结果：一些不可能拥有任何精神文化，甚至也不可能像在活生生的民族中那样获得精神文化成果的阶层，与有教养的阶

层相比，都被置于后面，都似乎被看做在精神力量方面原初单纯由于出身就与有教养阶层不平等的另一种人；正因为如此，有教养阶层对于他们没有任何真正的爱怜和同情之心，也没有任何彻底帮助他们的愿望，因为有教养阶层认为，由于原初的不平等，他们根本就是不可以帮助的，倒不如说，可以引起有教养者的兴趣的是照他们本来的样子使用他们，嘱人这样使用他们。尽管语言死亡的这种结果在近代民族出现之初可能由于有一种倡导博爱的宗教，由于高等阶层还缺乏特别的圆滑手段而有所缓解，但随着时间的推移，对民众的这种蔑视就变得越来越不加掩饰，越来越残酷无情。这就是有教养阶层自视甚高和装腔作势的一般原因。与这个原因结合在一起的，还有一个特殊原因，它甚至也对德意志人有过非常广泛的影响，所以在这里不可忽略过去。这便是：罗马人起初在面对希腊人时，毫无偏见地模仿着希腊人的说法，竟称自己为野蛮人，称他们自己的语言为野蛮语言。后来他们又把这种加给自己的名称推而广之，发现在日耳曼人那里也同样有可以信赖的真诚，恰好如他们自己曾经向希腊人表示的那样。日耳曼人以为，摆脱野蛮的唯一途径，就是要成为罗马人。迁徙到早先的罗马国土上的移民，都尽他们之所能成了罗马人。然而凭他们的想象力，“野蛮的”一词又立即获得了新的意思，即“卑贱的”、“粗俗的”、“笨拙的”，于是，“罗马的”一词反而成了“高贵的”的同义词。这种看法对他们语言中的共同东西和特殊东西都发生了作用；它对前一种东西之所以发生了作用，是因为在采取措施，准备审慎地和自觉地构造语言的时候，这些措施涉及的是摈弃日耳曼语的词根，用拉丁语的词根构词，从而产生出罗曼语，作为宫廷语言和有教养阶层的语言；它对后一种东西之所以发生了作用，是因为在两个词的意思相同的情况下，一个用日耳曼语的词根构成的词几乎毫无例外地有卑贱和笨拙的意味，而另一个用拉丁语的词根构成的词则有 (I,10,164) 更高贵和更卓越的意味。

这仿佛是整个日耳曼部族的一个根本毛病，它也侵袭着祖国的德意志人，如果他们对此没有很认真地防备的话。即使在我们的耳朵里，也很容易听出拉丁语的音调高雅——，甚至在我们的眼前，罗马人的习俗也显得更高贵，与此相反，德意志人的东西却显得平庸；由于我们未曾有幸直接获得这一切东西，所以我们也很乐于间接地通过近代罗马人的中介获得它们[39]。只要我们是德意志人，我们也就像其他男子汉一样，觉得自己是男子汉。当我们讲的有一半或一半以上不是德意志语言的时候，当我们接受显然不同的、看来完全来自远方的习俗和服饰的时候，我们就会自以为高雅。可是，我们这个胜利的顶峰是在这样一个时候达到的，在这个时候，我们已不再被看做德意志人，而被看做西班牙或英国人，而这要看其中哪一国的人当时最合乎时尚。但我们做得正确。德意志人合乎自然，外国人随意和矫揉造作，这是双方根本的不同点。假如我们保持前一种特点，我们就是恰好像我们的整个德意志同胞那样生活的，这些同胞理解我们，把我们当做与他们一样的人；只有当我们寻求外国人的庇护的时候，我们才会变为我们的同胞不理解的人，他们才会把我们看成另一种人。对于外国人来说，这种矫揉造作是自行进入其生活的，因为他们的生活原来在关键地方就是偏离自然的。但我们德意志人却必须首先寻求自然，并且使自己首先习惯于相信，某种美好、得体和合适的东西是不会自然

而然地这样显现给我们的。造成这一切的主要原因，就德意志人而言，是他们认为业已罗马化的外国人很高雅，同时，他们也渴望自己同样举止高雅，并且在德国人为地在上等阶层与民众之间筑起一道已经在外国自然而然出现的鸿沟。关于德意志人当中流行的这种对外国的崇拜，我们已经在这里指出其根本原因，这也许就够了；我们将在另一时间指出这种崇拜广泛地产生后果的方式，指出所有现在把我们引向毁灭的弊端都有其外国的根源，当然，这些
(I,10,165) 弊端也只有与德意志人的严肃认真，与德意志人对生活的影响结合起来，才必然会引向毁灭。

除了由根本差别造成的这两个现象，即精神文化对生活有影响或没有影响，有教养阶层与民众之间存在或不存在一堵隔墙，我还引证了以下现象，那就是：拥有活生生的语言的民族都会勤奋努力和严肃认真，对任何事情都会不辞劳苦，相反地，拥有僵死语言的民族则宁可把精神活动看做一种天才的游戏，让这种活动为它那幸运的天性所左右。这种情况自然是以上所述的原因产生的结果。在拥有活生生的语言的民族那里，研究工作来自生活的需要，这种需要须通过研究得到满足，因此，这种工作就获得了生活本身带有的一切强制性的推动力量。可是在拥有僵死语言的民族那里，这种工作希求的，不外是用一种让人愉快的、适于审美的方式消磨时光，一俟它做到了这一点，它就算完全达到了它的目的。在外国人那里，这种情况几乎是必不可免的；但在德意志人当中，当这种现象发生时，夸耀天才和幸运的天性则是一种不值得他们崇拜的外国风气，这种风气像任何崇外现象一样，都是由于渴望举止高雅而出现的。不错，在人的内心没有一种原始动力——它作为

某种超感性东西，有理由用外国的名称称它为天才——，世界上任何民族都不会产生任何卓越的东西。但这种动力本身只是激励想象力的，并且靠想象力产生出一些翱翔于大地上空，但从不完全确定的形象。要使这些形象降临于现实生活的大地和臻于完善，要使它们在这种生活中得到规定和经久不衰，这就需要勤奋的、深思熟虑的和遵照固定规则萌生的思维。天才给勤奋提供加工的材料，后者如果没有前者，要么只好加工已经加过工的东西，要么没有什么东西可以加工。但勤奋把这种材料引入生活，这种材料如果没有勤奋，就会永远是一种空洞游戏。所以，两者只有结合起来，才能有所成就，若彼此分离，就会一事无成。此外，在拥有僵死语言的民族中，没有任何真正的创造性天才能爆发出来，因为他们缺乏原始的指称能力，而只能发展业已开始的东西，把它融入整个已经存在和完成的指称体系。

至于特别大的辛劳，那当然要落在拥有活生生的语言的民族身上了。一种活生生的语言与另一种语言相比，能站在高度的文明发展阶段上，但它自身却从来都不能获得僵死的语言轻而易举 (I,10,166)
地获得的那种完善和发展。在后一种语言中，各个词的外延是封闭的，它们的可能的、合适的组合也将逐渐穷尽。所以，愿意说这种语言的人，必须恰好照它的原样去说；但一俟他学会了这么做，语言就在用他的嘴说它自己，在替他思考和想象。可是在活生生的语言里，只要它确实是生机勃勃的，各个词和它们的涵义都会不断增加和改变，正由于这个缘故，它们的新的组合就成为可能的，并且这种从不停顿，而永远变化的语言，决不是在说它自己，而是谁想使用它，谁就必定会按他的方式，创造性地为他的需要去说

它。后者无疑远比前者需要作更多的勤奋努力和实际锻炼。同样，拥有活生生的语言的民族进行的研究工作，如前面已经说过的，都要穷根究底，挖掘由精神本性产生概念的根源。相反地，拥有僵死语言的民族进行的研究工作，则只打算钻研某种外来的概念，使它成为自己能理解的。因此，后一种工作事实上只是历史学的和注解性的，而前一种工作则是真正哲学的。不言而喻，后一类研究能比前一类研究结束得更早，也更容易。

因此我们可以说，外国的天才将沿着古代走出来的征途散播鲜花，为那种很容易被他视为哲学的处世之道编织秀丽的外衣；与此相反，德意志精神将开辟新的矿井，将光明和白昼带入它的深坑，开采出大块的思想岩石，未来的时代将用这样的岩石给自己建造住所。外国的天才将成为迷人的气妖，他靠轻盈的飞行，飘舞在从它的土地里自动萌生出来的花朵上，他不必把这些花朵压弯，就降落到了它们上面，吸吮它们那种能使神清气爽的甘露。或者，外国的天才将成为蜜蜂，它东奔西忙，从这些花朵里采集蜂蜜，极其井然有序地把蜂蜜淀积于合规则地筑起的蜂巢。然而德意志精神是一只雄鹰，它那雄壮有力的躯体高高腾飞，依靠强健的、千锤百炼的翅膀，翱翔于太空之中，以期上升到更接近于太阳的地方，在那里观看太阳，会使它心醉神迷。

现在，让我们把迄今所述的一切总括为一个主要的观点。在历史地分割成古代世界和近代世界的人类的整个文明史方面，上述这两个主要部族对这个近代世界最初的发展大致发挥了以下的
(I,10,167) 作用。生机勃勃的民族中已经在外国形成的部分，由于采用了古代世界的语言，就对古代世界有很密切的关系。起初，对这个部分

来说，掌握古代语言最初的那种没有变化的形态，钻研其文化的各种古迹，将那么多的新鲜生活差不多都装入它们之中，使它们能够适应业已兴起的新生活，这将会容易得多。简言之，对经典古代的研究是从这些古迹开始，传遍近代欧洲的。在古代的一些仍未解决的课题的激励下，这种研究将继续致力于这些课题，不过，这当然仅仅是像人们致力于一个绝非由于生活需要，而单纯由于求知欲才提出的课题那样，轻而易举地对待它们，不花全部心思，而仅凭想象力把握它们，并且只靠想象力赋予它们以空中飘游的形体。他们会依靠古代遗留下来的材料的丰富性，以及使用此种方式研究它们的轻易性，把大量这样的形象带入近代世界的视野范围。如果古代世界的这些已经以新形式塑造成的形象到达本原部族的这样一个部分，这个部分通过保留的语言，仍处于本原文化的流动过程中，那么，它们也将引起这个部分的人们的注意，激起他们的自动性，尽管它们在仍然保留旧的形式时，也许在不被注意和察觉的情况下，已经从他们面前匆匆过去。然而，只要他们真的把握了它们，而不再像过去那样，仅仅手把手地传递它们，他们就会按照自己的天性把握它们，不是单纯知道一种外族生活，而是把它当做自己生活的组成部分；这样，他们就不只是把它们从近代世界的生活中推导出来，而且也把它们又引入这种生活，将以往只是空中飘游的形象变成有根有底、在现实生活环境中能经久不衰的形体。

在外国人从来都不可能给形象提供的这种转化中，这时外国人从他们那里取回了这种经过转化的形象[40]；唯有通过这条渠道，人类才有可能沿着古代的道路不断向前发展，上述本原民族的两个主要部分才有可能统一，人类的演化也才有可能合规则地不断

向前推进。在这种新的事物秩序下，祖国不会真正发现，这是由外国的某个暗示鼓动起来的，这个外国本身又是由古人鼓动起来的，而是她在以小比大时将不得不经常承认这个事实。可是，祖国却认真对待在那里只被表面地、草率地勾画的东西，并将其贯彻到生活中去。如前所述，这里不是用确切、深刻的事例描述此种关系的地方。我们将把这种关系留待下一讲去阐明。

(I,10,168) 同一民族的两个部分就以这种方式依然成了统一的民族，而只有在这种分割和统一中，它们才同时成为嫁接到古代文明这根树干上的一个嫩枝，否则这种文明就会被新时代打断，人类就会又从头开始走自己的路。两个部分都必须以它们这些出发点不同而目标一致的使命认识自己和对方，都必须按照这些使命相互为用。尤其是，如果整体的全面的、完备的文明要取得显著进步，每个部分则都必须同意维护另一部分，使它保持原有的特性。至于谈到这种认识，那么，它也许应该来自祖国——祖国首先被认为有深刻的认识能力。但是，如果外国人对这种关系盲目无知，受表面假象的驱使，而每每企图剥夺自己祖国的独立，从而将她毁灭和吞并，那么，在他们的这个企图得逞的时候，他们便会由此切断他们迄今仍同自然和生命连结在一起的脉络，完全陷入精神死亡，而这种死亡随着时间的推移，本来就在日益清晰地显示出是他们的本质。这样一来，我们类族迄今仍在不断前进的文明发展过程事实上就会到此终止，而野蛮状态便一定会再度开始，无可救药地蔓延下去，直到我们都像野兽那样又全部栖身洞穴，而且如同它们一样地相互厮杀。这种局面确实会出现，而且必然会带来这种后果，这当然只有德意志人能够看出，也唯有他们将会看出，但那种对任何外

来的文化都一无所知，因而对自己的文化赞赏不已的外国人，却必定会觉得，也可能永远会觉得这是来自没有教育好的无知之辈的一种愚蠢诽谤。

外国是这样一方大地，浓浓云雾从这大地飘离，升腾至高高云端，甚至那些被罚入阴曹地府的古老神仙也通过这大地，仍然与生命领域联系起来。祖国是环绕这大地的永恒天国，在天国，薄薄的云雾浓缩为片片云彩，它们充满来自另一世界的雷公的闪光，作为滋润的雨露从天而降，使天国和大地融为一体，使天国采集的幼芽在大地的怀抱中发育生长。现代的提坦们[41]想再夺取天国吗？天国对于他们将不是天国，因为他们是出生在尘世间的；天国的景象
和天国的影响将离开他们，留给他们的将只有他们的那方大地，一 (I,10 169)
块冷冰、昏暗、贫瘠的驻地。然而，罗马一位诗人说道[42]，一个提福俄斯[43]，或一个强而有力的弥玛斯[44]，或一个威风凛凛的波耳费里翁[45]，或洛托斯[46]，或投掷连根拔起的树干的勇夫恩刻拉多斯[47]能做什么，如果他们面对帕拉斯[48]铛铛作响的护盾自己已经倒下的话。恰恰是这块盾牌，无疑也会掩护我们，假如我们懂得用它保护我们的话。

第 82—84 页说明

照我们看来，即使关于一种语言音调的优美程度，也不应根据取决于很多偶然因素的直接印象加以判定，相反地，连这样一种评论也必定可以追溯到一些固定的原理。一种语言在这方面的贡献无疑应该在于：首先，它完全发挥和全面展现了人类言语器官的能

力；其次，它把这种器官发出的各个音素组成了一种合乎自然、抑扬顿挫的流动序列。由此可见，一些民族如果只能部分地和片面地培养它们的言语器官，并以读音困难或讲得拗口为托词，避免某些音素或其组合，而只觉得它们听惯的和能发出的声音悦耳，那就在这样一种研究中没有任何发言权。

如何以那些更高原理为前提，从这方面作出关于德语的评论，在这里依然无法裁决。拉丁母语本身都是由一切近代欧洲民族按照它们自己的本地方言读音的，它的真正读法不容易予以恢复。因此，只剩下这样一个问题：与各种近代拉丁语相比，德语的发音究竟是否像某些人通常认为的那样不佳、生硬和刺耳？

在这个问题彻底得到裁定以前，至少可以暂先说明，外国人，甚至德意志人即使没有偏见，不心怀好恶，何以觉得德语发音是这样。一个尚未开化的、拥有很活跃的想象力的民族，在心地十分纯正和摆脱民族虚荣心的情况（日耳曼人好像在过去完全如此）下，会受到远方的吸引，乐于把它希求的东西和梦想的光荣移植于这些遥远的国度和岛屿。它发展出一种**浪漫**思想（这个词只是自己
(I,10,170) 解释自己，一个更适合的词是无法构成的）。来自那些地区的声调切合于这种思想，唤起了它的整个神仙世界，所以受人喜欢。

这可能造成一个结果，即我们的移居异地的同乡们很容易放弃了固有的语言，而接受外邦语言，所以我们作为他们很远的亲戚，甚至直到如今都喜欢那些声调，觉得它们很神奇。

第六讲　德意志人的特点在历史中的表现[49]

(I,10,171)

在前一讲中，我们阐明了在一种以自己的本原语言得到发展的民族与一种接受了外来语言的民族之间存在哪些主要的差别。我们当时说过，关于外国人，我们希望每个观察者能用自己的判断力去决定，是否真的已经出现了那些按照我们的论断必定会在他们当中出现的现象。但关于德意志人，我们则曾经自告奋勇地证明，他们确实已经表现得像采用本原语言的民族依照我们的论断必定会表现的那样。今天，我们要继续履行我们的诺言，具体地说，我们首先要以德意志民族最近的一项伟大的、在某种意义上是完美的、举世瞩目的成就，即宗教改革，来证明需要加以证明的东西。

起源于亚洲的基督教，由于它的腐败而更加变得具有亚洲气息，它只劝诫默默地听从和盲目地信仰，而这对于当时的罗马人来说甚至都是某种陌生的、外来的东西。他们从未真正理解它，吸收它，他们的生存分成了互不适应的两半；然而即便如此，附加这个外来部分的工作还是通过他们那祖传的、抑郁的迷信被促成了。在已经移来的日耳曼人那里，这个宗教得到的是这样一些弟子，他们早先既未受过能阻止它传播的理智教育，也不具备能促进它发展的祖传迷信；因此，它是作为他们想变成的罗马人恰好也应该拥有的一部分教养传给他们的，并没有对他们的生活发生特别的影响。显然，关于古罗马文化和保存这种文化的语言，这些基督教的教养者除了让这些新信奉者知道这两者合乎他们的意图，就不会再让他们知道更多的东西，这也正是作为口头语言的拉丁语衰落和消亡的原因。当古代文化真正的、非伪造的遗迹后来落入这些人手中，独立思考、独立理解的要求因而在他们当中被激发起来的
(I,10,172) 时候，一方面，由于这种要求对于他们是新颖的和新鲜的；另一方面，由于他们对于诸神没有任何祖传下来的恐惧心理作为抗衡力量，所以，盲目的信仰与随着时间的推移已成为这种信仰对象的非凡东西之间的矛盾给予他们的打击，必定远比当初基督教传给罗马人时给予罗马人的打击严重得多。用迄今真诚信仰的东西去解释全部矛盾，会使人感到好笑；解开了这个谜团的人们都不禁发笑，取笑别人，而且同样解开了这个谜团的牧师也随之发出了笑声；他们做的本来是有把握的，因为只有极少数人通晓古代文化，即掌握破译符咒的手段。在这里，我指的主要是意大利这个当时在近代拉丁文化中独占鳌头的地方，其他近代拉丁部族在各个方面还远远落在它的后面。

他们取笑的是欺骗，因为他们没有表现出任何由欺骗激起的严肃认真。他们依靠这种对于一门稀有知识的独占，日益牢靠地变成了一个高贵的和有教养的阶层，并且他们乐于看到，他们对之毫无感情的广大群众继续蒙受欺骗，从而更顺从地为他们的目的效劳。于是，这样的状况——民众受欺骗，上等人利用这种欺骗，而且还嘲笑民众——就会继续存在下去，可能还会存在到末日来临，如果在现时代中只有近代拉丁人存在的话。

在这里，你们会看到一个清楚的证明，证明我早先关于近代文化对古代文化的继承、关于近代拉丁人在此中所能发挥的作用说

过的东西。近代的清晰认识来自于那些古代人，这种认识首先处于近代拉丁文化的中心，已在那里被发展为一种并不把握生活，也不改变生活的知性认识。

但是，一俟这种光明注入一种以真正严肃认真的态度在直接关乎生活的层次上信仰宗教的心灵，并且这种心灵会易于将自己的更严肃认真的看法传授给民众，受到民众的拥戴，而民众也会发现一些关心他们的根本需要的首领，那么，迄今存在的那种状况就不能再继续下去了。虽然基督教可能会沉沦下去，但它始终有一个包含真理的基本成分，这个成分肯定能激励现实的、独立的生活。问题在于，我们要怡享极乐，应当做些什么。假如这个问题落在一块已经死亡的土地上，在那里，或者，像极乐生活这样的东西是否真的可能，一般还没有解决，或者，即便已经接受了这种极乐 (I,10,173) 生活，但甚至对自己享有极乐都还毫无坚定、果断的意志，那么，在这块土地上，宗教从一开始就没有对生活和意志发生影响，而只是作为一个微弱、苍白的阴影悬浮在记忆和想象之中。因此，一切关于现有宗教观念状况的进一步说明，自然也必定同样不会对生活发生影响。相反地，假如那个问题落到本来就生机勃勃的土地上，在那里，人们真的相信有极乐生活存在，又具有怡享极乐的坚定意志，而且迄今为止的宗教为达到极乐规定的手段是靠由衷的信仰和诚实的认真运用于这个目的的，那么，当阐明这种手段的性状的光明终于降落到这块恰好靠严肃认真都长期未能作出这样的阐明的土地上的时候，就必定会出现对于谋求灵魂得救的欺骗行为的一种令人厌恶的恐惧，出现不停地推动人们以另一种方式拯救灵魂的躁动，至于什么东西看来能陷入永久的腐败，那是不能用开玩

笑的方式加以对待的。进一步说，首先拥有这种看法的个人，绝不可能满足于仅仅拯救他自己的灵魂，而对所有其他不朽的灵魂的幸福则漠然置之，因为按照他所信奉的深刻的教义，他这么做，连他自己的灵魂也拯救不了，相反地，他必须同他为了自己的灵魂得救而同样感受的恐惧搏斗，使世界上的一切人都认清这种可诅咒的骗局。

这时，许多外国人在他之前早已依靠巨大的知性清晰性获得的那种深刻认识，就以这种方式降临到了一位德意志伟人——路德的心中。就古典文化和高雅气质而言，就学识水准和其他优势而言，超过他的不仅有外国人，甚至也有很多本民族的人。然而，一种具有无限威力的冲动，一种对于永恒福祉的忧虑占据了他的心灵，成了他生命中的生命，使他不断地度量这个生命，并且赋予他以力量，也赋予他以一种后人称道的禀性。其他的人们在宗教改革期间可能抱有世俗的目的，但这些目的从不会取胜，也不会有一位受永恒事物鼓舞的领袖站在他们的前列。这位重要人物则总是看到一切不朽的灵魂的拯救正濒临危险，他总是毫不畏惧、十分认真地迎击地狱中的所有魔鬼，这种事情是很自然的，完全不足为奇。这正是关于德意志人的认真和气质的一个证明。

(I,10,174) 前面已经说过，问题的实质在于，路德把这件纯粹人道的、每个人都需要亲自操心的重要事情诉诸一切人，首先是诉诸他的整个民族[50]。那么，他的民众是怎样对待这个提议的呢？他们是依然安于他们那麻木不仁、死水一潭的生活，纠缠于各种世俗事务而不能自拔，继续镇定自若地走习惯的老路呢，还是这种并非天天都表现出来的巨大热情单纯招致他们的嘲笑呢？否！就像永不熄灭的火焰在他们心中燃烧一样，他们为这种对于拯救灵魂的关心所打动，而这种关心也很快使他们完全心明眼亮，他们飞速地接受了业已呈现给他们的东西。这种热情是否只是想象力的一时提高，它在生活中难以坚持，经不住生活遭遇的严肃斗争和种种危险呢？否！他们抛弃一切，承受一切痛苦，奋战在没有把握的流血战争之中，唯有这样，他们才不致重又陷于可诅咒的罗马教廷的权力之下，而照亮他们和他们的子孙后代的，是福音之光，唯有它才能导向极乐境界。而且，基督教在其开始时向皈依它的人们陈述的所有奇迹，后来在他们当中也得到了更新。那时的一切言论都充满对于极乐生活的这种广为传播的关心。在此，你们可以看到关于德意志民族的独特性的证明。这种热情会很容易唤起任何一种热情和任何一种清晰性，他们的这种热情将为了生活而继续坚持下去，并改变生活。

甚至在更早的时候，在别的地方，宗教改革家也鼓舞过人民群众，把他们聚集在一起，形成一些共同体，但这些共同体都未能在现有的体制基础上稳定持久地生存下来，因为现有体制下的民众领袖和君主们不愿站到他们这边。甚至路德掀起的宗教改革起初看来也命运不佳。聪明的选帝侯[51]——改革是在他的眼下开始的——从外国的意义上说要比从德国的意义上说显得更聪明。他好像没有特别理解真正争论的问题，也没有对于那场在他看来好像是发生在两个修士会之间的争论给予高度的重视，而至多只关心他那新建立的大学是否享有好的名声。但他有一些后继者，他们虽然远远不及他聪明，却被那种对自己的极乐生活同样认真的关心所感动，他们生活在自己的民众之中，凭借这种与民众平等相 (I,10,175)

处的做法，与民众打成一片，直至做到同生死，共兴亡。

你们可以由此看到关于德意志人作为一个整体的上述特点的证明，看到关于他们那种自然而然地建立起来的体制的证明。一些重大的民族事务和世界事务，至今已由自愿出台的演说家们传播给民众，在民众中得到了透彻的理解。尽管他们的君主与先前那种君主一样，由于崇拜外国，由于渴望行为高雅和光辉夺目，在开始时可能脱离民族，抛弃或背离民族，但后来还是很容易又被拉到与民族保持一致的方面，同情自己的民众。关于始终都有前一种情况，我们将在以后用其他例证更清晰地加以证明，关于可能仍然会有后一种情况，我们只能怀着热切的渴望予以期待。

尽管人们必须承认，使那个时代不安的是对于拯救灵魂仍然懵懵懂懂，很不清楚，因为那个时代关心的，不是单纯改变上帝与人之间的外在中介者，而是根本不需要任何这样的中介者，所以要在自身找出上帝与人的联系的纽带，然而在当时，人们通过这种中介状态大体受到宗教的教育，也许还是必要的。路德的那种真挚的热情给予他本人的东西比他寻求的更多，因而使他的影响远远超出了他的学说体系。他大胆挣脱整个现存的信仰，这引起了他内心的恐惧，在他经受了克服这种恐惧的第一次斗争之后，他的全部言辞充满了对上帝之子获得自由的欢呼和喜悦，这些上帝之子肯定不是在自身之外，在坟墓的彼岸，去寻求极乐生活的，而是他们自己就迸发出对这种生活的直接感受[52]。就此而言，路德成了一切未来时代的典范，并且是为我们大家而终其一生的。在这里，你们也可以看到德意志精神的一个基本特点。只要它去寻求，它找到的东西就比它寻求的更多，因为它融入了活生生的生命之流，这生命是不断地靠其本身流动的，并且不断地把它与自己拉到一起前进。

对于罗马教廷来说，这种用宗教改革对待它的方式完成的事情，如果依照它自己的观点加以看待和评判，无疑会做得不正确。它的那些言辞绝大部分都是从现存语言中盲目搬来的，它们有亚洲式的、演说家的夸张手法，它要把它们能发挥的作用都发挥出来，并且能估计到，将来收到的效果反正比应当扣除的东西更多，但这些效果从来都没有认真地加以度量、权衡或推敲过。宗教改 (I,10,176)
革则抱着德意志人的认真态度，根据这些言辞的全部分量看待它们；它主张大家都应当这样看待一切事物，它是做得正确的，要是它以为罗马教廷的那些言辞也这样看待过一切事物，并且指责它们的其他东西，而不指责它们原有的肤浅性和不彻底性，那它就做得不正确了。总之，我们可以说，这是在德意志人的严肃认真和外国人的任何冲突中都经常发生的现象，不管这种情况是发生在外国还是在本国；因此，外国人完全不可能理解，我们关于像语词和习惯用语这样无关紧要的东西何以要作如此重要的推敲；当外国人从德国人口中再听到这些语词和习惯用语的时候，他们不愿承认他们事实上已经说过的、正在说的和将经常说的东西，而且当我们把他们的各种言辞按它们的字面意义，作为经过认真推敲的东西加以对待，把它们视为某个逻辑思维序列的组成部分，上溯到它们的基本原理，下推到它们的必然结果的时候，他们就表示不满，把这称为无事生非；在这时我们也许还远远不能把他们算作对于他们所说的东西和逻辑一致性有清晰意识的人。大家必须按每个事物的原意对待每个事物，而不是还要超越这个范围，进而怀疑进

行推敲和发表意见的权利，在我们提出这种要求时，那种依然埋藏很深的崇拜外国的心理也就常常暴露出来了。

旧的宗教教义体系所抱的这种认真态度，迫使这体系本身变得比以往更加认真，着手对旧教义进行新的检验、新的解释和新的巩固，并着眼于未来，变得在教义和生活上更为小心谨慎。对你们来说，这个体系和随之而来的体系应该是一个关于德国何以经常能对欧洲其他国家发生相反影响的佐证。由于这个缘故，一般来说，在连旧的教义也不应予以放弃以后，这种教义就至少取得了它可能取得的无害功效；特别是对于它的那些辩护者来说，它就成了要作一种比以往更透彻、更合乎逻辑的深思的机遇和挑战。这种在德国得到改进的教义也传播到了一些近代拉丁语国家，在那里产生了引起高度热情的同样结果，我们拟将这种情况视为一种暂时现象，这里不再予以叙述，尽管有一点始终值得注意，即新的教义在任何一个真正的近代拉丁语国家都得不到政府的承认，因为事情看来是这样的：为了让这种教义同上层统治当局相容，并使它真能这样，就需要统治者有德意志人的透彻性，民众有德意志人的好心肠。

(I,10,177) 然而从另一方面来看，即从有教养的阶层，而不是从民众方面来看，德国曾以自己的宗教改革对外国有过普遍的、持久的影响；凭借这种影响，德国又一次使这些国家成为它们自己进行新创造的先驱和倡导者。自由的和自动的思维或哲学，在以往若干世纪就已经在旧教义的统治下经常得到激励和付诸实践，但绝不是为了由自身产生出真理，而只是为了说明教会的教义正确和何以正确。甚至在德国信奉新教的人们那里，哲学也首先负有解释他们的教义的同样任务，并且在这些福音派的婢女那里，如同在经院派那里一样，哲学成了教会的哲学。在某些不是没有福音，便是没有抱着纯德意志人的忠诚和笃信理解福音的外国，自由的思维是由已经取得的辉煌胜利激励起来的，它在没有受到对于超感性东西的信仰的束缚时，轻而易举地、十分突出地弘扬起来了；不过，它仍然受到对于自然事物的信仰的感性束缚，不具有已经成长起来的知性的那种修养和道德，而且它还远远不能在理性中发现以自身为基础的真理的源泉，这种不成熟的知性的名言对于这种思维来说，无异于是教会之于经院派、福音之于早期新教神学家那样的东西。至于这些名言是不是真的，却没有引起什么怀疑，而只提出过这样一个问题：它们面对各种驳斥它们的呼声何以能坚持这个真理。

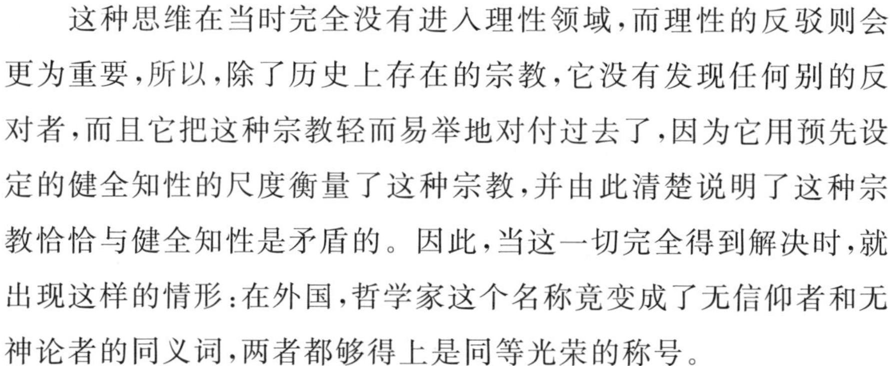

这种思维在当时完全没有进入理性领域，而理性的反驳则会更为重要，所以，除了历史上存在的宗教，它没有发现任何别的反对者，而且它把这种宗教轻而易举地对付过去了，因为它用预先设定的健全知性的尺度衡量了这种宗教，并由此清楚说明了这种宗教恰恰与健全知性是矛盾的。因此，当这一切完全得到解决时，就出现这样的情形：在外国，哲学家这个名称竟变成了无信仰者和无神论者的同义词，两者都够得上是同等光荣的称号。

试图完全超越对外在权威的一切信仰——这在外国所作的那些努力中是一件理所当然的事情——初起是通过教会改革来自德意志人的，这时对于德意志人来说却成了一种新的鼓励。虽然在我们当中一些次要的、没有独立性的人物重复外国的这些教义——看来他们宁要外国的这些教义，也不要他们同胞的那些同 (I,10,178)

样容易掌握的教义，因为他们觉得前者更高雅——而且他们企图尽可能使自己相信这些教义，但在独立自主的德意志精神表现出来的地方，感性东西就已经不充分了，反而产生了在理性本身发现超感性东西——这种超感性东西当然不相信外在权威——的课题，从而也产生了首次创造真正哲学的课题，因为人们像应当做的那样，把自由思维当做了独立真理的源泉。为了达到这个目的，莱布尼茨曾致力于与那种外国哲学的斗争[53]；结果，现代德国哲学的真正奠基人终于达到了这个目的[54]，但没有否认这是由外国的一种言论引起的[55]，而对这种言论的采纳在当时比原本想象的还要深入。从这时起，这个课题在我们当中就完全得到了解决，哲学也得到了完善，在真正理解这个事实的世纪到来之前，现在说明这一点，我们应该感到满意。如果把这作为前提，那么，一项前所未有的新事物的创造或许又是通过近代拉丁语国家传下来的古代文化的激励，在德意志祖国完成的。

在我们这些同时代人的眼前，一些外国人轻松、热情和勇敢地着手进行过现代世界的另一项理性和哲学课题，即建立完善的国家的课题。但不久以后，他们放弃了这项课题，以致他们为他们现有的条件所迫，把关于这项课题的单纯想法都作为罪行予以谴责，而且还一定要利用一切手段，尽可能把他们过去做出的那些努力从他们的历史年鉴中一笔勾销。造成这种结局的原因已经昭然若揭：合乎理性的国家不能靠弄虚作假的做法，用手头现有的材料建立起来，相反地，要建立起这样的国家，一个民族首先必须获得文
(I,10,179) 化素养，教育水准必须得到提高[56]。一个民族只有靠脚踏实地的工作，首先解决了培养全面发展的人的教育课题，然后才能解决建

立完善的国家的课题。

自从我们实行宗教改革以来，连这个教育课题也已经受到外国人的饶有趣味的推动，不过每每是按他们的哲学的含义受到推动的，而且这种推动在我们当中首先找到了效颦者和吹嘘者。至于德意志人在我们今天最终又把这项事业引向何方，我们将在适当的时候作更详细的报道。

从上所述，你们对近代世界的整个文化史，对近代世界的不同组成部分与古代世界的永远不变的关系，就可以有一个清楚的概观。以基督教形式出现的真正宗教是近代世界的萌芽，现代世界的整个任务是使这种宗教融入现存的古代文化，从而使这种文化超凡脱俗，变得神圣。在这条道路上迈出的第一步是把这种宗教形态中的那类剥夺自由的外在权威与这种宗教分离开，同时也向这种宗教引入古代的自由思维。这第一步是由外国人推动和德意志人完成的。第二步实际上是第一步的继续和完善，那就是在我们自身发现这种宗教，并随之发现一切智慧。这第二步也是由外国人准备和德意志人完成的。现在从长远意义上列入议事日程的步骤是进行民族教育，培养完善的人。没有这一步，已经取胜的哲学将永远得不到广泛理解，更谈不上被普遍应用于生活；反过来也一样，没有哲学，教育技能将永远不能达到对其自身完全清楚的认识。因此，两者是相互交错的，如果一方没有另一方，便都是不完全的、不适用的。德意志人迄今已完成文化发展的一切步骤，而且他们实质上就是为达到这个目标而立足于现代世界的，唯其如此，他们对于教育当然也负有同样的任务。但一俟教育被纳入轨道，其他人类事务就将容易办到了。

由此可见，德意志民族迄今对于近代人类的发展实际上一直就有这样的关系。关于这个民族在这里实现的合乎自然的进程，即在德国一切文化都发端于民众，我们已经顺便发表过两次评论，(I,10,180) 这个评论还应该有更详尽的阐明。我们已经看到，宗教改革的事情首先发生在民众当中，并且仅仅是由于它成为民众的事情才得以成功的。但应该进一步说明，这个具体情况并不是一个例外，而是一种常规。

凡是留在祖国的德意志人，都保留着早先扎根于他们的土地的一切德行，如忠诚和正直、珍视荣誉和简单纯朴，然而他们为达到一种更高级、更理智的生活而获得的文化，却没有超过当时的基督教及其导师能向散居的人们传授的文化。超过的情况是极其罕见的，因此，他们落后于他们那些移居到国外的部族亲属，他们虽然实际上是勇敢、诚实的，但毕竟是些半野蛮人。但是在他们当中也同时出现了一些城市，它们是由来自民众的成员建立起来的。在这些城市中，每个文化生活领域都迅速地发展到了极其美好的繁荣昌盛阶段。在它们那里，一些规模虽小，但非常卓越的市民体制和组织相继产生，并且由它们出发，一种有秩序和爱秩序的形象才传播到了其余国家。它们的贸易得到扩大，涵盖了半个世界。它们的联盟使国王们感到害怕。它们的建筑艺术古迹，风貌长存，抵御住了几个世纪的破坏，后人目睹时赞叹不已，承认他们自愧不如。

我不想把这些中世纪德意志帝国城市的市民与他们同时代的其他城市加以比较，也不想问那时的贵族和君主都做了些什么；但如果与其余的日耳曼民族相比，除了意大利的某些地区——德意

志人在文学艺术方面并不落后于这些地区，在实用艺术方面还超过它们，成了它们的老师——以外，这些德意志市民是有文化教养的，其余的日耳曼人则是野蛮的。德国的历史，即德意志的政治史、德意志的企业和发明史以及德意志的古迹和精神史，在这一时期都不外是这些城市的历史；而其余的一切，像现在存在的土地抵押和赎回以及诸如此类的东西，就不值一提了。这一时期在德意志历史上也是德意志民族光辉灿烂、享有盛誉和保持着它作为本原民族应该享有的地位的一个唯一的时期。一俟它的兴盛时期为君主们的贪婪和统治野心所破坏，它的自由遭到践踏，整个民族就渐渐衰落下去，走向了现在这个状态；但在德国衰落的时候，大家 (I,10 181)
可以看到，其余的欧洲也随之衰落，这不是出现在涉及单纯外观的东西方面，而是出现在涉及内在本质的东西方面。

这个实际上占支配地位的市民阶层，对于德意志帝国体制的发展，对于教会的改革，对于那时代表德意志民族，并且由此发展到国外的一切卓越东西都有决定性影响，它不论在哪里都是一目了然的。可以证明，所有现今在德意志人当中仍令人崇敬的东西，是在这个阶层中间产生的。

德意志的这个阶层是靠什么精神创造和享有这样一个兴盛时期的呢？靠的是虔诚、正直、谦虚和团结的精神。他们极少为自己提什么需要，为公共事业却付出不可度量的开支。他们在任何一个地方都极少以单个人的名义出现，极少突出自己，因为他们志趣相同，都同样献身于公共事业。在与德国完全一样的外在条件下，在意大利也产生过一些自由城市。我们可以对比这两者的历史；我们可以将后者中存在的长期混乱、内部纷争，甚至战争以及体制和统治者的不断更迭，同前者中的和平安宁与和谐一致作对照。还要怎样才能更清楚地显示这两个民族在精神上必定存在内在差别呢？在近代欧洲民族中，德意志民族是唯一这样的民族，它若干世纪以来已经靠它的市民阶层用业绩表明，它是能承受共和体制的。

假如我们从这个时期得到一部令人鼓舞的德意志人的历史，它能成为一部像《圣经》或《圣歌集》那样的国民读本和民众读本，直至我们自己又创造出某种值得记载的东西，那么，在重新弘扬德意志精神的许多具体的、特定的手段当中，也许会有一个很有力的手段[57]。不过，这样一部历史不必按编年顺序将各种业绩和事件一一列举出来，而是必须以感动人心的魅力，不用我们自己再花力气或抱着清晰意识，就将我们带入那个时期的生活，以致我们自己好像是与他们一起行走和站立，一起作出决定和付诸行动，并且这不像许多长篇历史小说那样，是靠儿童嬉戏的虚构做到的，而是凭确实可靠的真理做到的；这样一部历史必须依据那个时期的生活，
(I,10,182) 让那些业绩和事件作为这种生活的证明，呈现出欣欣向荣的景象。这样的作品虽然只能是广博知识的成果，是那些也许还从未进行过的研究的成果；但作者不必为我们逐一展示这些知识和研究，而只需用现代语言把这个成熟了的果实，以每个德意志人都无一例外地能读懂的方式，展现在我们面前。一部这样的作品，除了历史知识以外，也还需要有高水准的哲学精神，这种精神也同样不显露出来；首要的是，一部这样的作品需要有一种真诚、仁爱的精神。

那个时代是我们民族在有限的范围内，对自己未来的业绩、斗争和胜利所做的一场青春美梦，是对自己在将来力量壮大时可能

成为什么的一种预言。邪恶的社会和虚荣心的引诱已经将这个正在成长着的民族吸引到不属它自己的范围，而且由于它也想在那里引人注目，它也就在那里饱受屈辱，甚至在为维持它的生存而拼搏。然而，莫非它真的变老和衰弱了吗？自那以后直至今日，本原生活的源泉难道就像不向任何其他民族涌流出来那样，也不再继续向它涌流了吗？对于它的青春生活的那些预言是由其余民族的性状和全人类的文明蓝图证实的，难道它们永远不会实现吗？不，绝不！但愿有人把这个民族首先从它采取的错误方向上扭转过来，但愿有人以它的那场青春美梦为鉴，指出它的真正的方向和它的真正的使命，直至给它在这种观察之下发展出有力地掌握它的这项使命的力量。但愿这种要求有助于一种本来对此就有准备的德意志大丈夫很快地解决当前这项课题。

第七讲　再论一个民族的本原性和德意志精神[58]

在前几讲中，我们从历史上指出和证明了德意志人作为一个本原民族，作为一个与其他由它派生的部族相比有理由直截了当地称自己为本原民族的民族所具有的一些根本特点，因为“德意志”一词在其真正的词义上说就表示上述特点[59]。如果我们对这一课题再用一个课时，参与讨论一个可能提出的异议，那是合乎我们的目的的。这个异议说的是，假如这是德意志的独特性，人们将必须承认，德意志精神当前在德意志人当中已经所剩无几。因为我们既然完全无法否认这个现象，而宁愿承认它，想从它的各个部分综览它，所以，我们就得打算从说明这个现象开始。

整个说来，近代世界的本原民族与这个世界的文化进步曾经有这样一种关系：前者先受到外国人的一些不完整的、往往停留于表面的意图的激励，而去进行一些更深入的、从它自身的中枢发挥出来的创造。由于从获得激励到进行创造，无疑需要持续一些时间，所以很清楚，这样一种关系将带来一个时期，在这个时期，本原民族必定显得几乎完全是与外来民族融合的，与外来民族相似的，因为它恰好处于单纯受到激励的地位，而预期作出的创造则尚未显现出来。这时，在德国大多数有教养的居民看来，德国就正处于这样一个时期，而那些由这大多数人的内在本质和生活融合起来的仿效外国的现象也正是由此引起的。我们在前一讲中已经看到，现今的外国人借以激励其祖国的，是作为自由思想的哲学，这

(I,10,184) 种思想摆脱了信仰外在权威的一切束缚。如今，当这种激励还未促成新的创造——有新创造的情况极其罕见，因为大多数人不理解这样的创造——出现的时候，一方面，我们早先描绘过的外国哲学仍然一再改变自己的形态；另一方面，它的精神也支配着最初与它毗邻的其他科学，用它的观点看待这些科学；最后，由于德意志人决不会放弃自己的严肃认真的精神和自己对生活的直接干预，所以这种哲学对公共生活方式，对指导这种生活方式的原理和规则仍然发生影响。以上这些，我们将一一予以说明。

首要的事情是，人们并不是自由地和随意地、这样或那样地形成他们的科学观点的，而是通过他们的生活给他们形成这种科学观点的，这样的科学观点实质上是他们的生活本身的那个业已变成直观的、内在的和他们不认识的根源。你在内部实际上是什么，

你的眼睛在外部就看到什么，你绝不可能看到某种别的东西。如果你有另外的看法，你就首先必须成为另外的人。这时，外国人的或非本原者的内在本质就是对某个终极的、固定不变的东西的信仰，即对极限的信仰，在极限的此岸，自由的生活虽然可以展示自己，但决没有能力突破极限本身，靠自己的力量使极限成为流动的，把自己融入极限中。因此，这个不可突破的极限必然也会在某些地方呈现在外国人的眼前，而他们除了预先假设这样的极限，就不可能有别的想法或看法，除非他们的整个本质已经改变，除非他们的心灵已经脱离他们的躯体。他们必然相信死亡是本原东西，是万物的根源，因而也是生活本身的根源。

这里，我们的首要任务是说明，外国人的这种基本信仰现今是怎样在德意志人当中表述的。

它首先表述在自己的哲学之中。现时的德国哲学，就它在此值得提到而言，力求具有透彻性和科学形态，尽管它对做到这些还无能为力；它力求达到统一，尽管早先还没有哪个外国作出先例；它力求把握实在和本质——不是仅仅把握现象，而是要寻求现象中显现的这种现象的基础。而它在所有这些方面都做得正确，并远远超过当时在外国占优势的那些哲学，因为它在仿效外国方面远比外国彻底得多，一贯得多。这个给单纯的现象奠定的基础对于那些哲学来说，就像它们也还远远不足以对这个基础进一步作 (I,10,185)
出规定一样，往往是一种固定的存在，这种存在是什么便是什么，再不是别的东西，而且束缚于自身，与其固有的本质联系在一起；因此，死亡以及存在于它们本身的本原性的异化也毕竟出现于它们眼前。因为它们本身不能靠它自身直接上升到生活，而是常常需要支撑和支持才能自由腾飞；所以，即使靠它们的思维，即凭它们的生活的映象，它们也不会超越这种支撑；凡不是某物的东西，对于它们必然是虚无[60]，因为在那种本身畸形生长的存在与虚无之间，它们的眼睛再也看不到什么，而这是因为，它们的生活再无别的东西。它们唯独能依靠的那个感觉，在它们看来是确实的；假如有人不承认这种感觉的支撑，它们也不会假定此人只要生活就足够了，而是会认为他只不过缺乏察觉这种他也无疑依靠的支撑的机敏，缺乏使自己上升到它们的更高观点的能力。所以，开导它们是徒劳的和不可能的。或许有人会开导它们，改造它们，要是他能够的话。就此而言，如今的德国哲学尚不是德意志的，而是仿效外国的。

相反地，真正的哲学，已经在自身完善的、越过现象而真正深入到现象的内核的哲学，则源于唯一的、纯粹的、神圣的生活——它完全是这样一种生活，这种生活是永恒地存在的，而且总是唯一的，而不是来自这类或那类生活；真正的哲学会看到，这种生活是如何仅仅在现象中无穷无尽地闭合而又开放、开放而又闭合的，是怎样按照这个规律才达到一种存在和某物的。在这种哲学面前产生的都是它让自己预设的存在。所以，这种哲学是地道的、仅仅属于德意志的，也就是本原的；反过来说，只要有人是真正的德意志人，他就只能作如是的哲学思考。

前面所述的那个思想体系尽管在大多数作哲学思考的德意志人中占优势，但不是真正德意志的。无论它现在是有意识地作为
(I,10,186) 真正的哲学体系提出的，或只是无意识地给我们其余的思维奠定基础的，我说，它都对现时代其余的科学观点产生了影响。这实际

上是我们这个受外国激励的时代作出的一种主要的努力，这种努力不再像我们的祖先做过的那样，仅仅是记忆科学资料，而是也以独立思考的哲学态度加工它的。就这种努力的意图而言，我们的时代是做得正确的；但是，当我们的时代像期望的那样，是从相信死亡的外国哲学出发进行哲学思考的时候，它便做得不正确了。在这里，我们打算仅仅根据我们的整个计划，对离得最近的几门学科作一考察，并对它们当中的那些在国外广为流传的概念和观点加以探究。

国家的建立和管理被看做一门独立的艺术，一门有它自己的固定规则的艺术，在这方面，非德意志国家仿效古代的样板，无疑是我们的先行者。但是，这样的一个国家，一个在它的思想、意志和语言的成分上都有固定、封闭和僵死的支撑的非德意志国家以及一切在这方面追随它的国家，是把什么看做这种国家管理的艺术的呢？无疑是把一种也同样固定和僵死的事物秩序看做这种艺术的，似乎生机勃勃的社会活动由这种僵死状态中产生，因而是照这门艺术的意图产生的。这种意图是把社会的一切生活都组合为一架巨大的、精巧的齿轮印刷机，在那里，每一单个部分不断地受到整体的强制，为整体效力；同样，这种意图也是一种从有限的名数得出一个可名数的演算，是从假定每个人都会寻求自己的福利出发，恰好利用这一点强迫每个人都违背着自己的思想和意志去效劳于促进共同福利的目的。非德意志国家曾反复宣扬这个原理，提供了这类社会机器的管理艺术的样板[61]。我们的祖国采纳了这一理论，并进一步予以发挥，将它运用到社会机器的构筑上去，而且在这里，如往常一样，运作得更广泛、更深入和更逼真，远

远超过它提供的样板。如果迄今为止的社会发展进程在随便哪个时候发生停顿，那么，这种管理国家的艺术家就知道，这个问题只能这样加以说明：可能有一个社会齿轮已经报废，而且他们晓得只有一种补救药方，那就是将破损的齿轮卸掉，安装上新的齿轮。谁的这种机械的社会观越根深蒂固，谁把这架机器的所有部分都尽可能变成相同的，把它们都作为同样的材料加以对待，因而愈善于简化这架机器，他在我们这个时代作为管理国家的艺术家的名声 (I,10,187) 就会愈高——即便此人犹疑不定，优柔寡断，使事情变得更糟，也照样如此。

这种关于国家管理艺术的观点，凭借它坚定不移的连贯性，凭借它得到的崇高外貌，迫使人们不得不对它抱尊重的态度；而且直到一定的时刻，特别是当所有的人都要求建立君主制，建立愈来愈纯粹的君主制的时候，它也提供了很好的服务。然而，一旦到达了那个时刻，它的虚弱无能就人人皆知了。我想假定你是按照你预期的完善程度制作了你的机器的，假定这架机器的每个较低环节都不停地、不可抗拒地受到一个被迫进行强制的较高环节的强制，如此类推，直到顶点；可是，你的这个最终环节，即产生机器存在的一切强制力量的环节，是受到什么东西的强制，去发挥它的强制作用的呢？假定你会全然克服从材料的摩擦所能引起的对这个最终的发条的一切抗力，假定你会给这个发条以一种力量，与这种力量相比，所有其余的力量都消失不见，化为乌有，而这是唯独你能靠机械运作过程做到的，因此假定你会创立极其有力的君主制；可是，你打算怎样使这个发条运转起来呢？你打算怎样迫使这种君主制毫无例外地审视与要求这种权力呢？你打算怎样把永动的环节安装到你那个尽管设计和构造都恰到好处，但能停止转动的齿轮机里呢？也许像你有时在你的窘境中说过的，是整个机器本身会发生反作用，会使它的第一个发条起动吗？这要么是靠一种来自这个发条的推动的力量实现的，要么是靠这样一种力量实现的，这种力量不是来自这个发条的推动，而是在不依赖于这个发条的整个机器中存在的。非此即彼，不可能有第三种情况。如果你假定的是第一种情况，你就处在一种能取消一切思维和一切机械运作过程的循环之中；整个机器都能强制这个发条，只不过是在它自身受这个发条的强制去强制这个发条的限度内，因而是在这个发条仅仅间接地强制自己的限度内；然而，要是这个发条不强制自己，它根本就不能运转，虽然我们确实打算过补救这类缺陷。如果你假定的是第二种情况，你就得承认，你的机器中一切运转的原动力都来自这样一种力量，这种力量根本没有被列入你的估计和安排，也丝毫不受你讲的机械运作过程的制约，它无疑不用你的帮助，就按照它固有的、你却不知道的规律，像它能够做的那样发挥作用。在以上两种情况的每一种情况下，你都得承认自己是个拙劣的人，是个无能而好自夸的人。

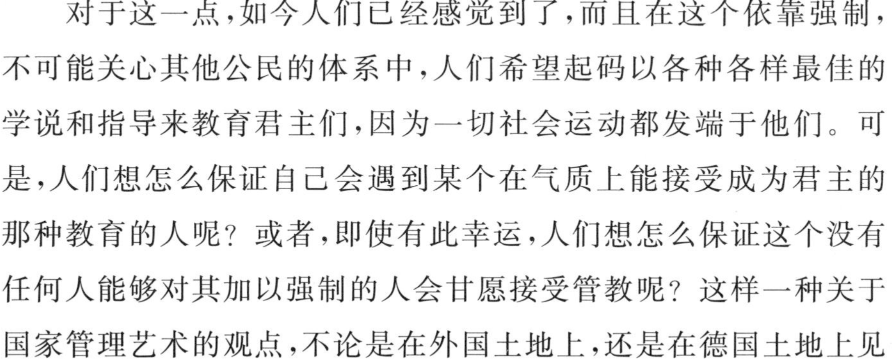

对于这一点，如今人们已经感觉到了，而且在这个依靠强制，不可能关心其他公民的体系中，人们希望起码以各种各样最佳的学说和指导来教育君主们，因为一切社会运动都发端于他们。可 (I,10,188)
是，人们想怎么保证自己会遇到某个在气质上能接受成为君主的那种教育的人呢？或者，即使有此幸运，人们想怎么保证这个没有任何人能够对其加以强制的人会甘愿接受管教呢？这样一种关于国家管理艺术的观点，不论是在外国土地上，还是在德国土地上见

到的，往往总是外国精神的产物[62]。我们在这里可以看出，德意志血统和德意志精神引以为荣的是，尽管在这种计划推行强制做法的纯粹理论中我们可以成为很高明的管理艺术家，然而当这付诸实践的时候，我们却很强烈地受到一种模糊感觉的阻挠，认为事情不宜这么做，就此而言，我们是赶不上外国的。因此，即使我们早已被迫接受给我们想好的外国礼仪和法律这类好事，我们至少也不会因而感到过分的羞愧，好像我们的智力达不到这种立法高度似的。由于我们潜心握笔耕耘的时候，在立法方面不亚于任何民族，所以就生活来说，我们会感到连这样的立法也还未必正确，因此，在完善的东西来到我们这里以前，我们宁愿让旧的东西保留着，而不单纯用一种新的、同样失效的模式替换旧模式。

真正德意志的国家管理艺术就不同了。它也寻求盲目的、摇摆不定的自然力量中的那种固定性、确实性和独立性，就这一点说，它与外国是完全一致的。但它寻求的坚定性、确实性和独立性不是作为第一环节的固定的、确实的物，好像精神是作为第二环节才由这个物变成确实的，相反地，它从一开始就寻求一种固定的、确实的精神，作为首要的和唯一的环节。这精神对它来说就是自身生机勃勃的、能永久运动的发条，这个发条将调整社会生活，不断推动社会生活前进。它懂得，它要确立这种精神，不能靠惩罚已经道德沦亡的成年人，而只能靠教育思想尚未腐败的青年人；而且它实施这种教育并不像外国那样，着眼于拔尖人物，即着眼于君主，而是着眼于芸芸众生，即着眼于民族，因为即使君主也无疑属于民族。正如国家是对其成年公民本人进行人类的再教育的，从
(I,10,189) 这种管理国家的艺术角度看来，未来的公民本身也首先必须被教

育成能接受更高教育的。因此，这种德意志的和最新的国家管理艺术就又一次成了最古老的国家管理艺术，因为这种艺术早在古希腊人那里就建立过以教育为本的公民阶层，培养了后世再没有看见过的那种公民[63]。从今以后，德意志人将在形式上完成同样的工作，这种工作在内容上拥有的精神并不是狭隘的和排外的，而是普遍的和属于世界公民的。

外国的那种精神如今在我国大多数人当中盛行起来，也表现他们对于人类的全部生活，对于作为这种生活的写照的历史的看法。如我们在另一场合已经指出的，这只能把一个在其语言中具有封闭的、僵死的基础的民族在所有的雄辩艺术上提高到这个基础所允许的某个发展阶段，而且这个民族会经历一个黄金时代。这样一种民族缺乏虚怀若谷和自我否定的精神，它除了能认识自己以外，就不能适当地对整个人类作更为高瞻远瞩的思考。因此，它必定会假定整个人类的发展也存在一个最终、最高和永远不可超越的目标。正如海狸或蜜蜂之类的动物现在还沿用几千年前采用过的方法筑巢，在如此漫长的时间内在技艺上没有取得任何进步一样，被称为人的物种在其发展的各个部分的情况也将跟这类动物一样。像冲动和能力这样一些部分将会被概览无遗，也许少数环节甚至可以在眼前得到解释，而且每一个环节的最高发展也可能得到说明。也许人类在一个方面较之海狸和蜜蜂还更糟糕得多，而这个方面就在于，后者虽然不学任何东西，但在其技艺上却不会倒退，人类则不同，他们一旦到达顶点，就会再被反弹下来，要经过几百年、几千年的奋斗，才能再进入一个或许可以让他们感到更安宁的点。这些人认为，人类无疑也将到达其教育发展的这类 (I,10,190)

顶点，到达黄金时代；要在历史上发现这些顶点，评判人类为追求这些顶点而付出的一切努力，并把人类追溯到这些顶点，将成为他们全力以赴的志向。按照他们的看法，历史早已结束，而且已经结束过好几次了；按照他们的看法，在太阳底下没有任何新事物发生，因为他们已经在太阳底下和太阳之上铲除了永恒生活的源泉，只让那种永远周而复始的死亡重复出现和不时消退。

众所周知，这种历史哲学尽管目前在外国正在衰落下去，却从那里传到我们这里，而且几乎专门成了德意志的所有。由这种来龙去脉得出的结果就是，我们的历史哲学能很透彻地理解外国人所作的各种努力，我们虽然不再经常表达这种历史观，实际上却做得更胜一筹，因为他们正按照那种历史哲学行事，并再次构成一个黄金时代；我们的历史哲学甚至能以预言的方式向他们所作的各种努力指出它们必须进一步走的道路，能使它们得到很真诚的赞赏，而用德意志方式思考的人则恰好不能这么赞誉自己。这种人怎么会这样呢？黄金时代在任何方面都对他是消亡的东西造成的局限性。他认为，黄金虽然可能是逐渐消亡的大地的怀抱中最贵重的东西，然而生机勃勃的精神的素材却超越这个太阳，超越一切太阳，构成它们的源泉。对他来说，历史以及人类并不是按照隐蔽的、奇特的轮回规律展开的，而是真正的人按照他的看法造成的，而他的看法就是不单纯重复已有的东西，而是进入时间，创造全新的东西。因此，他从不期望单纯的重复，即使像《旧约》中逐字逐句写的，这种重复本当出现，他也起码不表示赞赏。

目前，外国的这种毁灭性精神趁我们对它没有清醒的意识时，正以类似的方式传遍我们其余的科学观点，关于这种观点，我们只

要援引所举的例子也许就足够了；具体地说，这种情况之所以出现，是因为我们恰恰在目前按我们的方式加工早先从外国得到的激励，并且经历了这样一种中间状态。由于这属于我们谈的正题，(I,10,191) 所以我引证了这些例子；同时这也是为了使谁也不认为自己凭借从所述的原理得出的推论，就能反驳这里表述的论点。与其说我们对那些原理似乎仍然毫无所知，或我们似乎未能上升到认识它们的高度，倒不如说我们对它们了如指掌，而且如果我们有闲暇时间，我们也许能完全合乎逻辑地对它们作追溯过去和推断未来的阐述；我们现在不过是恰好在一开始丢弃了它们，同时也丢弃了从它们得出的一切结论，而这种结论在我们已有的思维中要比注重表面的观察者会轻易相信的更多。

外国的这种精神不仅影响到我们的科学观点，同样也影响到我们的日常生活及其规则。但是，为了使这一点变得明白，也为了使以前说过的东西变得更明白，有必要首先更深入地钻研本原生活的本质或自由的本质。

从我们在好几种同样可能的方案之间犹豫不决的意义上说，自由不是生活，而仅仅是进入现实生活的前庭和入门。终有一天，生活必定会脱离这种犹豫不决的状态，而去作出决断和付诸行动；只有到那时，生活才真正开始。

乍一看来，每个意志决断都直接显得是第一位的，而绝不是第二位的和由第一位东西产生的结果；都直接显得是这种结果的原因，是完全靠自身存在的，因而是像本来那样存在的。我们拟将这个意思定为自由一词唯一可能的、合乎理智的词义。但是，从这种意志决断的内在内容看却可能存在两种情况：或者，在意志决断中只显现出一种与本质分离的现象，本质没有以任何方式进入这种现象的显现；或者，本质以显现的方式进入意志决断的这种现象，而且在这里人们必定会立即察觉到，本质只能在意志决断中，而决不能在任何别的东西中成为现象，即使反过来，也可以有这样的意志决断，在这种意志决断里显现出来的决不是本质，而只是单纯的现象。我们首先来讨论后一种情况。

单纯的现象本身是凭借它与本质分离和对立，同时也是凭借它能表现和展示自己，而被不可变更地确定的，因此，它必然是像它恰好存在和告终的那样存在的。所以，像我们假定的，如果任何一个给定的意志决断就其内容而言是单纯的现象，那么，它在这方面实际上就不是自由的、第一位的和本原的，而是必然的、第二位的和由一个更高的第一位东西——现象的普通规律——如实派生的环节。这时，像我们已经在这里多次提到过的，人的思维是把意志决断像它实际存在的那样，像它忠实摹写和映现他的内心生活那样显现给他自己的，所以，这样一种意志决断虽然由于它是意志决断，因而乍一看来显得是自由的，然而却绝不可能显现给人的反复进行的和深刻的思维，相反地，它在这种情况下必定被如实地认为是必然的。有些人的意志除了那个向他们单纯显现一种意志的领域，还没有上升到任何一个更高的领域，对他们来说，自由信仰当然是一种短暂的、停留于表面的观照活动中的幻觉和迷误；对于他们来说，唯有在这样一种思维中才存在真理，这种思维向他们表明处处都只存在严格的必然性的束缚。

(I,10,192)

现象全然作为现象的第一个基本规律（我们不指出原因是有充分理由的，因为这在别处[64]已经做得够多的了）是这样的：现象分裂成多样性的东西，这种东西在某个方面是一种无限的东西，在另一个方面则是一个完备的整体。在由多样性东西所组成的这个完备的整体中，每一单个的东西都是由所有其余的东西规定的，而所有其余的东西又是由这一单个的东西规定的。因此，如果在单个人的意志决断中出现于现象的，不外乎是可显现性、可呈现性和可见性——这种可见性事实上是对于虚无的可见性——那么，这样一种意志决断的内容就是由这个人的所有可能的意志决断和所有其余可能的单个人的意志所组成的一个完备整体规定的，而它应当包含和能够包含的，也无非是按照所有那些可能的意志决断的趋向依然想要留下的东西。由此可见，它事实上并未包含任何独立的、本原的和自身特有的东西，相反地，它是第二位的东西，是单纯由整个现象在其各个部分的一般联系中得出的结果，正如它常常被所有那些尽管也处于这样的文化发展阶段，但却能作透彻的思考的人也如此认为的那样，而且他们的这种认识也是用我们刚才使用的同样的语词表达出来的；然而，这一切都是下列事实的结果，那就是：它们之中没有显现本质，而是只有单纯的现象显现出来。

另一方面，在本质仿佛亲自直接地，而决不是通过一个代表出 (I,10,193)
现于意志决断的现象的地方，虽然以上所述的所有那些从作为完备整体的现象得出的结果仿佛都是现存的，因为现象也在这里显现出来；但是，这类现象并不在这个组成部分油然而生，也没有由这个组成部分穷尽，相反地，这类现象中还存在一种更多的东西，即另一种不能由上述联系加以解释，而能在除去可解释的东西以后留下来的组成部分。我说过，那前一种组成部分也呈现在这里；

那种更多的东西变成可见的，并且凭借它的这种可见性，而决不凭借它的内在的本质，服从于规律，服从于可见性的条件。但是，它还多于这种由某个规律产生的东西，因而多于必然的和第二位的东西，并且从这种更多的方面看，它靠它自身，本来就是一种真正第一位的、本原的和自由的东西。由于它是这样的东西，所以它也这样显现于最深刻的、在自身有结果的思维。如我们已经说过的，可见性的最高规律是：显现的东西分裂成无限的、多样的东西。每当出现比当前从现象的联系中产生的东西更多的东西时，那种更多的东西便会变成可见的，并这样无限地变成可见的；因此，这种更多的东西也这样显现为无限的东西。然而，明如白昼的事实是：它获得这种无限性，仅仅是由于它每次都是可见的和可思议的，而且只有通过它同那种无限地从关联中出现的东西相对比，通过它比这种东西具有的更多的内容，它才是可发现的。但撇开这种思议它的需要不谈，这种比一切能无限地呈现自己的东西更多的东西，也一开始就是纯粹简单地、不可改变地存在的，它在所有的无限性中既没有变得多于，也没有变得少于这种更多的东西；只有它的可见性作为比无限东西更多的东西——它不能用别的方式，以它最高的纯粹性成为可见的——才创造无限的东西，创造所有看来能在它之中显现的东西。这时，凡在这种更多的东西真正作为这样一种可见的、更多的东西出现，但只能出现于意志中的地方，那个单独存在和只能单独存在的本质本身，那个由自身和靠自身存在的神圣存在者，便出现于现象中，使自己成为直接可见的；正因为这样，在那个地方就有真正的本原性和自由，所以也有对它们的信仰。

因此，对人是自由的还是不自由的这个一般的问题，不存在笼统的回答。正因为人在开始处于优柔寡断和摇摆不定的状态，因而在低级意义上是自由的，所以，他才会是自由的，或者说，他才在高级意义上不会是自由的。实际上，每个人回答这问题的方式，就是他的真正的内在的存在的一面清楚的镜子。谁在事实上不外是现象链条中的一环，谁就大抵会在一瞬间误以为自己是自由的，但这种臆想经不起他比较严格的思考。可是，他怎样察觉他自己，他也必然恰好怎样设想他的整个类族。与此相反，谁的生活受到本真存在的感召，变成直接来自上帝的生活，谁就是自由的，并且相信自己和别人是自由的。 (I,10,194)

相信固定不变的、僵死的存在的人之所以相信这种存在，仅仅是因为他本身是僵死的；在他成了僵死的东西之后，一俟他稍微对自身变得清醒，他就只能这样相信。他自己和他的整个类族从始至终在他看来都是第二位的，都是由某个假设的第一环节产生的必然结果。这个假设决不是纯粹臆想出来的，而是他的真实思想，是他的真实见识，是他的思想赖以直接成为生活的要点；这样，这个假设也是他的所有其余思想的源泉，是他对他这个类族作出评判的源泉，而这种评判是他在他的过去，即在历史上作出的，也是他在他的未来，即在对他的期待中作出的，和在他的现在，即在他自己和其他人的现实生活中作出的。我们曾把这种对死亡的信仰同本原的、生机勃勃的民族相对比，称为仿效外国的现象。这种仿效外国的现象一旦存在于德意志人当中，就会在他们的现实生活中表现为对他们的存在的一种不可改变的必然性的默然服从，表现为对我们自己或其他人通过自由进行的一切改善的放弃，表现为要将自己和其他一切人都像他们原来那样加以使用，从他们的存在获取对我们尽可能大的好处的意向；简言之，表现为对人人同样到处恶贯满盈的那种信仰——关于这种信仰我已经在另一地方作了充分的描述[*]，我将这个描述留给你们自己去阅读和评判，看它在何种程度上适合于现时代——在一切生活活动中不断反映出来的表白。这种思维和行动的方式，如我们经常提到的，只在内心的僵死状态对自身变得清晰时才给这种状态产生；相反地，只要那种状态仍然模糊不清，它就保持着对自由的信仰，这种信仰本身是真的，只有被应用于它目前的存在，才是一种臆想。这里，我们对
(I,10,195) 内心卑劣时的那种清晰性带来的弊端看得很清楚；只要这种卑劣的心灵依然模糊不清，它就会被对于自由的持久要求一直弄得不安，一直受到这种要求的折磨和逼迫，而给改善自己的尝试提供一个攻击点。但清晰性使这种卑劣的心灵臻于完善，使它自身变得圆满；清晰性给它注入愉快的服从精神，注入问心无愧的宁静和对自己的心满意足。这是像他们相信的那样给他们作出的。从此以后，他们事实上就不可改善，他们的活动至多能在好人当中保持对恶行的无情憎恨，或保持对上帝意志的百般顺从，除此之外，他们于世界上的任何事情都毫无补益。

这样，我们在我们迄今为止的描述中理解为德意志精神的东西，就最终以其完善的清晰性呈现出来了。作出区分的真正根据在于，你是信仰人本身的绝对第一位的和本原的东西，信仰自由，信仰我们类族的无限改善和永恒进步呢，还是对这一切都不信仰，

---

* 参看《极乐生活指南》第十一讲。

而以为自己的确能清楚地认识和理解到发生了与这一切都恰好相反的东西？所有那些或者在生活中富于创造精神和能生产新东西的人，或者所有那些即便不能如此，也至少坚决不做无意义的事情，而留意本原生活之流是否会在什么地方感召自己的人，或者所有那些即使没有达到如此高的程度，也至少猜想到自由，不憎恨或不害怕自由，而喜爱它的人——所有这些人都是具有本原精神的人，当他们被视为一个民族的时候，他们就是一个本原民族，一个单纯的民族，即德意志人。而所有致力于成为第二位的、派生的东西的人，所有清楚地知道和理解自己是这种东西的人，事实上都是第二位的和派生的，而且由于他们的这种信仰将变得愈来愈如此，他们也就是这样一种生活的附属物，这种生活受自己的冲动的驱使，在他们面前或他们身旁振奋起来；他们是一个已经沉寂的声音从岩石发回的反响，当他们被作为一个民族看待时，他们就处在本原民族之外，对后者来说他们是异族人、外国人。但在迄今依然称自己为纯粹民族或德意志人的那种民族里，本原东西在现代，至少一直到现在，都袒露出来，表现出创造新事物的力量。如今在这个民族面前，终于借助一种自身变得清晰的哲学，摆放了一面镜子，在这面镜子里它可以用清楚的概念认识到，它迄今在没有清醒意识的情况下，通过自然力量变成了什么，它为何是由自然力量规定的；于是它就受到请求，要它按照这种清晰的概念，采取审慎、自由的方式，完整地使自己成为它应当成为的东西，复兴它的纽带，封锁它的范围。它必须封锁它的范围的原理已摆在它的面前，这就是：谁信仰精神东西，信仰这种精神东西的自由，并希望靠自由使这种精神东西永远得到发展，谁不论生在何方，说何种语言，都是

(I,10,196) 我们的类族,他属于我们,并将站到我们这边。谁信仰停滞不前,信仰倒退,信仰那种轮回,或是把一种僵死的自然力量提升为统治世界的舵手,谁不管生在何方,说何种语言,都是非德意志的,是与我们格格不入的;可以期望,他会完全与我们分离,这种分离愈快愈好。

于是在这种情况下,以上面关于自由的论述为依托,就最终明显地出现了那种有充分理由称自己为德意志哲学的哲学真正希求的东西,它在这里以严肃认真、不讲情面的态度,与任何一种信仰死亡的外国哲学相对立。谁还有耳朵去听它讲的,就应当去听。这种东西之所以出现,绝不是为了让死者理解那不可能的东西,而是为了使死者难以歪曲它的话语,难以摆出一副架势,好像它本身也约莫希求同样的东西,从根本上持同样的看法。这种德意志哲学确实在兴起,并以自己的思维的活动——绝不按照一种认为事情必然会如此的模糊猜想单纯自夸,可是却未能使自己的思维得到实现——把自身提高为不可改变的、"比一切无限性更多的东西",并唯独认为这种东西是真正的存在。时间也好,永恒性和无限性也好,都是德意志哲学在它们由那个太一的显现和变得可见的过程产生的时候察觉的,这个太一本身是根本不可见的,只有在它的这种不可见性中才能加以把握,才能正确地加以把握。依照这种哲学,连无限性本身也是虚无,它根本没有任何真正的存在。它只不过是手段,依靠这种手段,这个存在的、只在其不可见性中才存在的唯一者会变成可见的;依靠这种手段,在形象化的范围内给这个唯一者建立的,是它自身的一种形象,一种图式和阴影。在形象世界的这种无限性之内可以更进一步变得可见的一切东西,

都完全是一种虚无的虚无，阴影的阴影，而且都不过是无限性和时间本身的那第一个虚无变得可见的手段，是给思想开辟攀登到无形象的、不可见的存在的手段。

在无限性的这种唯一可能的形象之内，不可见的东西只是作为自由的和本原的直观生活，或作为一个理性存在者的意志决断，直接出现的，而绝不能以别的方式出现和显现。所有作为非精神生活出现的那种持久的具体存在，都不过是一种由观照活动抛出的、经常以虚无作中介的空洞阴影，与这种阴影相反，凭借把这种阴影当做得到中介的虚无的认识，观照活动本身一定会把自己提高到对自己固有的虚无的认识，提高到承认不可见的东西是唯一 (I,10 197)
真实的。

如今，那种信仰死亡、的确变成自然哲学的存在哲学，即一切哲学中最僵死的哲学，仍然被困于这种阴影之阴影的阴影里，对它自己的创造物又惧怕，又祈祷。

这种持久不变是这种哲学的真实生活和爱的表现，就此而言，这种哲学是应当信仰的。可是，当它进一步说，这种被它作为真正存在着的东西预设的存在和绝对者，都是太一，都恰好一样时，它在这方面就不是应当信仰的，不管它多么经常保证这一点，也不管它发过好多誓言。这种哲学并不懂得这一点，而只是靠碰运气把它表述出来，并盲目照搬另一哲学，却不敢与另一种哲学争辩这一点。如果它懂得这一点，那它就无须从二元性——这种二元性它只凭那个必须服从的命令加以废弃，但仍然允许作为一个无可争辩的事实存在——出发，而是必须从一元性出发，因而能由这种一元性清楚地、一目了然地推论出二元性以及一切多样性。但这就需要思维，需要推勘到底的、自身完备的反思。但它一方面没有学会这种思维艺术，一般不能运用这种艺术，而只能热衷于幻想；另一方面，它同这种思维是敌对的，根本不可能尝试这种思维，因为它如果这么做，就会打乱它那可爱的幻想。

这就是我们的哲学跟那种哲学如此严重对立之所在。由于这个缘故，我们一直想尽可能清楚地表述和证明这一点。

(I,10,198)

第八讲　什么是较高意义上的民族？什么是爱国主义？[65]

最后四讲回答了这样一个问题：什么是与其他源于日耳曼人的民族不同的德意志人？如果我们再补加上对于什么是民族这个问题的研究，那么，用这一切给我们的整个研究作出的证明就会得到完成。这后一个问题是和另一个问题相同的，并同时回答了这另一个经常提出而答案迥异的问题，这就是：什么是爱国主义，即对祖国的爱？或者像人们更确切地说的那样，什么是个人对自己的民族的爱？

如果我们在迄今的研究过程中是做得正确的，那就必须在这里同时阐明：只有德意志人，只有这种本原的、不在任意组合中消失的人，才真正是一个民族，才有权期望做一个民族；只有这样的人才能对自己的民族有真正的和合理的爱。

我们要作一个乍看起来与迄今所说的内容毫无联系的说明，为我们解决业已提出的课题开辟道路。

就像我们在第三讲中已经说明的，宗教能够完全超越一切时代，超越整个当下的和感性的生活，却不会因而对于受这种信仰感召的生活的公正、道德和神圣造成丝毫损害。人们即使确信，我们在这个大地上的一切活动都不会留下丝毫痕迹和带来丝毫结果，而且神圣的东西甚至被颠倒过来，用作恶行和更深刻的道德败坏的工具，人们也仍然可以仅仅为了维护我们之内爆发的神圣生命，继续进行这种活动，继续同未来世界中的高级事物秩序联系起来，而在这个世界里，以神性表现的任何事情都不会毁灭。比如，耶稣的使徒们和第一批基督教徒过去就是这样，他们依靠他们对上天的信仰，在有生之年就已经完全超越了尘世，并且他们完全放弃了尘世的事务，放弃了国家、祖国和民族，对它们甚至不屑一顾。不管这多么有可能，不管这多么容易使人相信，不管人们必定多么高兴地沉浸在其中，但如果上帝有一个不可改变的意志，要我们在尘 (I,10,199)
世不再拥有祖国，而成为被驱逐的人和奴隶，那么，这也仍然不是自然的状况和世界进程的规律，而是一个少有的例外。如果宗教从一开始就不考虑现时的情况，而着意于把这么退出国家和民族的事务作为真实的宗教信念加以推荐，那么，这也是对宗教的一种非常错误的应用，而基督教也特别经常这样做。如果这种形势是真实和现实的，并不单纯是由宗教狂热招致的，那么，在这种形势下，尘世生活就丧失了一切独立性，它将只成为真正的生活的前站，成为人们单纯出于对上帝意志的服从和顺从才忍受的艰巨考验；而且在这种情况下，不朽的精神犹如许多人想象的，真的只是为了受到惩罚，才像进入了监狱一样，进入了凡人的躯体[66]。与此相反，在合乎规律的事物秩序中，尘世生活本身就必当是真实的生活，人们对这种生活感到喜悦，能够怀着感激之情享受这种生活，

而这当然是在期待着一种更高的生活；虽然宗教也确实是对遭到非法践踏的奴隶的安慰，但宗教的意义首先在于，人们反对奴役，能够从而阻止宗教沦为对于被囚禁者的单纯安慰。对于暴君来说，鼓吹宗教的服从精神，把那些他不打算准许他们拥有立锥之地的人们都打发到天上去，当然是很合意的；但我们其他人一定不要急于将他推荐的这种对宗教的看法变成我们自己的，而且如果我们有可能，我们必须阻止人们为了激发起对天堂的更大渴望而把地球变成地狱。

人的自然的、只有在真正危急的情况下才会放弃的冲动，是在这个地球上就找到天堂，将永远持续的东西融合进自己的日常尘世工作中，在尘世中培养时间上永不消逝的东西——不单纯使用一种无法理解的方式，穿过肉眼无法穿过的鸿沟，与永恒的东西联系起来，而且使用一种肉眼本身可以看到的方式。

让我从这样一个一般能理解的例子谈起：哪一个具有高尚思想的人不打算和不期望在自己的孩子们及其下一代身上，重新以一种得到改善的方式重复他自己的生命，使他自己的生命在他们的生命中变得更加高尚和更加完美，在他早已谢世之后还在这个地球上继续存在下去呢？他在世时的精神、思想和道德也许曾经

(Ⅰ,10,200) 使错误和堕落感到害怕，使正直得到巩固，懒惰得到振奋，颓唐得到振作，他不想把它们从死亡中夺回来，把它们作为自己对后世的最好遗产存放在自己留下的后人的心中，使他们有朝一日也同样把它们在得到美化和增多之后又存放起来吗？哪一个具有高尚思想的人不打算通过行动或思维撒播种子，使他的同类永远不断地臻于完善，将某些新颖的、前所未有的东西投入时间，使之留在时

间中,成为新的创造的永不枯竭的源泉呢？他不想用一种在尘世间也永远持续的东西,来抵偿他在这个地球上占过的位置和借给他的短暂光阴,以使他作为这一个人,即使不被历史提到(因为渴望身后荣誉是一种可鄙的虚荣),但在他自己的意识和信念中还是留下了他也曾经在世的明显的纪念碑吗？我说的是,哪一个具有高尚思想的人不打算这样做呢;但是,必须只按照作如是想的人们的需要,并把这种需要作为一切人都应当看齐的规则,来观察和建立世界,而且世界也只是为了他们才存在的。他们是世界的核心,而那些持有不同想法的人本身作为短暂的世界的一部分,只要也作如是想,也就只是为了他们才存在的,因而必须顺从他们,直到成为他们那样的人。

那么,能够保证高尚的人这么要求和相信自己的活动永垂不朽的东西可能是什么呢？显然只是一种事物秩序,高尚的人能够承认这种秩序本身是永恒的和有能力接受永恒东西的。这样一种秩序是人的环境的特殊精神本质,它当然无法用任何概念加以理解,但它仍然是真正现实存在的,高尚的人本身与他的一切思维和行动都来源于它,他对他的活动的永恒性抱有的信念也来源于它;它代表这样一个民族,高尚的人来自这个民族,他在这个民族中间得到培养,而成为他现在这样的人。这是因为,虽然有一种情况是无可怀疑地真实的,即他的活动在他有权要求它具有永恒性时,绝不是他那个民族的精神的自然规律的单纯成果,绝不是纯粹随着这种成果而展开的,而是一种更多的东西,因而是直接从本原的和神圣的生活中流出的,但依然同样真实的是,那种更多的东西在首次形成可见的现象时,就立刻服从了那种特殊的、精神的自然规

律，并且只按照这种规律形成了一种感性表达。只要这个民族存在，这个民族当中的神圣东西的一切进一步显现也就将会出现在
(I,10,201) 这一规律中，并在这一规律中形成。但是，由于高尚的人也曾经存在，从事过这样的活动，所以，就连这一规律也继续是由这一事实规定的，而他产生的效用已成为这一规律的一个持久的组成部分。以后的一切事情也必须服从这一规律，跟这一规律联结起来。这样，他就会肯定，只要他的民族本身依然存在，通过他获得的教化就会留在他的民族中间，并成为规定他的民族的一切进一步发展的持久根据。

所以，从较高的、根据精神世界方面的立场来看的意义上说，一个民族就是在社会中一起继续生活，不断从自身自然而然地在精神上产生出自身的人们组成的整体，这个整体服从于自己体现的神圣东西发展的某种特殊规律。这种特殊规律包含的共同性是这样一种东西，这种东西在永恒世界里，因而也同样在尘世里，将这群人联合为一个自然的和自己组成的整体。这个规律本身就其内容而言，是能够在整体上加以理解的，就像我们把德意志人作为一个本原民族，在他们身上所理解的那样；甚至通过对这样一种民族的各种现象的考虑，这个规律的其他一些规定也能进一步加以理解；但是，任何一个本身一直无意识地处在这个规律的影响之下的人，却永远不可能完全用概念透彻理解这个规律，虽然他可以在总体上清楚地认识到，这样一个规律是存在的。这个规律是一种有更多的形象性的东西，它同那种有更多的非形象的本原性的东西在现象中直接融合在一起；这样，两者在现象中就再不能分离了。那个规律，即本原东西和神圣东西发展的规律，完全规定并完

成了人们称之为一个民族的民族特点的东西。从那个规律可以清楚地看出，我们迄今所述的那些崇洋媚外的人，根本就不相信本原东西和它的不断发展，而只相信假象生活的永远循环往复；这些像自己认为的那样，靠自己的信念形成的人，从较高的意义上说，根本就不是一个民族，而且由于他们实际上也不真正存在，所以他们同样也不可能具有民族特点。

因此，高尚的人对于自己发挥的效用也在这个地球上能万世长存的信念，是建立在对于发展出他自己的那个民族能万世长存的希望上的，是建立在对于这个民族根据那种隐蔽的规律具有独特性的希望上的；没有任何外来的、同这种规律在总体上不相合的东西进行干扰和破坏。这种独特性是永恒的东西，他将他自己的永恒性和他不断发挥的作用托付给它；这种独特性是永恒的事物 (I,10,202)
秩序，他将自己的永恒性置于这种秩序之中；他必定想要它持久，因为唯有它的持久是他解脱的手段，这就使他在尘世的短暂生命延伸为在尘世的持久生命。他培育永不消逝的东西的信念和努力，他把自己的生命理解为永恒生命的概念，都是一条纽带，它首先将他的民族，然后通过他的民族，将整个人类都同他自己紧紧联结在一起，并将他的民族的一切需要都引入他那宽广的心怀，直到末日来临。他对自己的民族的爱，首先是尊重、信赖和喜爱自己的民族，对自己来自这个民族感到自豪，其次是为自己的民族活动、效力和献身。神圣东西出现在这个民族当中，神圣东西尊重这个本原民族，把它当做自己的外壳和自己直接影响世界的手段；因此，从这个民族当中还会继续迸发出神圣东西。对高尚的人来说，生命单纯作为生命，作为不断变换的具体存在，反正从来都没有什

么价值，他只是把生命当做持久存在者的源泉，才想要生命；但是向他预示这种持久存在的希望的，也只有他的民族的独立延续；为了挽救他的民族，他甚至必定愿意去死，以使他的民族能生存下去，使他在他的民族中能过他向来就想过的独一无二的生活。

事情就是这样。这种真正的、不单纯是一时的追求的爱，永远不会附着于暂时的东西，而是只在永恒的东西中觉醒、燃烧和安眠。人如果不是把自己理解为永恒的，甚至连自己都不会爱；他如果不是这样，甚至不会尊重也不会赞同自己。他如果不把自己之外的什么东西纳入自己的信念和心灵的永恒性之中，把它同这种永恒性结合起来，就更不会爱这样的东西。谁不首先把自己看做永恒的，谁就根本不拥有爱，也不会爱一个对他不存在的祖国。谁把自己的不可见的生命看成永恒的，却不把自己的可见的生命看成永恒的，谁就很可能有一个天堂，而在这个天堂里有他的祖国；但在这个尘世，他却没有祖国，因为这个祖国也只见诸永恒性的图景之下，即见诸可见的和具体化的永恒性的图景之下，因此，他也可能不爱自己的祖国。如果没有把祖国传给这样的人，他就会悲痛；如果把祖国传给了谁，而且在谁的心中天与地、不可见的东西和可见的东西相互交融，从而创造出一个真纯的天堂，谁就会为了把这份宝贵财产完好无缺地再传给将来，而战斗到流出最后一滴血。

情况也从来都是如此，虽然从来都没有被这样概括和这样清
(I,10,203) 楚地说出来。在纪念碑中记载的那些以其信念和思想方式还在我们当中活着的高尚的罗马人，是受到什么东西的鼓舞去为祖国而操劳和牺牲、忍辱负重的呢？他们甚至也经常清楚地把这说出来

了[67]。这就是他们坚定不移地相信他们的罗马会永远延续下去，他们充满信心地希望自己会在时间的长河中随着这种永恒而永远活着。由于这种信念是有根据的，而且他们自己在完全有自知之明时已经理解这种根据，所以，这种根据也就没有使他们的希望落空。直到今天，那种在他们永恒的罗马真正永恒的东西都继续活在我们中间，他们也随着这种东西继续活在我们中间，它将在以后也继续活着，直到末日来临。

这种意义上的民族和祖国作为尘世中的永恒性的支柱和保证，作为在这个尘世能够永恒的东西，远远超过了通常意义上的国家，超过了那种单纯用清晰的概念理解的、根据这种概念的导向建立和维护的社会秩序。国家想要一定的法律、内部的和平，想要每一个人靠勤劳维持生计和延续自己的感性生活，只要上帝愿意给他这些。这一切只是对祖国的爱真正想达到的目标的手段、条件和支持，而这种目标就是永恒东西和神圣东西在世界上兴盛起来，在无限的发展中变得越来越纯洁、完美和卓越。正因为如此，这种对祖国的爱必须支配那种作为绝对最高、最终和独立的行政机构的国家本身。首先，这种爱要在国家选择实现它的最近目的——内部和平——的手段时对它加以限制。为了这一目的，个人的天赋自由当然也必须以各种方式加以限制，而且如果人们对个人除了这种考虑和意图以外，根本没有其他考虑和意图，他们大概就会把个人的天赋自由限制到尽可能狭小的范围，使自己的一切活动服从于一种千篇一律的规则，而永远受到监管。即使这种严厉手段是不必要的，它也至少不会损害这个唯一的目的。只有对于人类和各个民族的更高的见解才扩大了这种有局限性的估量。自由

连在外部生活的行动中也是萌发更高文化的土地；一种注意更高(I,10,204)文化的立法会容许自由有一个尽可能广阔的范围，哪怕冒着单调的宁静程度会减低，国家的治理会变得艰难和费力的风险。

这可以用一个例子来说明。大家都经历过，许多民族被当面告知，它们不像一些别的民族那样需要这么多自由。这种说法甚至可能包含了某种宽容和厚意，因为人们本来想说的是，它们根本承受不了这么多自由，而只有高度严厉的手段才能阻止它们互相摩擦。但是，如果此话是当真讲的，那么，它只有在这种前提下才是真的，这就是，这种民族完全没有能力过本原生活，没有能力追求这样的生活。如果这种民族可能存在——在这种民族当中也有不少高尚的人打破常规，成为例外——那么，它确实根本不需要什么自由，因为自由只是用于更高的、超越国家的目的；它只需要加以控制和调教，使各个人能够和平共处，使整个民族能够被制作成一种实现任意设置的、与本民族无关的目的的有用工具。对于人们是否能当真这样讲某个民族，我们可以不作定论；但很清楚，一个本原民族需要自由，自由是这个民族坚持自己的本原性的保证，这个民族在自己的延续中可以毫无危险地承受程度越来越高的自由。这就是对祖国的爱在必须支配国家本身时所考虑的首要事情。

其次，对祖国的爱要给国家本身规定一个比维护内部和平、私有财产、个人自由和人人生活康乐这个寻常目的更高的目的，这种爱必须从这个方面支配国家。国家召集起一支武装力量，只是为了这个更高的目的，而没有任何其他意图。如果对于使用这支武装力量产生另一种说法，认为需要把单纯概念中的国家的一切目的——私人财产、个人自由、生活康乐，甚至国家本身的延续——都拿来孤注一掷，认为需要在对肯定达到预期东西没有一个清晰的知性概念——在这类事情上绝不可能有这样的概念——时作出本原的和让上帝单独负责的决定，那就只有在国家掌舵的位置上才开始有一种真正本原的和最初的生活，只有这时才出现政府的真正的庄严权力，像上帝那样为了更高的生活而用较低的生活做赌注。其实，在维持传承下来的宪法、法律和公民的富裕的过程中根本就没有任何真正的、本原的生活，没有任何本原的决定。创造了这些的是各种情况和局势，也许还有早已死去的立法者；后来的时代继续虔诚地在业已开辟的道路上前进，因而实际上没有过一 (I,10 205)
种属于自己的公共生活，而只是在重复过去的生活。在这样的时代并不需要什么真正的政府。但是，如果这种按部就班的进程陷入了险境，必须对新的、从未有过的情况作出决定，那就需要有一种由自身造成的生活。那么，什么精神可以在这样的情况下置身于掌舵地位，能够满有把握，毫不左右摇摆而作出决定呢？什么精神具有不容置疑的权力，能够命令它可能遇到的每个人——不管他自己是否愿意——能够强迫抗拒它的人，至死都把一切置于危险之中呢？不是公民热爱宪法和法律的恬静精神，而是高度热爱祖国的熊熊火焰，这种爱囊括了作为永恒东西的外壳的民族，高尚的人乐于为这样的民族牺牲自己，不高尚的人——他们只是为了高尚的人才存在的——也应当为这样的民族牺牲自己。公民对宪法的那种爱却不是这样；它停留于知性，绝不能做到这一点。不管情况怎样，由于受到统治不是徒然的，所以总会有一个支持那种爱的统治者。你们就让新统治者甚至打算实行奴隶制度吧！（除了在无视和压制一个本原民族的独特性的地方，奴隶制度会在哪里呢？这类特性对于具有那种思维方式的人来说是不存在的。）——你们就让他也打算实行奴隶制度吧！由于可以从奴隶们的生活、他们的数量甚至他们的富裕抽取到油水，所以，只要他在某种程度上是个会盘算的人，奴隶制度就会在他的统治下成为可以忍受的，而奴隶们也至少总会找到生活和生计。那么，他们究竟应当为什么而斗争呢？在找到生活和生计之后，安宁对他们来说是高于一切的。这种安宁只会被持续的斗争所破坏。因此，他们会运用一切手段，使斗争不久就结束；他们会顺从，他们会让步，他们为什么不应当这样做呢？他们从来不曾有更多的作为；除了继续保持那种在可以忍受的条件下生存的习惯，他们对生活从来不曾期望过什么更多的东西。我们预言在尘世也有一种超越尘世寿命的生活，只有这一预言能够鼓舞人至死为祖国而战。

迄今为止的情况也是如此。在真正被统治过的地方，在经受过严重斗争的地方，在对暴力抵抗取得过胜利的地方，正是对永恒生活的那种预言在那里进行了统治、斗争并取得了胜利。这些演讲中先前提到的德意志新教徒们曾经怀着对这一预言的信仰进行了斗争。难道他们不知道，怀着旧有的信仰也能够统治人民，使人民在法律秩序中和衷共济吗？难道他们不知道，怀着这一信仰人
(I,10,206) 们也能够找到自己的很好的生计吗？他们的君主究竟为什么决定进行武装抵抗呢？人民为什么满怀热忱地进行了抵抗呢？——正是为了天堂和永恒的极乐，他们才自愿抛洒鲜血。——但是，尘世间究竟有哪种暴力能侵入他们心中内在的圣地，把他们心中已经油然而生的信念——他们对极乐抱有的希望只建立在这一信念之

上——连根剔除呢？由此可见，也不是为了他们自己的极乐，他们才进行斗争，因为他们已经得到了获得这一极乐的保证；他们进行斗争，是为了他们的孩子们的、他们的尚未出世的子孙们的和所有尚未出世的后人们的极乐；这些子孙也应当用他们觉得唯一可以拯救灵魂的同一个学说加以调教，这些子孙也应当参与对他们来说已经开始的拯救工作；只有这一希望受到了敌人的威胁。为了这一希望，为了在他们死后将在他们的坟墓上长期鲜花盛开的事物秩序，他们才怀着这种喜悦抛洒自己的鲜血。我们承认，他们自己并不完全清楚，他们在描述自己内心最高尚的东西的时候措辞不当，用语有误，做了对自己的心灵不适当的事情；我们愿意承认，他们坚持的信仰不是分享坟墓彼岸的天堂的唯一手段；但有一点却是永远真实的，那就是通过他们的牺牲，坟墓此岸的天堂，即一种从大地向天上更勇敢和更愉快的仰望活动和一种更自由的精神冲动，在更大的程度上进入了后来时代的全部生活，而且他们的反对者的后人同我们自己——他们的后人——一样，直到今天都在享受他们辛劳的果实。

在这种信仰中，我们最早的共同祖先，即新文明的本原民族或被罗马人称为日耳曼人的德意志人，勇敢地反抗了罗马人逼近的世界统治。难道他们没有在自己眼前看到自己近旁的罗马各省的高度繁荣、这些省里的精美享受以及同时拥有的大量法律、法庭、权杖和砍头斧吗？难道罗马人还不很乐于允许他们共享所有这些好处吗？难道他们没有在他们自己的许多君主——这些君主只从自身说明，反对这样的人类施主的战争就是叛乱——身上看到备受赞扬的罗马人仁慈宽厚的证明吗？这些施主用国王的称号、用自己军队中的统帅地位、用罗马人的绶带来装饰屈服称臣的人，如果这些人被自己的同胞驱赶出来，他们就在自己的殖民地中给这些人一块避难之地和一笔生活费用。难道他们不明白罗马人的文(I,10,207)明优势吗？比如，他们的军队拥有良好的装备，在这些军队中，甚至连一个像阿米尼乌斯[68]这样的日耳曼英雄人物也不拒绝学习战术。绝不能说他们对这一切是无知的或无视的。只要在不损失自己的自由的情况下能做到，在不损失自己的独特性的情况下有可能，甚至他们的后人也掌握了罗马人的文明。但他们经过好多世代，一直在那种总是以同样的力量再三兴起的血腥战争中奋战，究竟为了什么呢？一位罗马著作家让他们的统帅说出了其中的原因："他们要么维护住自己的自由，要么在沦为奴隶之前死去，除此之外他们究竟还有什么出路呢？"[69]自由对他们来说就在于，他们仍然不失为德意志人，他们继续按照他们特有的精神，独立地、真正地决定自己的事务，也在自己的发展中同样按照这种精神前进，并且他们也将这种独立性传给自己的后人。而罗马人提供给他们的所有那些好处，对他们来说则意味着奴役，因为他们在接受这些好处时就必定会成为别的什么人，成为半个罗马人，而不是德意志人。不言而喻，他们的前提是，每一个人都宁愿死，而不愿成为这样的人，一个真正的德意志人只有为了做德意志人、永远做德意志人和把自己的孩子培养成德意志人，才会愿意活着。

他们没有全都死去，他们没有看到奴隶制度，他们把自由留给了自己的孩子们。整个近代世界把它能像它现在这样存在，归功于他们坚毅顽强的反抗。假如罗马人也成功地奴役了他们，并且像罗马人到处做过的那样，把他们作为民族彻底消灭掉，那么，人类的整个继续发展就会采取另一种方向,人们则无法相信这种方向是可喜的。我们作为他们的土地、他们的语言和他们的信念的直接继承人,把我们还是德意志人,把本原的和独立的生活激流还在承载我们,归功于他们,我们把我们自此以后作为民族业已成为的一切,都归功于他们,如果我们没有现在就完结,而且源于他们的最后一滴血没有在我们的血管中流干,那么,我们也会把我们以 (I,10,208)
后还将成为的一切,都归功于他们。连那些在我们看来现在已成为异邦民族的其他部族——在他们当中有我们的弟兄——也把自己的生存归功于他们;当他们战胜永恒的罗马的时候,还不存在任何一个这样的民族;那时,他们的斗争也同时为这些民族在未来的形成赢得了可能。

这些人和世界历史上跟他们的思想一样的其他一切人都获得了胜利,因为永恒的东西鼓舞过他们,而这种鼓舞总是必然会战胜那种没有受到永恒东西的鼓舞的人。争得胜利的既不是臂膀的强壮,也不是武器的精良,而是心灵的力量。谁为自己作出牺牲设置一个有限的目标,在达到某一个点后,不愿继续冒着风险前进,那么,一旦他在这个既不能放弃,也不可缺少的点上遭遇危险,他就会不再进行抵抗。谁根本没有给自己设置任何目标,而是把一切,把人们在尘世所能失掉的最宝贵的东西——生命——都拿出来,他就永远不会放弃抵抗,而且只要敌手有一个比较有限的目标,就无疑会取得胜利。一个民族,哪怕在其最高代表和统帅那里也能凝神注意精神世界的面貌——独立自主,并像我们最古老的祖先那样,受到对于它的爱的吸引,那么,这个民族就必定会战胜那种像罗马军队一样只被当做实现外族统治欲望和奴役独立民族的工具的民族；因为前者必须失去一切，而后者只须赢得一些东西。但是，甚至连一个古怪的念头都会战胜这样一种思维方式，这种思维方式把战争看做会有一时的输赢的赌博，在开始赌博之前就已经确定好自己想在牌上压上多少筹码。比如，请你们想一想穆罕默德，——不是历史上那个真实的穆罕默德，我承认我对他不必作任何评论，而是一位著名的法国诗人笔下的穆罕默德[70]。他曾经坚定地认为，他是天生的非凡人才之一，这种人是受命领导大地上蒙昧的、卑劣的民族的，根据这个首要前提，他的一切想法不管实际上是多么可怜和多么有限，就因为它们是他的，在他看来也必然都是伟大的、庄严的和使人幸福的思想，而一切反对这些思想的民族在他看来必然都是蒙昧的和卑劣的民族，是他们自己的幸福的敌人，是思想恶劣、值得憎恶的人。于是，为了在自己面前把他的这种自命不凡论证为上帝的呼唤，并把他的整个一生都完全献给这
(I,10,209) 一思想，他必须把一切都投上去而不得安歇，直到他把所有不愿像他自己那样把他想象得那么伟大的人都践踏掉，直到所有同时代的人都会向他反映出他自己对他负有的神圣使命的信念。我不想说，如果真有一种真实存在的和自身清晰的精神面孔进入赛场跟他比赛，他会有什么下场，但他肯定会赢那些投注有限的赌徒，因为他投入了一切跟他们去赌，而他们则没有投入一切；没有什么精神在驱动他们，而他则受到一种狂热精神——他那强大有力的自命不凡的驱动。

从这一切可以得出结论，国家单纯作为对于通常的和平进程中前进的人类生活进行治理的机构，并不是第一位的和独立存在的东西，而只是在这一民族中实现纯粹人性的永远均衡的发展这

个较高目的的手段;只有对于这种永远的发展的预感和热爱,是应当在宁静时期也对国家管理工作不断进行更高的监督的东西,并且在民族独立濒于危险的时刻,也是唯一能够拯救民族的东西。在德意志人那里,在那些作为一个本原民族的人们当中,这种对祖国的爱是可能的,并且如我们确信知道的那样,直到现在也是真实的,所以,具有这种爱的人直到现在都可以怀着高度的信心,信赖其最重要的事务是可靠的。就像还在古代希腊人那里一样,在德意志人这里国家和民族甚至也是彼此分离的,每一方都是独立地体现的,前者体现于特定的德意志帝国和各个诸侯国,后者以可见的方式体现于帝国联盟,以不可见的方式体现于大量的习俗和建制,这不是根据一种成文的法律生效的,而是根据一种活在人人心中的法律生效的,并且其结果处处都历历在目。在一切讲德语的地区,每一个在这一地区见到阳光的人都能把自己看做双重意义上的公民,一方面看做他的出生国家的公民,这个国家首先向他表示关怀;一方面看做德意志民族的整个共同祖国的公民。每一个人都得到允许,在这个祖国的整个大地上寻找与自己的精神最接近的那种教育或对自己最合适的活动范围;天赋的才能并不像一棵树那样长在自己所处的位置,而是可以寻找自己的位置的。谁通过自己的教育采取的方向同自己最接近的环境分离开,谁就很容易在别处找到愿意接受他的人,找到新的朋友来代替失去的朋友,找到时间和宁静,以进一步说明自己,也许甚至赢得被惹恼的人,并同他们和解,从而使全体达成一致。没有一个德意志人出身的君主从来都能于其在位时期,在自己统治的山河以内为其臣民
们标明祖国的界限,把他们看成是被束缚在土地上的。在一个地 (I,10,210)

方不得表达的真理，可以在另一个地方得到表达，在这个地方也许正好相反，是禁止别处允许的东西的；所以，尽管在一些特定的国家有不少的片面性和狭隘性，但在作为一个整体的德国，还是存在着一个民族曾经拥有的研究真理、传播真理的最高自由[71]；而较高的文化到处都曾经是，并且一直是从一切德意志国家的公民的相互作用中产生的成果，这种较高的文化后来也以这种形式逐渐下达于广大的民众，使民众一直继续在总体上自己教育自己。正如已经说过的，任何一位执政的德意志人都不会贬低德意志民族延续的这个根本保证；尽管就其他原初的决定来说，没有经常发生更高的德意志人的祖国之爱必定期望的东西，但至少没有出现直截了当地反对这样一位德意志人的事情，人们没有试图削弱那种爱，将它消灭掉，以一种相反的爱取代它。

但是，如果那种较高的文化和民族的政权原初拥有的领导作用——它也只是为了那种文化及其延续才可以被用作目的——，即德意志人的财产和德意志人的鲜血的使用，从德意志人的心灵管辖的领域进入另一个管辖领域，那将必然产生什么结果呢？

正是在这里首先需要有我们在第一讲中所要求的那种不愿对自己的事务发生迷误的倾慕，需要有愿意看到真理和承认真理的勇气；就我所知，这个地方也还总是允许我们用德语相互谈论祖国，至少允许我们对祖国叹息；而我相信，如果我们从我们自己中间过早发布一种禁止这么做的命令，给在此以前无疑已经动议作这种冒险的勇气套上一种让个人畏缩不前的枷锁，我们就做得不妥了。

(I,10,211) 既然如此，你们也就把假定的新暴力描绘得像你们希望的那样善良和友好吗？把它描绘得像上帝一样美满吗？你们也能给它安装上上帝的理智吗？即使它非常认真地希望一切人都享有至福和安康，它能理解的最高的安康也会是德意志人的安康吗？因此，我希望，我今天向你们演讲的要点已经完全被你们理解了；我希望，在场的很多人已经思考过和感觉到，我只是清楚地表达了和用言辞讲出了一直放在你们心里的话；我希望，有朝一日会读到这篇东西的其他德意志人也会有这样的感受；在我之前，也有许多德意志人大致讲过类似的话；那种信念已经给不断表示出来的这种反对国家的单纯机械安排和估算的活动模糊地奠定了基础。现在，我要求所有了解外国近代文献的人向我证明，哪个近代的哲人、诗人、立法者曾表露过一种与此类似的、把人类看做永远进步的预感，并把自己在时间中的一切活动只同这种进步联系起来；甚至在他们最勇敢地奋起，要在政治上有所作为的时候，是否有哪个人，除了向国家要求废除不平等，要求内部的和平和外部的民族荣誉，并且在提得最高的时候要求家庭幸福，还要求过更多的东西吗？就像人们从所有这些显示中必定会得出结论那样，如果这是他们的最高要求，他们也就不会认为我们对生活有更高的需要和更高的要求，而且他们总是假定自己对我们怀有那种行善的意向，而不存在任何自私自利之心和任何想要胜过我们的欲望，因而认为，如果我们找到唯独他们知道值得追求的一切，他们就已经对我们操够了心。但在这以后，那种唯独使我们当中的高贵者愿意生活的东西却被清除出了公众的生活，而那些始终表示愿意接受高贵者的鼓励的民众——人们甚至可以根据他们人数众多而期望他们崛起，也上升到那种高贵的地位——一俟他们受到的待遇与那些人 (I,10,212)

享受到的待遇一样，就在与低等民族的同流合污中被降低了等级，受到了贬谪，被清除出了事物的序列。

谁身上还仍然生动有力地抱有那种对生活的更高要求，抱有对自己的神圣权利的感情，谁就感到自己深怀不满地被迫倒退到了基督教的最初时代，在那个时代，人们曾说："你们不应当反抗恶行，如有人打你的右脸，你就把左脸也递给他，如果有人想拿走你的上衣，你就把大衣也让给他"；[72]这一说法是有道理的，因为只要他看见你还有一件大衣，他就会为了把大衣也从你手里拿走而设法向你寻衅，直到你一丝不挂了，你才能躲开他的注意力，才能在他面前获得安宁。正是他那种使他受到尊敬的更高贵的心灵给他把地球变成了地狱和令人厌恶的东西；他但愿自己没有出生，他但愿自己的眼睛越早闭上，不再见天日越好，无尽的悲哀笼罩着他的日子，直到他进坟墓；他无法祝愿自己所爱的人有更好的才能，而只愿他们头脑迟钝，容易知足，这样他们就能少受点痛苦，生活下去，迎向坟墓彼岸的一种永恒生活。

在运用其他手段都徒劳无益之后，使用这种唯一还剩下的手段，阻止这么毁灭将来在我们中间爆发的任何高尚冲动，阻止这么贬低我们的整个民族，就是这些演讲向你们提议的。这些演讲向你们提议，在把我们的民族理解为一个永恒的民族和我们自己的永恒生活的保证以后，通过教育，把对祖国的真正的和万能的爱深深地、不可磨灭地建立在一切人的心中。哪种教育能够做到这一点，用什么样的方式做到这一点，我们将在以后的演讲中看到。

第九讲　新德意志民族教育应当同现实中存在的哪个点连接起来？ (I,10,213)

通过我们的上一讲，许多在第一讲中预示的证明都已经作出和完成。我们曾说，目前要谈的只是毫不迟疑地拯救德意志人的生存和延续，这是首要的任务；一切其他差别都由于从更高的角度通观全局而消失了，而这并不会妨碍某人认为自己应当承担的特别义务。只要国家和民族之间造成的差别对我们现在仍然存在，那就很清楚，这两者的事务即使在以前也决不可能发生冲突。就德意志民族的全体人民而言，对祖国的高度热爱无论如何必须和应当在每一个特定的德意志国家中占有最高的主导地位；这些国家中的任何一个国家，如果不想疏远一切高尚的和有才干的人，从而加速自己的毁灭，就不得忽视这件更高的事务。因此，一个人越是被这件更高的事务所吸引和振奋，这个人对他能直接发挥作用的那个特定的德意志国家也就越是一位好公民。各个德意志国家可能就传承的特殊优先权发生过争执。谁希望这种传承的状况继续下去——毫无疑问，每一个有理智的人都必定为了进一步的结果，希望这种状况继续下去——谁就必定期望，正义的事业无论在谁手里都会取得胜利。看来顶多会有一个特定的德意志国家，谋求整个德意志民族统一于它的治理之下，实行集权专制，取代传承下来的各个部族的共和政体。像我确实认为的那样，恰恰这种共和体制迄今一直真的是德意志文化的首要源泉，是保障它的独特

性的优异手段，所以，假如建立的统一政府本身真的没有采取共和政体的形式，而是采取了君主政体的形式——在这种形式下，当权者毕竟有可能于其有生之年在整个德意志大地上压碎任何一棵本原文化的萌芽——那么我说，在这种情况下，如果这一图谋获得成功，如果每个高尚的人都必须在整个共同的大地上对它进行抵制，
(I,10,214) 这对德意志人的热爱祖国的事务就诚然会是一个很大的不幸。然而，即使在这种最糟糕的情况下，也毕竟总是会有一些德意志人，他们能统治德意志民族，真正领导它的事务；而且即使独特的德意志精神会暂时丧失，也毕竟会存在着这样的希望：这种精神将重新觉醒，在整个大地上，每一个更有力量的人都能期望找到听众，并让别人理解自己；毕竟总会有一个德意志民族维持其生存，它会自己治理自己，而不会在另一种低级的生存状态中没落下去。在这里，德意志人对民族的爱本身或者在德意志国家中居于掌舵的地位，或者能够靠自己的影响达到掌舵的地位，这在我们的估计中总是重要的。但是，根据我们以前的假定，如果这个德意志国家——不管它是作为一个国家，还是作为许多国家出现的，这都无关紧要，实际上它还是一个——完全脱离德意志人的领导，而落入外国人的领导，那么我说，可以肯定，从现在起起决定作用的将不再是德意志人的事务，而是外国人的事务，相反的情况则似乎是违反一切天性的和绝对不可能的。德意志人的全部民族事务，凡在它迄今拥有自己的位置和依靠国家掌舵而得到体现的地方，都会被排挤出去。如果它在地球上现在不应这么被完全消灭，就必须为它准备另一个可供逃避的地方，而这就是在被统治者那里唯一剩下的地方，即在公民中间。但是，假如它已经存在于公民或大多数公

民那里，我们便根本不会进入我们现在商讨的这种情况；所以，它并不存在于他们那里，而是必须先将它带入他们中间，换句话说，大多数公民必须受到这种爱国主义思想的教育，而且为了确保这大多数人，必须在全体公民中设法进行这种教育。这样，就同时直截了当地和清楚地作出了一个同样在先前预示过的证明，这就是：能够拯救德意志的独立性的，绝对仅仅是教育，而不是其他可能拥有的手段；如果人们到现在还没有能力理解我们这些演讲的真正内容和意图，理解我们的言论表达的意思，那么，这无疑不可能是我们的过错。

简而言之，在我们的前提下，未成年人总是缺少父亲和亲友这样的保护人，取而代之的是主人；如果那些未成年人不应干脆成为奴隶，他们就必须脱离这种监护，而且为了能做到这一点，他们必须首先被教育成为成年人。德意志人对祖国的爱已丧失自己的位

置；它应当获得另一个更深、更广的位置，在这一位置上安宁地隐 (I,10,215)
居，建立根基，经受锻炼，在时机成熟时迸发出青春力量，也把丧失的独立性还给国家。不仅外国人，而且我们自己当中那些目光短浅、心胸狭窄和悲观沮丧的人，也都可能对这个位置的获得泰然自若；为了使他们完全得到安慰，人们可以向他们保证，他们全都不会经历这类事情，将来经历这类事情的时代会与他们有不同的想法。

无论这个证明的各个环节怎样环环相扣，它是否也会感动其他人，激发他们去行动，则首先取决于这种像我们描述为德意志人的独特性和德意志人对祖国的爱的东西是否存在，这种东西是否值得保持和追求。不言而喻，在我们境外的或我们境内的外国人对这个问题的回答是否定的；但我们也没有召他们一起来商讨。此外，在这里必须说明，对这个问题的判定绝不是以概念证明为根据的，这种证明诚然在这里很清晰，但对现实的生活或价值问题根本无法作出答复，相反地，这些问题只能通过每个人对生活本身的直接经验得到证明。虽然在这种情况下几百万人都可能说不存在这种东西，但这也不过是说，仅仅在他们中间不存在这种东西，而绝不是说根本不存在这种东西，如果有唯一的一个人出面反对这几百万人，并且保证说这种东西是存在的，他就与所有这些人相反，是说得正确的。我现在正在讲话，因而没有什么东西阻止我在这种情况下成为这个唯一的人，而这个人保证说，他从他自身的直接经验中知道，像德意志人对祖国的爱这种东西是存在的，他了解这种东西的无限价值，唯独这种爱驱使他不顾一切危险，说出他已经说的和还将说的话。因为我们目前除了讲话，已一无所能，而且甚至连讲话都受到种种阻碍，正在被弄得失去活力。谁有同样的感受，谁就会信服；谁没有这种感受，谁就无法信服，因为我的证明只是建立在有同感的前提之上的；在没有同感的人身上，我的言语则白费口舌，但谁不想用像言语这样微不足道的东西来冒险呢？

我们已经在第二讲和第三讲中概括描述了我们期望能拯救德意志民族的那种特定的教育。我们把这种教育称为人类的彻底改造。在这里把对于整个演讲再次作出的概观同这个称谓结合起来，将是很合适的。

(I,10,216) 迄今为止，感性世界通常都是被看做完全本原的、真实的和真正持续存在的世界，最先向受教育的学子展示的就是这个世界；学子是从这个世界才被引向思维，而且大多数是被引向对这个世界的思维，是为这个世界服务的。新的教育正是要把这种秩序颠倒过来。对它来说，只有被思维把握的世界才是真实的和真正持续存在的世界；它想从一开始就把自己的学子引入这一世界。它只想把学子们的全部爱和全部愉悦同这一世界联系起来，使得生命必然唯独产生和出现在他们的这个精神世界里。迄今为止，在多数人中间只有肉体、物质、自然力量是活着的；通过新的教育，在大多数人中间，甚至不久就在所有的人中间，将只有精神是活着的，并驱动着人类；这种坚定、确实的精神从前被说成是建制良好的国家唯一可能的基础，现在应当得到普遍的培养。

通过这样一种教育，就无疑达到了我们最初为自己设定的、我们的演讲由以出发的那个目的。那种需要加以培养的精神本身直接体现了对祖国的高度热爱，它把它的尘世生活理解为永恒的生活，把祖国理解为这种永恒生活的载体，它如果要在德意志人当中建立起来，就会把对德意志祖国的爱理解为自己的必然组成部分，在自身直接体现出来；从这种爱中自然会产生出保卫祖国的勇士和安分守法的公民。通过这种教育达到的，甚至还会超过这个切近的目的；凡在人们想用彻底的手段达到一个伟大目标的地方，情况也总是这样；一个完整的人将在他的各方面都臻于完善，在内部变得圆满无缺，在外部变得十分干练，可以达到他在时间过程和永恒状态中的一切目的。精神的本质把我们完全摆脱一切压迫我们的苦难的解救工作同我们光复民族和振兴祖国的事业不可分割地联系在了一起。

我们主张有这样一种纯粹的思想世界，甚至主张它是唯一可能的世界，而在另一方面完全抛弃了感性世界；有人对此愚钝地表

示惊讶，或者根本否定纯粹的思想世界，或者单纯否定大多数民众甚至都能被引入这个世界的可能性。这些看法我们在这里都不必再谈了，我们以前已经全部驳斥过它们。如果谁还不知道有一个思想世界，他可以在这时到别处用现有的方法学习我们的这些主张，我们在这里可没有时间把这些主张教给他；但是，甚至大多数
(I,10,217) 民众怎么都能被提高到这个世界，这却正是我们现在想表明的。

现在，根据我们自己考虑妥当的想法，这样一种新教育的设想决不能被看作是单纯为了训练敏锐头脑或能言善辩而树立的图景，而是应当立即加以实施，并且被引入生活，所以，我们要首先说明，这个设想的实施应当同现实世界中已经存在的哪个环节连接起来。

我们对这个问题的回答是：它应当同约翰·海因利希·裴斯泰洛齐[73]所发明和倡导，并且在他的眼下已经实施成功的教学联系起来。我们现在想进一步深入论证和详细规定我们的这一判定。

首先，我们已经阅读和认真思考过这个人本身的著作，从这些著作出发形成了我们对他的教学和教育方法的看法；但关于各种学术动态刊物对这一事物的报道和评论，关于它们对评论所作的评论，我们毫无所知。我们之所以说明这一点，是为了向每一个同样渴望了解这一事物的人推荐这种方法，以免南辕北辙。同样，我们至今也不想看到什么真正实施的东西，这决不是由于不重视，而是因为我们想先对这位发明者的真实意图获得一个坚实、可靠的看法。实施可能经常落后于意图，但从这种看法中却可以自然而然地产生出对实施情况和必然结果的看法，而无须做任何试验，并

且我们只有具备了这一看法，才能真正理解和正确评价实施情况。如果像一些人认为的那样，这种教学也已经在某些地方蜕变为一种盲目的、经验的摸索，蜕变为空洞的游戏和卖弄，那么，我认为，这位发明者的根本概念至少在这方面是完全无辜的。

这个人本身的独特性，正像他在他的著作中用最忠实、最富于 (I,10,218)
情感的坦诚说明的那样，首先向我保证了这一根本概念。以他为例，就像以路德为例一样，或者，如果还有跟他们相同的其他人的话，也像以另一个人为例一样，我能够说明德意志精神的基本特征，并令人高兴地证明，这种精神的全部奇妙力量直到今天还在讲德语的人的范围内起着支配作用。他也经历了艰难的生涯，在与一切可能的阻碍进行的斗争——在内部是同自身的冥顽和迟钝作斗争，即使自己极少备有学者教育最常用的辅助手段，在外部是同长期的错误判断作斗争——中，力求达到一个单纯预感到的、他本人并没有完全认清的目标，并受到德意志人的一种不可战胜和威力无比的冲动的支持和驱使，而这就是对可怜的、无人关心的民众的爱。这种威力无比的爱使他像路德那样成为这种爱的工具，只不过这是在另一种合乎他的时代的方面；这种威力无比的爱变成了他生命中的生命，是他这种生命的坚定的和不可移易的向导；这个向导虽然是他本人所不知道的，却指引他的生命穿越了包围他的一切黑夜；由于这样一种爱不可能不得到报偿就从地球上退出，这个向导也使他的晚年凭他真正在精神领域里作出的发明而获得了最大的盛誉，而这种发明的成就远远超过了他过去最勇敢地期望得到的成就。他的确只想帮助民众，但他的发明如果完全得到推广，却将扬弃民众，扬弃民众与有教养阶层之间的全部差别，不

会提供所要寻求的民众教育，而会提供民族教育，并且很可能有能力帮助各民族和全人类走出现在所处的苦难深渊。

他的这种根本概念在他的著作[74]中非常清晰和明确无误。首先从形式方面来看，他并不想要迄今为止的任意性和盲目摸索，相反地，像我们想要的那样，像德意志的彻底精神必定想要的那样，他想要一种坚实的和计算得很可靠的教育方法；他非常坦白地谈到，法国人那种认为他想把教育机械化的说法怎样帮助他在这一目的上走出了梦境。从内容方面来看，我所述的新教育要激发和
(I,10,219) 培养学子们的自由精神活动，要激发和培养他们的这样一种思维，在这种思维中，他们的爱的世界以后会向他们展开，这就是这种教育的首要步骤；裴斯泰洛齐的著作出色地探讨了这个首要步骤，我们对他的根本概念的检验首先涉及这一课题。在这一方面，裴斯泰洛齐指责迄今的教学只是使学生坠入云雾和幻影之中，而从未让学生达到真正的真理和现实，这跟我们批评这种教学不能影响生活，也无法形成生活的根基，是相同的；裴斯泰洛齐倡导的辅助方法，是将学子们引入直接的直观，这跟我们倡导的方法，即激励学子们的精神活动去构想各种图像，让他们只在这种自由的构想中学到他们学习的一切东西，也是相同的，因为只有对于自由的构想才可能有直观。以后所说的实践将证明，这位发明者确实是这样认为的，而决不把直观理解为那种旨在盲目探索、盲目捉摸的知觉活动。这种通过教育激发学子们去直观的方法同样完全正确地提供了一条普遍的和影响深刻的规律，即在这方面与发展儿童的各种力量的起点和进程并驾齐驱。

(I,10,220) 另一方面，裴斯泰洛齐的这种教学计划在加以表达和加以推

荐时的全部失误都有一个共同的根源，那就是：一方面有一种在开始的时候想要达到的可怜的和有限的目的，即在整个计划原封不变的前提下，给特别受到忽视的民众的孩子们提供最急需的帮助，另一方面有一种要达到一个更高目的的手段，这两者是相互混淆和矛盾的；如果人们放弃前者，放弃一切从重视前者而来的东西，而只坚持后者，循序渐进地贯彻后者，人们就保证不会发生任何错误，而获得一个完全自相一致的概念。在裴斯泰洛齐的爱心中，他对阅读和写作估计过高，把它们几乎树立为民众教育的目标和顶点，他对一千年来认为它们是教育的最佳辅助方法毫无成见地加以相信，这无疑只是产生于这样的期望：尽快让那些最贫困的孩子离开学校就业，但还是要让他们掌握某种方法，使他们能够补上中断的课程；因为不然的话，他一定已经发现，恰恰这种阅读和写作至今都是把人们裹在云雾和幻影中，使他们自命不凡的真正工具。因此，与他的直接直观的原则相矛盾的其他许多建议，特别是他把语言当做一种手段的完全错误的看法，也无疑促使我们这一代人从晦暗的直观上升到清晰的概念[75]。就我们的立场而言，我们谈到的并不是同高等阶层相对立的民众的教育，因为我们根本不希 (I,10,221)
望再有这种意义上的民众，即低贱的和卑鄙的暴民，为了德意志的民族事务，这种暴民也不再能让人忍受，相反地，我们谈到的是民族教育。一旦进行民族教育，那种亟欲很快结束教育，立刻又让孩子干活的可怜愿望必定根本不再会有生气，而是在开始商讨这件事务的时候就立刻被抛弃了。诚然，这种教育在我看来不会花费很多，各个教育机构将大都能够维持自己，工作也不会遭受什么损失——关于这种情况，我将在适当的时候说明我的看法；但是，即

使情况不是如此，在教育结束和可以结束以前，学子们也必须冒着一切风险，一直无条件地接受教育。那种半途而废的教育并不比根本没有教育更好；它使一切都毫无改观；如果有人想要它，他真不如连这一半也省掉，从一开始就直截了当地宣布，他不希望人类得到帮助。在那种前提下，只要半途而废的教育继续存在，阅读和写作在单纯的民族教育中就毫无益处，反而很可能成为有害的，因为这会容易把人从直接的直观误导至单纯的符号，从全神贯注误导至精力涣散。全神贯注的人知道，如果自己不现在立刻理解，自己就什么都不会理解，而精力涣散的人则满足于抄写，想在某个时候从纸上学到自己很可能永远不会学到的东西。这就像迄今发生的情况那样，会容易完全误导至那种在同字母打交道时经常伴有的梦想。只有到教育完全结束的时候，才能把这些技艺作为教育的最后一件礼物带着上路，传授它们，才能通过分解学子们早已完全掌握的语言，引导他们发现和使用字母；对于已经获得其他培养的学子们来说，这会成为一种游戏。

单纯的和普通的民族教育就是如此。对未来的学者而言，情况则有所不同。将来总有一天，他们不只应当说出他心中所想的普遍生效的东西，而且也应当在孤独的思考中把他心中隐藏着的、他本人没有意识到的和独特的深邃东西提高到语言之光中。因此，他必须早一点借助文字掌握并学会构造这种孤独的，但仍然有声的思考的工具；但是，他也不要像迄今的那样操之过急。这一点将在区别单纯民族教育和学者教育的地方适时得到更清楚的说明。

(I,10,222) 按照这一看法，这位发明家关于声音和言语作为发展精神力量的手段所说的一切都必须加以纠正和限制。我的这些演讲的计划不允许我就此一一作出具体评述。我只再作出以下一个涉及他的整个核心思想的评述。他为母亲们写的书[76]，包含着他阐发一切知识的基础，因为他特别对家庭教育抱有很大期望。首先是关于家庭教育本身，我们诚然绝不想就他对母亲们所抱的希望同他发生争执；但是，关于我们的民族教育的更高概念，我们则坚信，这种教育，特别是在劳动阶层的家庭里，如果不把孩子们同双亲完全分开，则完全不可能开始，也不可能继续或完成。那种日常生活的压力和担心，那种由此而来的斤斤计较和利欲，必然会感染给孩子们，拖他们的后腿，妨碍他们自由地飞向思想的世界。这也是实行我们的计划所必要的和绝不能免除的前提之一。如果整个人类在以后的每一个时代都像在以往的时代那样重复自己，我们则必定足以看到结果如何；如果应当对人类进行一次彻底的改造，人类则必须同自身作一次彻底的决裂，在自己传统的生活中造成一个截然分离的转折点。只有在一代人受过新的教育以后，我们想把哪一部分民族教育托付给家庭的问题，才能加以商讨。——如果现 (I,10,223)
在不考虑这一点，而把裴斯泰洛齐写给母亲们的书仅仅看作是教学的首要基础，那么，把孩子的身体作为教学的内容也是完全失误。他是从非常正确的论点出发的，即孩子的认识的第一个对象必定是孩子自己，但是，难道孩子的身体就是孩子自己吗？如果这必须是人的身体，那么，母亲的身体对孩子来说不是更接近和更可见得多吗？孩子没有首先学会使用自己的身体，他又怎么可能得到一种对自己的身体的直观认识呢？那种认识不是什么认识，而只是任意的文字符号的背诵，它是由于对讲话的过高估计而引起的。用裴斯泰洛齐的话来形容，教学和认识的真正基础是感觉的

ABC。当孩子开始听语言的音调并且自己勉强发音的时候，必须引导孩子完全弄清楚：他是饿了还是困了，他是看到了用种种语词描述的、他当前出现的感觉，还是听到了这种感觉，或者只是联想到什么感觉；你必须引导孩子完全弄清楚：对同一种感官的那些用特定语词描述的不同印象是如何不同的，是在怎样的层次上不同的，比如不同物体的各种颜色、各种声音等等；所有这一切都必须按照合乎规律地发展感觉能力本身的正确次序加以引导。只有这样，孩子才获得一个自我；孩子在自由的、经过深思熟虑的概念中分离出自我，并用这种概念钻研自我，而且一俟孩子醒悟到生命，他的生命就备有一只精神的眼睛，这只眼睛从这时起再也不会离开他的生命了。这样，大小和数字这些本身空洞的形式也就为以后的直观训练获得了它们的清楚地认识到的内在内容，而这种内容在裴斯泰洛齐的做法中也只能是由模糊的爱好和强制附加给它们的。关于这一点，在裴斯泰洛齐的著作[77]里出现了他的一位教师的一段值得注意的自白，这位老师知道这种做法以后，就开始只

(I,10,224) 看到变空的几何物体。如果不是精神的本质在不知不觉地防止这种情况发生，所有的学子都必定会经历这一做法。在这里，在这样清楚地理解真正感觉到的东西时就有这么一个地方，在这个地方，虽然不是语言符号在培养人，却是讲话本身和对别人说出自己的意思的需要在培养人，并把人从模糊和混乱的状态提高到清晰和明确的状态。孩子周围的自然力量造成的一切印象也同时涌入刚刚醒悟的孩子的心中，这些印象搅在一起，形成一片模糊的混沌状态，在这片混沌状态里，没有任何单个的东西从普遍的麇集中显露出来。孩子究竟应当怎样走出这种模糊呢？他需要别人的帮助；

但除了明确说出自己的需要，对已经记录在语言中的近似需要加以分辨，他便无法用任何其他方法获得这种帮助。他不得不根据那些分辨的引导，返回来注意自身，以发现自己真正感觉到的东西，把这种东西同自己也知道，但在当下没有感觉到的东西加以比较和区别。这样，才在他心里分离出一个经过深思熟虑的和自由的自我。现在，教育应当依靠经过深思熟虑的和自由的技艺，继续走这条由我们的急需和天性开辟的道路。

在针对外在事物的客观认识的领域里，熟悉文字符号完全不能给认识者本身的内在认识的清晰性和明确性增添任何东西，而只是将这种认识提升到一个可向别人传达的完全不同的领域。那种认识的清晰性完全建立在直观之上，而且人们在想象力中能够随意地、如实地再现其一切部分的那种事物已经被完全认识到，而 (I,10,225) 不管人们是否拥有表示这种事物的词汇。我们甚至坚信，那种直观的完成必定是在熟悉文字符号以前，相反的道路则恰恰引向那种幻影和迷雾的世界，引向早先的那种夸夸其谈，而这两者都是裴斯泰洛齐有理由深恶痛绝的[78]；那种只想到越早知道词汇越好，认为自己一旦知道词汇就增加了知识的人，正是生活在那种迷雾世界里，只操心这种世界的扩大。我在完整地把握这位发明者的思想体系时认为，这种感觉的 ABC 正是他作为精神发展的首要基础，作为他写给母亲们的书的内容所追求的东西，正是在他对语言的一切论述中模糊地浮现在他眼前的东西；可是他对哲学缺乏研究，这就妨碍了他本人完全弄清楚这个问题。

现在，如果把认识主体本身在感觉基础上的这种发展设定为前提，把它作为我们所谋求的民族教育的首要基础，裴斯泰洛齐的

直观的 ABC，即他关于数字和大小的关系的学说，就是完全合乎目的的和出色的成果。能同这种直观相联结的是感性世界的任意一个部分，这种直观可以被引入数学领域，直到学子们通过这些预习受到足够的训练，以便引导他们描绘出人类社会秩序的蓝图，引导他们热爱这种秩序，这是培养学子们的第二个步骤，也是重要的一步。

在教育的第一部分也不能忽视裴斯泰洛齐同样倡议的另一个课题：学子们的身体技能的发展，这种发展必须同精神的发展齐头并进。他要求的是技艺的 ABC，也就是身体能力方面的 ABC。他关于这方面的最突出的言论是这么说的："锤打、负重、投掷、撞击、牵拉、旋转、角斗、跳跃等等是最简单的体力训练。从这些训练的开始到技艺的完善，也就是到最高级的神经活动节奏，有一个合乎自然的次序，这种最高级的神经活动节奏可以保证锤打和撞击、跳跃和投掷的千变万化，使手脚的动作不出差错。"[79]在这里，一切都取决于合乎自然的次序，用盲目的任意性加以干涉和引入任意一
(I,10,226) 项练习，都不足以使我们能说，我们也像希腊人那样有体育。在这方面，现在还有种种事情要做，因为裴斯泰格齐没有提供技艺的 ABC。这是必须首先提供的，而这就需要有一个既精通人体解剖学，也精通力学科学的人，这个人想必将高度的哲学精神与这些知识结合在一起，想必有能力发现人体依靠的那种在各方面都臻于完善的机械作用过程，说明这种机械作用过程怎样能逐渐从每个健康的人体用这样的方式发展出来：每一个步骤都出现在唯一可能的正确顺序中，每一个步骤都为未来的一切步骤作了准备，使它们容易出现，这样，身体的健美和精神的力量不仅不会受到损害，

而且甚至会得到加强和提高。无须作进一步的提示，对于许诺要造就完整的人的教育，特别是对于为民族而确定的教育，体育部分也显然是必不可少的，这种教育应当恢复自己的独立性，并在今后保持自己的独立性。

为进一步规定我们对德意志民族教育的概念还要继续讲的东西，我们留到下一讲。

第十讲　对德意志民族教育的进一步规定[80]

(I,10,227)

新的德意志民族教育的第一个主要部分是，指导学子首先明了自己的感觉，然后明了自己的直观，与此同时，必须循序渐进地对他们的身体从技艺方面进行培养。关于直观的培养，我们有裴斯泰洛齐所作的合适的说明；现在还缺乏关于培养感觉能力的说明，裴斯泰洛齐和他那些首先对解决这一课题负有使命的同事们，也将会轻而易举地作出它。当然，现在还缺少关于循序渐进地培养体力的说明；但为解决这一课题所要求的东西是已经说明了的，而且可以希望，如果德意志民族会表现出寻求这一解决办法的欲望，那就会有解决的方法。教育的整个这一部分只是过渡到教育的第二个重要部分，即过渡到公民教育和宗教教育的措施和预习。目前关于这一点还需要概括讲的东西，已经在第二讲和第三讲中讲过了，我们在这方面没有什么需要补充的。对这种教育的技艺给以一定的说明，同样是倡议德意志民族教育的那种哲学的事情，不言而喻，这总是要听取裴斯泰洛齐原来的教育技术的建议并与

之进行磋商的；一旦由于完成了第一部分的训练而产生了对这样一种说明的需要，这种哲学就会不失时机地提供这一说明。将来有可能，由于出身的贵贱确实不会造成天赋上的差别，因而每一个学子，哪怕出身于最卑贱的阶层，都会理解，甚至轻而易举地理解关于这些内容的课程，如果人们愿意的话，这种课程诚然包括最深奥的形而上学，并且是最抽象的思辨的成果，而目前，甚至学者和自身具有思辨头脑的人都不可能理解这些东西；对于将来怎么可能有这种情况，但愿人们暂且不要反复怀疑，变得疲倦不堪；只要人们在考虑到第一步的时候愿意跟上，以后经验就会证实这种情况。只是由于我们的时代被完全束缚在空洞概念的世界里，在任何地方都没有进入真正现实的世界和直观的世界，我们才无法要求它恰恰在等级最高、智慧最高的直观方面，在它已经聪明得无与伦比以后，能开始直观。哲学必须要求我们的时代放弃它迄今为止的世界，为自己创造一个完全不同的世界，而如果这种要求依然毫无结果，这并不奇怪。但是，接受我们的教育的学子却从一开始就熟悉了直观的世界，而且从来没有见过另一个世界；他们不必改变自己的世界，而只需提高它，而且这种提高是会自行发生的。正如我们在上面已经指出的，那种教育同时是唯一可能的哲学教育，并且是普及哲学的唯一方法。

(I,10,228)

教育是以这种公民教育和宗教教育结束的，学子也要以这种教育结业，这样，我们首先就会完全弄清楚所倡议的教育的内容了。

如果不同时激发起学子对于所认识的事物的爱，就必定永远不会激发起学子的认识能力，因为否则，知识就是僵死的，同样，如果他们对知识不清楚，也就必定永远不会激发起这种爱，因为否则，这种爱就是盲目的。这是我们所倡议的教育的基本原则之一，根据裴斯泰洛齐的整个思想体系，他必定也同意这一基本原则。在循序渐进的教学过程中，对这种爱的激励和发展自然而然地与感觉和直观结合在一起，而且无须我们的任何谋划或助力就产生出来了。孩子具有一种追求清晰和秩序的自然冲动；这种冲动会在那种教学过程中不断得到满足，从而使孩子充满喜悦和兴趣；但在满足的过程中，孩子会再受到新出现的模糊东西的刺激，从而继续得到满足，这样，生活就沉浸到对于学习的爱和兴趣当中去了。这是使每一个人与思想世界联结在一起的爱，是感性世界和精神世界的纽带。通过这种爱，会产生认识能力的轻松发展和科学领域的成功研究，这在这种教育中是肯定的和估计到的，而在迄今为止的教育中则是偶尔在少数具有特别出色的头脑的人中才会有的。

但是，还有另外一种爱，这种爱将人与人联结在一起，将所有的个人联合成为一个唯一的、具有同样思想的理性共同体。如果说那种爱培养知识，这种爱则培养付诸行动的生命，并促使人们在自身和在别人身上体现所认识到的东西。既然单纯改善学者的教育对我们本来的目的会帮助甚少，而且我们所谋求的民族教育首先不是从培养学者出发，而是从培养人出发，那么很清楚，除了发展第一种爱，发展第二种爱也是这种教育的不可免除的义务。

裴斯泰洛齐怀着振奋人心的热情谈到[①]这一课题；但是，我们 (I,10,229)

① 《促进一种适合于人类天性的教育方法的观点、经验和措施》，莱比锡 1807 年，格莱夫出版社。

还是必须承认，这一切在我们看来丝毫都不清楚，而且最不清楚的是这能用作熟练地发展那种爱的基础。因此，我们很有必要讲出我们自己对这样一种基础的看法。

人们通常假定，人的天性是自私的，孩子生来就有这种自私自利，只有教育才能给孩子培植一种道德动力；这种假定是建立在一种非常肤浅的观察上的，是完全错误的。既然任何东西都不能凭空产生，一种基本的动力无论有多大的发展，都永远不可能将自己变成自己的对立面，那么，如果道德不在接受一切教育以前，本来就存在于孩子的心中，教育又怎么可能有朝一日将道德灌输到孩子的心中呢？所以，道德也的确存在于一切降生到世上的孩子的心中；教育的任务只是要探究表现道德的最原始、最纯粹的形态。

无论是思辨的结果还是全部的观察，都一致认为，这种最原始、最纯粹的形态就是追求尊敬的冲动，从这种冲动出发，才产生了对于作为尊敬的唯一可能对象的道德的认识，产生了对于正义和善良、真实和自制力的认识。在孩子身上，这种冲动最初表现为一种也希望受到自己最尊敬的人的尊敬的冲动；这种冲动通常非常强烈地和坚定地指向严厉的父亲，而不是指向母亲，但父亲经常不在身边，不直接以爱抚者出现，母亲却时时在身边爱抚孩子，这
(I,10,230) 就可靠地证明了爱绝不是源于自私自利。孩子想让父亲注意到，他想得到父亲的赞成；只有父亲对孩子感到满意，孩子才对自己满意。这是孩子对父亲怀有的自然的爱；孩子这么爱他，绝不是把他当做自己的感性幸福的护养人，而是把他当做照出自己有无价值的镜子；这时，父亲本人就会很容易将勉强的服从和每一次自我否定同这种爱联结在一起，孩子则高高兴兴地听话，作为对父亲的衷

心赞成的报偿。属于孩子渴望从父亲那里得到的还有这样的爱：父亲会注意到孩子努力做好孩子，并且承认这一点；父亲让人看出，如果他能够表示同意，这会使他很高兴，如果他必须表示拒绝，这会使他感到内心很难过；他别无所求，只期望能永远对孩子满意，他对孩子的全部要求只有一个目的，那就是使孩子越变越好和越来越值得尊敬；这种爱的景象，又会不断激发和加强孩子的爱，并给孩子的一切进一步的努力提供新的力量。相反地，如果人们在对待孩子的时候表露出自私，比如说，把孩子由于不小心造成的损失当做一项重要罪过加以处置，那么，这种爱就会由于没有受到尊重，或者由于长期受到不公正的和不正确的看待，而遭到扼杀，而且在极其异常的场合，甚至会产生恨。于是，孩子看到自己是被当做一种单纯的工具看待的，而这就使他产生了一种虽然模糊、但并非不存在的感觉，那就是他必须依靠自己获得一种价值。

可以用一个例子来说明这一点。在体罚孩子的时候，究竟是什么东西还要再给疼痛造成羞耻呢？这种羞耻是什么呢？显然，它就是孩子不得不加于自己的自我鄙视的感觉，因为这向孩子证明的是他的父母和教育者不喜欢他。由此造成两种毕竟相互关联的现象：惩罚没有任何羞耻加以伴随，教育就要完蛋；惩罚显得是一种暴行，任何有头脑的学子就都会漠视它，嘲笑它。

以上讲的就是将人们联合为一个思想整体的纽带，它的发展是人的教育的一个主要部分，它决不是感性的爱，而是追求相互尊敬的冲动。这种冲动是以两种方式形成的：在孩子身上，是从对自身以外的成年人的无条件尊敬出发，发展成为一种也想受到成年人的尊敬的冲动，并把他们对自己表示的真正尊重作为衡量自己

也可以在何种程度上尊重自己的标准。这么信赖一个陌生的、存
(I,10,231) 在于我们之外的自我尊重的标准，也是孩童时期和未成年时期所特有的基本特征，把正在成长的年轻人培养为臻于完善的人的一切教导和教育之可能，就唯独是以这种基本特征的存在为依据的。成年人有他们自己的自我尊重的标准，只有当别人首先值得他们尊重的时候，他们才愿意被别人尊重；在他们那里，这种冲动采取了要求能够尊重别人，并在自身之外产生出值得尊敬的东西的形式。假如在人的内心没有这样一种基本冲动，那么，即使只是一个普通的善良人，如果他发现人们比他想象的更坏，也会感到痛心，如果他必须鄙视他们，他就会深感沉痛，这种现象到底是从哪里来的呢？因为自私自利必定会为自己能够骄傲地超过别人而感到很惬意。这时，教育者应当展现出成年时期的这后一个基本特征，正如在学子身上肯定可以估计到前一个基本特征那样。在这一方面，教育的目的恰恰在于达到我们所说的意义上的那种成熟程度，只有当这一目的实现以后，教育才算真正完成和终结了。迄今为止，很多人终生都一直是孩子；他们需要周围的人的赞同，才对自己满意，他们认为，除非周围的人喜欢自己，否则自己就什么事都做得不恰当。人们已经将少数具有坚强有力的性格、能够超然于他人的评判之外而自得其乐的人，同他们作了对照，而且通常都是憎恶这类少数人的；人们虽然不尊敬他们，但还是觉得他们可爱。

一切道德教育的基础，首先是大家要知道孩子有这样一种冲动，并且要坚定地把它设为先决条件；其次是大家要认识这种冲动的表现，并且要适当地激发它，提供一种使它得到满足的材料，从而逐步地、越来越多地发展它。首要的规则，是大家要将这种冲动

对准只适合于它的对象，对准道德，而绝不要用一种与它异样的材料敷衍它。例如，学习本身就有吸引人的东西和回报；努力勤奋最多可以作为一种自我克制的训练而获得赞扬；但是，这种自由的和超过要求的勤奋至少在单纯的、普通的民族教育中几乎找不到位置。因此，学子学习他应当学习的东西，必须被看作是理所当然的事情，对此用不着多谈；即使能力较强的学子学得更快、更好，也必须被看作是纯粹自然的事情，这件事情不会有助于学子本人获得什么赞扬或表彰，更不会掩盖其他缺点。这种冲动的作用范围只 (I,10,232)
应当划定在道德之内；但是，一切道德的根基是自我控制、自我克制，是将自己的自私的冲动从属于整体的概念。学子只有通过这些，而绝不是通过别的什么，才有可能获得教育者的赞扬；为使自己满意，他们需要这种赞扬，而这取决于他的精神本性，是他通过教育养成的习惯。正如我们在第二讲中已经提到的，个人的自我从属于整体，有两种完全不同的方式。首先是绝对必须具备的、对任何人都绝不能予以免除的方式，这就是服从那种单纯为了整体的秩序而制定的宪法。不违背宪法的人只是不招人厌，但绝不会得到赞扬；同理，违背宪法的人则会遭到真正的厌恶和谴责，他在公开场合犯有错误，也必在公开场合遭受谴责，在谴责毫无结果的地方，甚至可以再受到更加严厉的惩罚。其次是个人对于整体的这样一种服从，这种服从不能是强求的，而只能是自愿作出的，其结果是，人们以自我牺牲来提高和增加整体的福祉。为了从青少年时代起就将单纯守法与这种美德的相互关系真正铭刻在学子心中，合适的做法是：只允许那种在一定时期内在第一个方面没有受过任何指控的人作出这种自愿牺牲，这仿佛是对遵守法律的报偿，

而对那种自己还不能十分有把握遵守规则和秩序的人，则不允许他这样做。关于这种自愿贡献的课题在上面已经被概括地指出来，下面还将进一步加以说明。对这种牺牲应给予积极的赞同，对其功绩应给予真正的承认，诚然，这绝不是在公开场合作为称赞——这种称赞可能会败坏人心，使它虚荣，并且可能会使它丧失独立性——作出的，而是在与学子独处时悄悄地作出的。这种承认不应当是别的什么，而只应当是学子自己的、也对学子表现出来的良知，是对学子满意自己和尊重自己的肯定，并且是对他们在今后也信赖自己的鼓励。下面的安排将会极好地促进在这里所谋求的好处。在有许多男女教师的地方——这是我们作为常规预先设定的——每一个孩子都可以在自己的信赖和自己的感觉的促使下，在这些教师中自由地选择一位教师作为特定的朋友，而且仿佛是作为道德顾问。在他感到难以作出正确选择的任何情况下，他

(I,10,233) 都可以到这个人那里寻求劝告；这个人应当通过友好的勉励帮助他；这个人是孩子所承担的自愿行动的知情人；最后，这个人是用自己的赞成使孩子所做的突出事迹得以圆满的人。这时，教育必须通过这些做道德顾问的人，帮助每一个人按照他自己的方式，循序渐进地在自我克制和自我控制方面越来越强；这样，就会渐渐产生坚定性和独立性，而随着坚定性和独立性的产生，教育本身就结束并为将来而取消了。通过我们自己的作为，道德世界的规模最清楚地向我们展现出来，而且这个世界是向谁展开的，就是真正向谁展开的。于是，这样的人自己就知道这个世界的意蕴，他不再需要他人对自己的证明，而是有能力自己对自己做出正确判决，他从这时起就成熟了。

我们通过刚才所讲的东西，填补了我们迄今的报告中的一个空白，这才使我们的倡议成为真正可行的。要为公正和善良而喜欢公正和善良，就应当用新的教育方法取代迄今使用的那种让人抱有希望或感到恐惧的感性手段，而且这种喜欢应当作为唯一存在的动力启动今后的全部生活，这是我们的倡议的主要内容。在这里出现的第一个紧迫的问题是：这种喜欢本身如何能够被产生出来呢？这种喜欢照词的本义说，的确是无法被产生出来的，因为人不能无中生有。如果我们的倡议是可行的，这种喜欢必定是原来就存在的，而且是绝对地、毫无例外地存在于一切人的心中的，是与生俱来的。事实也确实如此。孩子都毫无例外地愿意做公正的和善良的人，他绝不愿意像一只小动物那样只图舒服。爱是人的基本组成部分；爱与人同在，它是完整的和完备的，我们不能再给它增添什么，因为它超然于不断成长的感性生活现象之上，不依赖于感性生活。只有认识才与这种感性生活联结在一起，并随着生活而产生和不断发展。认识只是在时代的进程中缓慢地、逐渐地发展的。那么，在公正和善良的概念系统——起推动作用的喜欢能与这个系统联结到一起——完整地产生以前，那种天生的爱应当如何经历许多无知的时代，发展和训练自己呢？合理的天性无须我们的任何助力就克服了这个难题。孩子内心缺乏的意识在外部向孩子表现出来，体现为成年人世界的判断。在孩子自己的 (I,10,234)
内心尚未发展出有理智的法官之前，一种自然冲动会使他转向成年人世界，这样，在他自身产生良知之前，他就有了外在的良知。新的教育应当承认这一迄今鲜为人知的真理，它应当将无须它的助力就存在的爱引导到正道上来。迄今为止，未成年人对成年人

的高度完善的这种毫无成见和这种孩子般的信任，通常都被用来败坏他们自己；正是他们的天真无邪和他们对我们的质朴无华的信任，使我们有可能还在他们能够分辨善恶之前，不是将他们内心想要的善，而是将我们的堕落植入他们的心田，假如他们有能力认识到这是堕落，他们肯定会厌恶它的。

这就是构成我们时代的负担的最大错误；这也就解释了一种每天都出现的现象，那就是人通常年纪越大，品质就越坏，私心就越重，对一切善良行为就越无动于衷，对任何正确事业就越无能为力，因此，他就越发远离了他天真无邪的最初岁月，虽然在开始的时候，这种天真无邪还总是在对善的一些朦胧预感中轻轻地回响；这就进一步证明，目前这一代人如果在自己今后的生活中不与以往一刀两断，就必然会留下一种更堕落的后代，而这种后代也必然会留下一种又更堕落的后代。一位值得尊敬的人类导师谈到这些人时说出了切中要害的真理：最好立刻给这些人的脖子套上磨盘，让他们淹死在大海最深处[81]。说人生来就是罪人，这是对人的天性的愚蠢诽谤；假如这是真的，人又何曾能获得罪孽概念呢？这个概念只有与无罪相对而言才是可能的。人是在生活中成为罪人的；人迄今为止的生活通常是不断升级的罪孽发展。

以上所述从一个新的角度阐明了毫不延迟地建立一种进行真正的教育的机构的必要性。假如下一代年轻人无须跟成年人有任何接触，而且完全无须教育就能成长起来，那么，人们就总想试一试，看从中会产生什么结果。但是，只要我们让他们留在我们的社会中，那么，无须我们的任何期望或意愿，他们的教育就会自行进行；他们是从我们身上接受教育，我们的生存方式作为他们的榜样强烈影响着他们，我们不必提出要求，他们就会追赶我们，他们不渴望别的什么，只渴望成为像我们一样的人。但在通常情况下，而且就绝大多数人而言，我们都是完全做错的，有一部分错误我们不 (I,10,235)
知道，因为我们自己就像我们的孩子们一样毫无成见，把我们的错误当成了正确的东西；或者，即使我们知道，我们怎么有能力在孩子们的社会中突然放弃那种由漫长的生活造成我们的第二天性的东西，用新的感觉和精神取代我们的全部旧有的感觉和精神呢？在同我们的接触中，他们必定会堕落，这是不可避免的；如果我们对他们有一丝一毫的爱，我们就必须让他们远离我们污浊的环境，并为他们建立一个比较纯净的居所。我们必须把孩子们带入这样一些人的社会，这些人不管在其他方面的情况怎样，至少还是通过长期的训练和习惯，已经获得了一种会考虑孩子们在观察他们的熟练能力，已经获得了一种至少在这时会自我控制的能力，已经获得了一种关于人们必须怎样出现在孩子们面前的知识；在孩子们学会对我们的整个堕落表示应有的厌恶，因而能完全预防一切传染以前，我们不必过早地让孩子们从这个社会重新回到我们的社会。

关于道德教育我们认为有必要在这里概括讲的，就这么多。

我们已经多次提到，孩子们应当完全与成年人隔离，而只同他们的老师和管理人员一起生活。不言而喻，两种性别的学子都必须以同样的方式受到这种教育，这无须我们特别说明。将两种性别隔离在分开的男校和女校会有悖于教育目的，会取消这种培养完整的人的教育的许多主要内容。课程的内容对两种性别都是同样的；即使共同接受其余的教育，也很容易观察到劳动中产生的差别。他们被培养成人的小社会,跟他们有朝一日会作为完整的人进入的大社会一样,必须由两种性别联合组成;两种性别都必须在他们注意到性别差异,成为丈夫和妻子之前,首先学会互相承认和钟爱对方这种共同的人性,并且必须交朋友。两种性别在整体中的相互关系,作为对一方面的强有力的保护和对另一方面的充满爱的支持,也必须在教育机构中得到体现,并在学子中加以培养。

假如我们的倡议能够得到实施,那么,第一件工作就会是起草
(I,10,236) 一项关于这些教育机构的内部组织的法规。只要我们提出的基本概念彻底深入人心,这就是一件轻而易举的工作,我们在这里不想再多谈了。

这种新的民族教育的一个主要要求是:在教育中学习和劳动结合在一起,教育机构至少在学子们看来是自己维持自己的,每一个人都会意识到,要尽自己的全部力量,为这一目的做出贡献。这是直接由教育任务本身要求的,还完全不涉及人们无疑会向我们的倡议要求的那种实际可行和节省费用的目的。这一方面是因为,一切只受普通民族教育的人注定了要成为劳动阶层,而把他们培养成能干的劳动者,无疑属于对他们的教育;但在另一方面,这却特别是因为,人将能永远靠自己的力量生存在世界上,为了维持自己的生计,绝不需要别人的任何施舍——凭充分的理由相信这种事实,属于人的人格独立性,并且远远超过人们迄今看起来所能相信的程度,决定了人的道德独立性。这种培养工作将会提供另一部分教育,它迄今为止甚至通常都听凭盲目偶然因素的摆布,人们可能称它为经济教育,但它绝不应该根据某些人用经济学的名义嘲笑的那种可怜的和有限的观点加以看待,而是应该根据较高

的道德观点加以看待。人们想生存，就一定要阿谀奉承、卑躬屈膝和任人使唤，而不会有任何其他办法，我们的时代经常把这奉为一条无可反驳的原则。我们的时代没有考虑到，即使人们不愿用极其雄辩而绝对真实的反驳为难它，如果情况是如此，那它也不会生存而会死亡，更不要说它本来应当学会如何能够有尊严地生存。大家可以进一步了解一下那些以举止毫无尊严而出名的人们；大家总会发现，他们没有学会劳动，或很畏惧劳动，除此之外，他们还是很差的经营者。因此，接受我们的教育的学子应当养成勤劳的习惯，以期他们不至于为生计操心，而受到做不公正事情的诱惑，所以，应当被深深地刻印到他们心中，作为人的尊严的首要原则的是：想靠别人，而不是靠自己的劳动维持自己的生计，是可耻的。

裴斯泰洛齐想让学子们在学习期间同时进行各种手工劳动[82]。我们不想否认在他所说的条件下这种结合是可能的，这个条件就是孩子已经完全能够完成手工劳动，但是，这个建议在我们看来还是由于第一个目的不够充分而产生的。我认为，课程必须被讲解得十分神圣和十分有尊严，使它需要完全的聚精会神，而不能与另一项活动并列，让孩子们接受。如果在学子们反正被关在室内的季节里，要在劳动课上从事这样的工作，比如编织、纺线等等，那么，为了使精神处于活动状态，很合适的做法则是在有人监督的情况下，将共同的智力训练同这种劳动结合起来；尽管如此，劳动在这时还是主要的事情，而这些训练并不能被视为上课，而只能被视为活跃情绪的游戏。

所有这类低级的劳动必须只作为次要的事情，而绝不是作为主要的工作加以介绍。主要的工作是练习种地和园艺，练习畜牧和他们在自己的经济小国里所需要的那些手工劳动。不言而喻，要求一个学子参与这种工作，必须跟他那个年纪的体力相当，欠缺的力量必须通过发明新的机器和工具来代替。这里，主要的考虑在于，学子们必须尽可能彻底理解自己从事的活动，他们已经获得了从事自己的活动所必需的知识，诸如关于植物的生长、动物的特点和需求、力学的定律的知识。这样，一方面，对他们的教育就成为关于他们将来必须从事的职业的循序渐进的课程，而且善于思考和有理解力的农民是在直接的直观中培养出来的，另一方面，他们的机械性劳动这时就已经被变成高贵的和神圣的，它恰恰按照它构成维持生计的劳动的程度，在自由直观中证明了他们所理解的东西，而且他们即使是在跟动物和土块打交道，也仍然处于精神世界的领域，而不沦为动物和土块。

这个经济小国的基本法律是，在这个国家里，既不准使用任何不是在本国自己生产和制造出来的衣食等等物品，也在可能的限度内不准使用任何不是在本国自己生产和制造出来的工具。如果
(I,10,238) 这种经营管理需要外援，那么，供应给它的各种东西就应该是天然的，而绝不应该在种类上不同于它自己也拥有的那些天然东西，而且不能让学子们知道，他们自己的收益已经增加，或者，在适当的情况下，让他们知道这只是借贷，到一定的时候他们必须归还。这时，每一个人都会全力以赴，为全体的这种独立性和自给自足进行工作，而毕竟不会跟全体斤斤计较，或为自己提出要任何私有财产的要求。每一个人都会知道，他完全对全体负有责任，只会跟全体同甘共苦。通过这些，学子们有朝一日进入的国家和家庭的合乎尊严的独立性，国家和社会与其各个成员的关系，就会展现于生动

的直观，不可绝灭地扎根于学子们的心中。

在这里，在这样谈到机械性劳动的时候，存在于和依赖于普通民族教育的学者教育就同普通民族教育分离开了，所以我们必须讲到学者教育。我所说的是存在于普通民族教育中的学者教育。我暂且不谈，每一个认为自己有足够能力上大学的人，或每一个根据某种理由把自己归于以往的高等阶层的人，是否将来也都能自由地踏上迄今习以为常的学者教育的道路，经验将会表明，一旦谈到民族教育，这些学者中的大多数人就会怎样靠自己用钱买来的博学反对——这是我不想说的——在新学校里培养成的学者，甚至反对从新学校出来的普通人。但是，我现在不想谈这些，而是想谈谈用新方法进行的学者教育。

按照学者教育的原则，未来的学者也必须受过普通民族教育，并且完整地、清楚地获得民族教育的第一部分，即在感觉、直观和与直观相联系的活动方面表现出来的认识能力的发展。只有那种在学习上表现出突出才能、对概念世界表现出特别爱好的孩子，新的民族教育才能允许他选择学者阶层；但是，新的民族教育必须不考虑所谓出身的差别，毫无例外地允许每一个表现出这种特性的孩子这样做；因为学者绝不是为了自己过得舒适才做学者的，每一种做学者的才能都是民族的一项不可被夺走的宝贵财富。

非学者的使命是用自己的力量，维持人类已经达到的文化水平，学者的使命是按照清晰的概念，用深思熟虑的技艺，带领人类继续前进。学者必须用自己的概念永远超越现时代，抓住未来，并有能力为了未来的发展，把未来培植于现时代。为此，就需要对迄 (I,10,239)
今为止的世界状况有清晰的概括了解，需要在纯粹的、独立于现象的思考中有自由的、熟练的能力，而且为了能够传播自己的观点，还需要掌握语言，深入理解语言的生动的和具有独创性的根源。这一切都要求精神不受任何外在领导而自己进行活动，要求进行孤独的思考，因此，未来的学者从他的职业确定下来的那个时刻起，就必须训练这种思考，而绝不能像非学者那样，只是在永远在场的老师的眼皮底下进行思考；这就要求具有许多对于完成非学者的使命来说完全不需要的辅助性知识。学者的工作和他的日常生活活动将正是那种孤独的思考；他现在就应该立刻被引导到这项工作，另一方面，则应该被免除做其他机械性劳动。因此，在未来学者被培养成人的教育照样同普通民族教育一起进行，他跟所有其他学子都要学习为此选定的课程的期间，对他来说，就只有那些给其他学子上劳动课的时间应该被改成上他的未来职业所特别要求的课程的时间；这也许就是两种学子的全部差别。要求普通人具备的那些关于农耕、其他机械技艺以及手工操作的一般知识，他无疑在上一年级的时候就已经学过了，或者，如果情况不是这样，他就必须补上这些知识。不言而喻，跟其他任何学子相比，他都很少能免受所提倡的体力劳动训练。但是，还要说明学者课程里应当包括的特殊教学内容以及这里需要考察的教学过程，则不属于这一讲的计划。

(I,10,240)

第十一讲　这一教育计划将归谁实施？[83]

我们已经为我们的目的对新德意志民族教育的计划作了足够

的说明。于是，下一个不禁产生的问题就是：谁应当处于实施这一计划的领导地位？在这个问题上我们可以指望谁？我们指望过谁？

我们已经把这一教育作为热爱德意志祖国的最高的和当前唯一紧迫的事情提了出来，并且想与此相联系，首先将整个人类的改善和改造引入世界。但是，那种对祖国的热爱应当首先感召到处都管理德意志人的德意志国家，并且占有主导地位，在国家的一切决定中成为推动力量。因此，我们必须首先将自己期待的目光投向国家。

国家会满足我们的希望吗？我们总是像不言而喻的那样，不着眼于任何特定国家，而是着眼于整个德国，那么，根据迄今为止的德国的情况，我们对它所能期待的东西是什么呢？

在近代欧洲，教育本来不是发端于国家，而是发端于大多数国家也由之获得自己的权力的权力，即教会的天授精神王国。教会不是把自己看作世俗共同体的一个组成部分，而是把自己看作一种从天而来的、对世俗共同体来说完全外在的培育机构，它被派遣来，在它能扎根的地方，到处为这个外面的国家招募公民；它的教育目的无非在于，人们在另一世界里绝不会被罚入地狱，而是会怡享极乐。通过宗教改革，这种一如既往地像过去那样看待自己的教会权力，已经同它在以往甚至经常与之发生争执的世俗权力结合到了一起；这就是在这方面从那个事件中产生的全部区别。因此，对教育事业的陈旧看法依然存在。即使在现在的时代，而且直到今天，富裕阶层的教育也一直被看作是父母们想按照自己的喜好安排的一件私事，他们的孩子通常只是被引向这样一个目标，即他们的孩子本身有朝一日会成为有用的人。但是,唯一的公共教育,即民众教育,只是为了到天国过极乐生活的教育;主要的事情(I,10,241)是信一点儿基督教和阅读,如果能做到,还有写作,一切都是为了基督教。人们的一切其他发展都委诸他们在其中长大成人的偶然的和盲目起作用的社会影响,委诸现实生活本身。甚至连从事学术教育的机构也都首先是为训练神职人员而设想的;这是主要的科系,其余的科系仅仅成了这个主要的科系的附属部分,而且在大多数情况下也只能得到从主要的科系退下来的剩货。

只要那些居于治理国家的首要地位的人一直对这项工作的本来目的模模糊糊,甚至连他们本人都被那种对他们和别人的极乐生活的认真操心所感动,人们就可以有把握地指望他们对这种公共教育抱有的热心,指望他们为此所做的认真努力。但是,一旦他们认清了前一个目的,理解了国家的活动领域是在可见世界范围之内,那么,他们就一定会明白,对他们的臣民永恒的极乐生活的那种操心不能由他们承担,谁想在那里成为怡享极乐的人,谁就应该看到自己该怎样做。从这时起他们认为,在他们今后单纯听凭虔诚时代产生的教会组织和教育机构执行它们最初的使命时,他们也有足够的事情要做;不管它们对于已经完全改变的时代会怎样不适宜和不够用,他们并不认为自己有义务用他们在其他目的方面节省下来的开支支援它们,也不认为自己有理由进行积极的干预,用适宜的新东西取代过时的和不能用的东西,而且对于所有这一类建议总是有这样一个现成的答案:国家没有钱做这些。即使有过例外情况,这也是为了有利于高等教育机构,而这些机构显赫四方,给它们的赞助者带来了荣誉;但是,那种本来属于人类的基础，不断补充高等教育，又必定反过来不断受到高等教育的影响的教育，即民众教育，却仍旧不受重视，并且从宗教改革直至今天都处于日趋崩溃的状态。

如果我们现在能够为未来，并从此时此地起，能够为我们的事情对国家抱有更好的希望，那么，国家就有必要彻底更换它看来迄今具有的那种关于教育目的的根本概念，认识到它迄今拒绝为其公民的永恒极乐生活操心是完全正确的，因为这种生活根本不需要特殊的教育，而且一种服务于天国的培育学校，像那种把权力最终已转交给国家的教会，是根本不应当存在的，这种学校只会妨碍 (I,10,242)
所有实实在在的教育，其职务必须予以解除；而另一方面，则非常需要服务于尘世生活的教育，从这种扎扎实实的教育中，自然会轻而易举地附带产生出服务于天国的教育。到目前为止，国家越认为自己开明，它似乎就越坚定地相信，即使它的公民没有任何宗教和道德，它也能够单纯通过强制性机构达到它本来的目的，而且他们会按这种机构的意图，愿意遵守他们能够遵守的事情。但愿它从新的经验中至少已经学知，它无法这么做，正是由于缺乏宗教和道德，它才落到了自己目前所处的境地。

关于国家怀疑自己是否也有能力担负民族教育的费用，但愿我们能够使它相信，它将通过这项唯一的支出，以最经济的方式解决其余大多数的支出，而且只要它承担了这项支出，它不久就只会拥有这项唯一的重要支出了。到目前为止，国家的绝大部分收入都用到了维持常备军上。我们已经看到这笔花费的结果，这就够了；因为进一步深入探讨这些军队的建立所造成的这种结果的特殊原因，超出了我们演讲的计划。与此相反，如果国家普遍实施我们建议的民族教育，那么，由于新成长起来的年轻一代受到了这种教育，国家从此刻起就根本不需要任何特殊的军队了，而是在他们那里就得到了一支在任何时代都还没有见到过的军队。每一个人都为使用他的体力的任何可能性而经过了完备的训练，他随时都具备这种力量，他习惯于承受任何艰苦努力，他在直接的直观中发展起来的精神总是历历在目，十分清醒，在他的心中，对整体、对国家和对祖国的爱永世长存，他是这整体中的一员，这种爱消灭了任何其他自私的冲动。国家一旦想要，就能召唤他们，将他们武装起来，并且可以肯定，没有任何敌人能够打垮他们。在治理得明智的国家中，另一部分操心和支出迄今都是用于改善广义的国家经济及其一切部门的，在这里，由于低等阶层难以教导和帮助，有些操心和花费已经白费，因而事情到处都收效甚微。但通过我们的教育，国家则会获得这样一些劳动阶层，这些阶层的人们从青年时代起就习惯于对自己的工作加以思考，已经有进行自救的能力和倾向；要是国家还能再以适当的方式扶助他们，他们就会对国家心领
(I,10,243) 神会，心怀感激地接受它的教诲。一切财政部门都无须很多努力，就会在短时间内获得任何时代都还不曾见过的繁荣，如果国家想要计算，如果它到那时大概也还要附带了解各种事物真正的根本价值，它的第一笔费用就会获得千倍的利息。迄今为止，国家必须为司法机构和警察机构做很多事，却永远无法给它们做得充分；监狱和劳改所要国家支付开销；最后是赈济贫困的机构，越是为它们花钱，它们需要的费用就越大，在迄今为止的整个形势中，它们实际上显得是制造贫困的机构。在一个普遍实施新教育的国家里，司法机构和警察机构将会大量减少，赈济贫困的机构将会完全消

除。早期的管教保证了以后免受很难进行的管教和改造;而贫困在一个按我们所说的方式受到教育的民族里是根本不存在的。

但愿国家和一切给国家出谋划策的人敢于正视和承认国家目前的实际形势;但愿国家能活生生地认识到,除了未来几代人的教育这一领域外,国家决没有剩下什么其他的活动领域,可以在其中作为一个真正的国家,真正地和独立地进行活动,并作出一些决定;如果国家不是根本什么事情都不想做,它也就只能做这件事;但是,人们也将会完整地、毫不嫉妒地将这份功劳留给它!我们不再有能力进行积极的抵抗,这是一目了然的,每一个人都承认的,和我们原先就已经假定了的。那么,我们怎样能够面对那种认为我们怯懦和不配爱生活的指责,为自己因而丧失的生存的延续作辩护呢?没有任何其他办法,我们只有决心不为自己而生存,通过行动来证明这一点;我们只有把自己当做更有尊严的后裔的种子,仅为此才想保存自己,直到我们把他们树立起来。如果失去了第一个生活目的,我们究竟还能做些别的什么事情呢?我们的宪法将由他人给我们制定,我们的同盟和我们武装力量的使用将由他人给我们指明,法典将由他人借给我们,甚至我们的法庭和判决及其执行有时也将被人夺走;我们在不远的将来将无须对这些事情操心。人们没有想到的只是教育;如果我们正找事做,那就让我们做这件事吧!可以期待,别人在这件事情上不会让我们受到干扰。我希望——也许是我自己在这件事情上弄错了,但我只是为了这个希望还想活下去,所以我不能放弃希望——我希望,我将会使一些德意志人信服,使他们认识到,惟有教育才能拯救我们摆脱压迫我们的一切灾难。我尤其指望,危难已使我们更加倾向于警觉和

(I,10,244) 严肃思考。外国人有其他的安慰和其他的手段;即使外国人可能有这种想法,我们也不能期待外国人会对这种想法有些注意或有些相信;我倒希望,如果他们一旦得知有人对教育的期望如此之大,这就会发展成为给他们的报刊读者消遣的一个丰富来源。

但愿国家和那些为国家出谋划策的人,在着手这一任务时不会因为观察到期待的成果十分遥远而使自己松懈下来。如果人们想在导致我们目前命运的各种极为错综复杂的原因中,分析出那种唯独特别成为政府负担的原因,那就会发现,这些理应先于一切其他人而放眼未来、掌握未来的人,在时代的重大事件向他们涌来时,总是仅仅竭力试图使自己摆脱当下的窘迫境地;但在考虑未来的时候,则没有考虑他们的现时代,而是指望某种偶然的、会割断连续的因果链条的情况。但这种希望是骗人的。人们一旦允许一种推动力量进入时间,这种推动力就会持续下去,走完自己的道路,一旦在最初犯了松懈大意的毛病,过后的考虑就无法阻止它了。我们的命运已经暂时为我们免除了第一种只考虑现时代的情况;现时代不再是我们的。但愿我们不要保留第二种情况,即不是从我们自己身上,而是从任何别的什么东西上希望一个更好的未来。诚然,现时代无法安慰我们当中任何一个除了食物,还需要一些更多的东西维生的人,为职责活下去;只有对更好的未来的希望是我们还能得以呼吸的要素。只有梦幻者能把这种希望建立在一些其他东西之上,而不是建立在他自己为了未来的发展而能够置于现时代的东西之上。让那些统治我们的人,允许我们也像我们当中的人彼此看待对方和好人设想自己那样,看待他们吧;让他们置身于我们也十分了解的事业的首要地位吧,以使我们还能亲眼

目睹那种东西的产生,而这种东西有朝一日将从我们的记忆中洗刷掉我们亲眼目睹的德意志人的名字所蒙受的耻辱!

如果国家承担这个向它建议的任务,它就会在它的整个领土上毫无例外地为它的每一位新生的公民普遍实行这种教育;我们也只是为了这种普遍性才需要国家,因为这里或那里的个别开端和尝试,都是具有善良意志的个人的能力大致足以做到的。诚然,不能期望父母们会普遍愿意同自己的孩子分离,把孩子们交给这 (I,10,245) 种很难使他们理解的新教育;但根据迄今的经验,倒是可以估计到,每一个还相信自己有能力在家里养育自己的孩子的人,会反对公共教育,特别是反对一种如此严格分离、如此持久的公共教育。在这种情况下,在遭到可以预期的反对时,我们迄今已经习惯于国家领导人用这样的回答来拒绝普遍实行新教育的建议:国家没有权力为这一目的而行使强制手段。他们想等待到人们普遍具有善良意志的时候,但没有教育,则永远不可能达到普遍的善良意志,他们就是用这种方法抵御了一切改良,而希望直到末日来临事物将依然如故。他们也许是这样一些人,这些人或者从根本上把教育视为一种可以或缺的奢侈品,在考虑到这种奢侈品时必须尽可能加以节省,或者是把我们的建议只看作对人类进行的一项新的大胆的试验,它可能成功也可能失败;就他们是这样的人来说,他们的认真必须加以称赞;这些人也许是这样一些人,这些人对迄今的公共教育状况赞叹不已,对这种教育在自己的领导下发展到多么完善的程度心醉神迷,全然不让自己感觉到,自己本该接受一些自己尚无所知的东西;所有这些人都与我们的目的毫不相干,如果有关这件事情的决定要归他们作出,那是应当抱怨的。不过,但愿

也有些国家领导人，他们在这件事情上被当做顾问，而这些国家领导人首先完全是通过对哲学和科学的深入和彻底的学习获得自我教育的，他们的事业对他们来说是十分严肃的，他们对人和人的使命具有牢固的概念，他们有能力理解现时代，有能力把握，究竟是什么东西给人类目前不可避免地造成危难；假如这些人根据那些预备性概念已经亲自认识到，只有教育才能在无法阻挡地向我们突然袭来的野蛮和野蛮化过程面前拯救我们，假如他们的眼前浮现出一幅关于通过这种教育将会产生的一代新人的图景，假如他们自己由衷地信服我们建议采取的办法是无懈可击、毫不骗人的，那也就可以期望，这些人同时会理解，国家作为人类事务的最高管理者，作为唯独对上帝、对自己的良心负责的未成年人监护者，
(I,10,246) 完全有权为了拯救他们也对他们采用强制手段。目前，究竟在什么地方有一个国家会怀疑自己是否也有权强迫其臣民服兵役，为此从父母那里夺走他们的孩子呢？会怀疑父母中的一方或双方都愿意还是不愿意呢？尽管如此，但这种强迫别人违背自己的意志，采纳一种持久的生活方式的措施，是非常值得怀疑的，而且经常会对道德状况，对受强制者的健康和生活，造成极其有害的后果；与此相反，我们所说的那种强制则在教育过程结束之后，退回了全部个人自由，它绝不会有任何其他结果，而只会有提供最大的拯救的结果。当然，以前人们也是凭自由意志服兵役的；但是，自从发现这种自由意志不足以实现想要达到的目的以后，人们就毫不犹豫地辅之以强制手段；因为这项事业对我们十分重要，而且危难处境也要求非采取强制手段不可。但愿在考虑到教育的时候，我们也能睁开眼睛看到我们的危难处境，这件事情将对我们同样重要，这

样,那种疑虑就会自行打消;特别是,只有在第一代人当中才需要采用强制手段,在以后各代人当中,他们亲自经过这种教育,强制就会被废除,而且那种对服兵役的强制也会因而被取消,因为所有这么受过教育的人都同样愿意为祖国拿起武器。如果人们为了在开始的时候不招致太多的叫喊,打算采用以往限制那种服兵役的强制措施的方式,限制这种强制接受公共民族教育的措施,将那些免服兵役的阶层排除在这种强制性教育之外,那么,这是不会有什么重大的不良结果的。在那些被排除在民族教育之外的阶层当中,会有一些通情达理的父母自愿将自己的孩子托付给这种教育,而那些不通情达理的父母的孩子们,跟全部孩子相比,在数量上是微不足道的,他们可以一直按以往的方式成长起来,进入需要加以创造的更好的时代,不过,他们只有作为旧时代的一种引人注目的纪念品才有用处,以鼓舞新时代能够生动地认识到自己的更高幸福。

现在,如果这种教育会干脆成为德意志人的民族教育,如果所有讲德语的人——但又绝不只是这个或那个特定德意志国家的公民——中的大多数人都会成为一代新人,那么,一切德意志国家就
都必须自力更生,不依赖其他一切国家,承担起这项任务。首先用 (I,10,247)
以倡导这一事情的语言,用以拟定和进一步拟定辅助方法的语言,用以训练教师的语言,概括起来说,将要通过这一切的一条唯一的、具有象征意义的道路,是一切德意志人共同拥有的。我几乎无法想象,怎样和用哪些转换方式能够把整个这种教育方法,特别是在我们所计划的范围内,迻译为任何一种外国语,使它显得不是一种外邦的、翻译过来的东西,而是本国的、从自己的语言固有的生

命中产生出来的。这个难题对一切德意志人来说都同样被排除了；这项事业对他们来说已经准备就绪，他们只需动手干这件事业就行了。

在这里，各个不同的、彼此分离的德意志国家依然存在的情况，对我们有利！这种经常对我们不利的情况，也许在这件民族大事上会对我们有利。好多国家急起直追的劲头和相互争先的欲望，也许会产生单个自满自足和安于现状的国家所不能产生的结局；因为很清楚，在所有的德意志国家当中，那个将会开此事之先河的国家，将会首先赢得全体德意志人对它的尊敬、爱戴和感激，使自己成为民族的最高救星和真正的缔造者。这个国家将给其他国家鼓起勇气，为它们树立一个富有教益的榜样，成为它们学习的典范；这个国家将消除其他国家心怀的疑虑；从这个国家的怀抱中将产生出可以借给其他国家的教科书和第一流教师；哪一个国家在它之后成为第二个这样的国家，就将获得第二等这样的光荣。在德意志人当中，对高尚事物的感觉还从来不曾完全泯灭，能证明这一点的令人喜悦的证据是，迄今为止，许多德意志部族和国家都一直为拥有更高的文化的荣誉而彼此争论不休，有的列举自己拥有更广泛的新闻自由，能更自由地抛弃传统意见，有的列举自己拥有建制更好的学校和大学，有的列举自己拥有昔日的光荣和功绩，有的列举自己拥有某种别的什么东西，而且这种争论一直都不能有定论。在目前的时机，这种争论则将会有定论。只有那种在此全力以赴，敢于普遍实施的和有教无类的教育，才是生活的一个真实的组成部分，才对自己很有信心。任何其他的教育都是一种外加的饰物，人们只是为了华丽才敷设它，真正有良心的人则连一次

都不佩戴它。在这个时机,必将暴露出在什么地方,人们引以为荣的教育只存在于中等阶层的少数人那里,他们在著作中把它阐述出来,而一切德意志国家都拥有诸如此类的人;必将暴露出在什么 (I,10,248)
地方,这种教育于另一方面也上升到了为国家出谋划策的高等阶层。于是,事实也就会表明,人们必须怎样评价到处表现出来的那种建立和繁荣高等教育机构的努力,它是以对于人类教育的纯粹热爱——这热爱当然会以同样的努力浸透教育的每个部门,特别是浸透教育的首要根基——为基础呢,还是以单纯寻求荣耀,甚或以可怜的金融投机为基础呢。

我说过,哪一个德意志国家率先实行这个关于民族教育的建议,就会从中获得最大的荣誉。但在此之后,这个德意志国家并不会长期一枝独秀,而是无疑不久就会发现许多追随者和竞争者。只要做出一个开端,这就是重要的事情。即使没有什么别的东西,荣誉感、嫉妒心以及那种也想获得别人拥有的东西和在可能时还想获得更好的东西的欲望,也会促使一个国家追赶另一个国家,效仿其榜样。这样,我们在上面提到的那种对国家自身利益的观察——这种观察现在在一些人看来也许很值得怀疑——也就会在生动的直观中得到验证,变得昭然若揭。

假如可以期待,一切德意志国家现在就已经立刻认真准备,贯彻那一计划,那么,二十五年之后就会出现我们所需要的更好的一代人,如果谁还有望活到那个时候,谁就可望亲眼看到这一代人。

但是,像我们当然也必须指望这种情况一样,如果在目前存在的一切德意志国家中没有任何一个国家在自己的高级顾问中有这样一个人,这个人有能力认识到上面假定的一切,为这一切所感动，而且在这个国家里，至少大多数的顾问不反对这个人，那么，这件事情自然就会落到具有善良意志的个人的肩上，于是我们就可以期望，这些人能开始着手实施我们倡议的新教育。在这里，我们首先着眼于大土地占有者，他们可以在自己的领地上为其臣民的孩子建立这样的教育机构。在近代欧洲的其他民族面前给德国带来荣誉、带来光荣称号的是，在大土地占有者阶层中一直到处都有很多人把操心自己领地上的孩子的课程和教育作为自己的严肃工作，他们乐于尽自己的所知，为此做出最好的努力。可以期望，这
(I,10,249) 些人现在也会倾向于学习向他们建议的完善的做法，并像他们迄今做较小的和不完备的事情那样，乐于做较大的和彻底的事情。拥有受过教育的臣民比拥有未受过教育的臣民对他们自己更为有利，这种认识很可能在这里或那里有助于他们那么去做。在国家取消臣属制[84]关系，从而去掉了这个最后的动力的地方，但愿国家能在那里更加认真地考虑自己不可免除的职责，就是说，不同时取消这种在开明土地占有者那里同臣属关系有联系的唯一的好东西，但愿国家在免除了那些自愿代替国家做这件事的人之后，在这件事情上不要耽误尽自己本来的义务。此外，在考虑到城市的时候，我们在这里将自己的目光指向了具有善良意志的市民们为实现这一目的的自愿联合。在我所能看到的地方，德意志人心中对善举的爱好在任何危难局势的压力之下都还一直没有泯灭。但是，由于在我们的机构中有种种可以概括在忽视教育的项目下的缺陷，这种善举仍然很少能挽救危难局势，而是好像经常还在扩大危难局势。但愿人们最终把这种高尚的爱好首先指向那种能结束一切危难和一切其他善举的善举，指向教育这一善举。但是我们

还需要有和期望着其他形式的善举和牺牲,这种牺牲不在于给予,而在于行动和做出成绩。但愿正在成长的学者,在情况允许时能把大学毕业后和担任公职前给自己空余的一段时间,用于学习这些机构中的教学方法和自己在这些机构从事教学的工作!且不说他们将因此为整个民族作出最大的贡献,我们还可以向他们保证,他们自己会从中得到最大的收获。他们从通常的大学课堂上往往很死板地带来的全部知识,将会在他们从这里进入的普遍进行直观的工作氛围中获得清晰性和生动性,他们将学会娴熟地传授和使用这些知识,而且由于人类的全部特性在儿童身上都是纯洁无瑕地袒露出来的,所以他们就会获得真正的、唯一名副其实的人类 (I,10 250)
知识的宝藏,他们将学会生活与活动的伟大艺术,而对这种伟大艺术,高等学校通常是不加以说明的。

如果国家不承担要求它承担的任务,那么,接受这一任务的个人就更加光荣了。但愿我们不要通过臆想来预测未来,不要自己发出怀疑和缺乏信任的声音;我们已经清楚地说出我们首先期望的东西;我们只可以说明一点:如果真的会出现国家和君主将这一事业交给个人的情况,这就应当符合于迄今为止的、在上面已经说明的和用事例证明的德意志的发展和文明的进程,而且这一进程会始终保持不变。即使在这种情况下,国家也会首先像一个也想作出自己的一份贡献的个人那样,在适当的时候紧跟上来,直到它以后认识到,它并不是一个部分,而是整体,它有义务也有权利为整体操心。从这一刻起,个人的一切独立努力就被取消,而从属于国家的总体计划了。

如果事情的进程是这样,那么,旨在改善我们人类的活动自然就只能缓慢地向前发展，而无法确有把握地和坚定地通观全局，做出可能的估计。但是，让我们不要因此受阻，不去做出一个开端！这项事业绝不会衰亡，而是只要一旦起动，就会自行存在下去，并且越来越向远处蔓延和传播，这是由它本身的本性决定的。每一个受过这种教育的人，都将是它的见证人和热情的传播者；每一个人都会使自己又成为教师，并尽自己的能力造就人数众多的、有朝一日也会成为教师的学生，以此来偿还过去获得的教育的报酬；这种情况必定会一直持续下去，直到毫无例外地遍及整个民族。

如果国家不从事这项事业，私立学校就会担心，一切稍微富裕一些的父母们将不把自己的孩子托付给这种教育。于是，就让我们以上帝的名义，满怀信心，转向穷困的孤儿吧，转向陷于贫困境
(I,10,251) 地的街头流浪儿吧，转向所有被成人社会排除和抛弃的孩子吧！以前，特别是在一些德意志国家，祖先的虔诚信仰使公共教育机构得到很大的扩充和充分的装备，许多父母都曾经让自己的孩子受到教育，因为他们同时发现，这种教育机构与任何其他行业不同，食宿全包；那么，就让我们在迫不得已时像以前在这些国家里那样，采取补贴的办法，把面包给予那些从别人那里得不到面包的人，以使他们在拿到面包的同时也接受精神上的教育吧！让我们不要担心他们先前的贫困和粗野的状况会成为实现我们的教育宗旨的障碍吧！让我们突然把他们完全从这种状况中拉出来，将他们带进一个崭新的世界吧；让我们不给他们留下任何可以使他们回忆起旧日的东西吧！这样，他们自己就会忘记这些，而成为新的、刚刚才被创造出来的人。我们的课程和我们的校规必须保证，刻进这块新鲜、纯洁的白板中的只是好的东西。如果恰恰是那些

被我们时代排除的人，单纯由于受到这种排除才获得开始成为更好的一代人的优先权，如果是他们给那些不愿意跟他们在一起的人们的孩子带来使人幸福的教育，如果是他们成为我们未来的英雄、智者、立法者和人类拯救者的祖先，那么，这将是就我们这个时代给一切后世人提出的一个警告性证明。

第一个这样的教育机构的建立首先需要有胜任的教师和教育者。裴斯泰洛齐的学校培养了这样的人，并且永远准备培养更多的这样的人。开始的时候，需要注意的一件重要事情是，每一个这种类型的机构都要同时把自己看作是培育教师的学校，而且除了已经培养出来的教师之外，要在他们周围聚集着一批年轻人，他们学习教学，同时进行实践，在实践中不断更好地学习。即使这些机构在初期不得不跟匮乏作斗争，这也会很容易维持住教师队伍。因为大多数人目前都志在自己学习；因此，他们也愿意在没有其他补偿的情况下，在一段时间里为了他们所在的那个教育机构的利益而使用学到的东西。

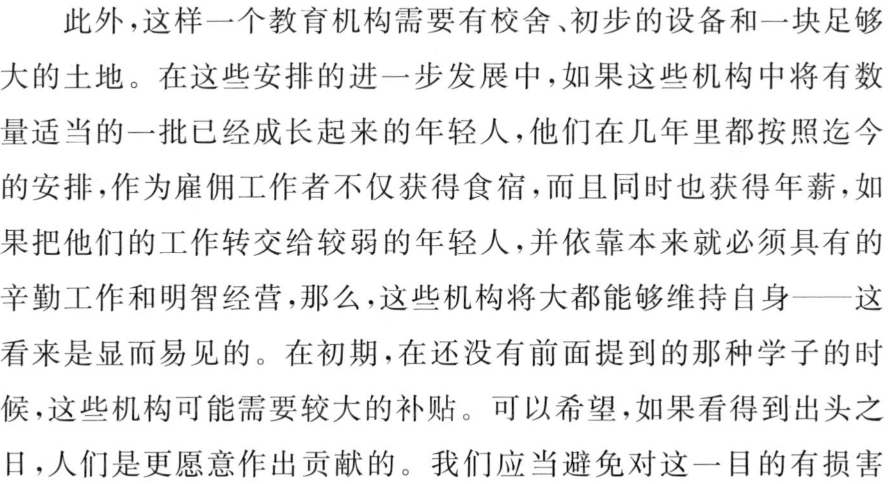

此外，这样一个教育机构需要有校舍、初步的设备和一块足够大的土地。在这些安排的进一步发展中，如果这些机构中将有数量适当的一批已经成长起来的年轻人，他们在几年里都按照迄今的安排，作为雇佣工作者不仅获得食宿，而且同时也获得年薪，如果把他们的工作转交给较弱的年轻人，并依靠本来就必须具有的辛勤工作和明智经营，那么，这些机构将大都能够维持自身——这看来是显而易见的。在初期，在还没有前面提到的那种学子的时 (I,10,252)
候，这些机构可能需要较大的补贴。可以希望，如果看得到出头之日，人们是更愿意作出贡献的。我们应当避免对这一目的有损害

的节省；允许这种节省，倒不如什么都不做好得多。

因此我认为，以单纯的善良意志为先决条件，在实行这一计划的时候，通过许多人的联合，通过所有的人将自己的力量投向这个唯一的目的，就没有什么困难会不容易加以克服。

(I,10,253)

第十二讲　关于在达到我们的主要目的以前维护我们自己的方法[85]

我们已经充分描述了我们向德意志人倡议的那种未来的民族教育。这种教育塑造成的一代人只是由自己对正义和善良的爱好，而决不是由其他任何东西推动的，他们拥有一种为自己的立场而永远确有把握地充分认识正义的理解力，他们具备永远贯彻自己意愿的一切精力；一旦出现这一代人，我们用自己最大胆的愿望所能追求的一切东西就会从这一代人的存在中自行产生，自然而然地从中生长起来。这一时代很少需要我们的种种指示，以致我们反而可以从这一时代学习一些东西。

由于这一代人在此期间还不存在，而是要首先被教育出来，而且，即使我们所期望的一切都万无一失，我们还是需要相当长的时间才能过渡到那个时代，于是就产生了一个更易使人想到的问题：我们究竟应当如何度过这一过渡时期呢？在我们不能做什么更好的事情时，我们应当怎样至少把自己作为可发生改良的基地，作为可与改良相联的出发点而保存下来呢？有一种现实情况，它与这一代人理解为正义的事物秩序没有丝毫相似之处，而且在这种情况下也没有一个人懂得正义或对这种事物秩序怀有丝毫的愿望和需要，而是将现存事物看做十分自然和唯一可能的；当这一代受过教育的人有朝一日走出他们的隔离状态，来到我们中间的时候，我们应当怎样阻止我们这边不发生这种情况呢？这些心怀另一世界的人们难道不会马上发疯吗？这样的话，新教育不是就跟迄今为止的教育一样，对于现实生活的改良毫无用处而会销声匿迹吗？

如果大多数人还照样漫不经心、无思无虑和心不在焉地继续下去，那么可以期待的正是这种必然发生的情况。谁对自己毫不留心，任人发落，由环境任意塑造自己，谁也不久就会习惯于任何一种可能存在的事物秩序。不管他第一次看到某种情况时他的眼睛如何受到伤害，只要让这种情况天天以同样的方式重复出现，他 (I,10 254)
就会对它习以为常，以后就觉得它很自然，它是必然如此的，最后甚至喜爱上了它，而第一次良好情况的产生却会使他觉得很不受用，因为这种情况使他脱离开了他那种已经习以为常的生存方式。只要我们的感官没有受到伤害地继续存在下去，我们以这种方式甚至会习惯于受奴役，而且会随着时间的推移而喜爱上它；这正是最危险的屈服态度，它对一切真正的荣誉变得麻木不仁，然后使懒惰者感到很高兴，因为它免除了他的一些担忧和独立思考。

让我们警惕做仆役的意外欢乐吧，因为它甚至会夺走我们的后代在未来求解放的希望。如果我们的外在活动被套上能束缚住手脚的枷锁，那就让我们更加大胆地提高我们的精神，使它具有自由的思想，使它生活在这种思想中，只期望和渴求这种唯一的生活吧。让自由从可见世界消失一段时间吧；我们让它逃进我们的思想深处，直到在我们周围产生出有力量也在外部表现这一思想的新世界。让我们用那种无疑允许我们作出测定的东西，用我们的精神，把自己造就成将在我们之后成为现实的人的榜样、预言和保证吧。我们可不要使我们的精神同我们的肉体一起卑躬屈膝、俯首就擒！

如果有人问我怎样实现这一点，那么，唯一的、概括性的回答就是：我们必须立刻成为我们本来就应当成为的德意志人。我们不应当使我们的精神屈服，因此，我们必须首先获得一种精神，获得一种坚定的和确实的精神；我们必须在一切事情上都严肃认真，而不轻率地过日子，把生活当做嬉戏；我们必须给自己建立站得住脚的和不可动摇的原则，这些原则是我们的一切其他思维和我们的行动的固定准绳。在我们这里，生活和思维必须是一个整体，而且必须是一个融会贯通和毫无瑕疵的整体；我们必须在生活和思维中合乎自然和真理，从我们这里抛弃那些外来的玩意儿；一句

(I,10,255)

话，我们必须塑造自己的性格；因为“具有性格”和“是德意志的”，这两者无疑是意义相同的。[86]这件事在我们的语言中没有特别的名称，因为它恰恰应当无须我们的一切知识和思索，而从我们的存在中直接产生出来。

我们必须首先用自己的思考活动对我们时代的伟大事件，对它们同我们的联系以及我们对它们的期待加以思考，使自己对所有这些事物获得一个清晰和确定的看法，对在这里产生的问题作出一个坚定不移、不可改变的肯定或否定的回答；每一个对教育有起码要求的人都应当这样做。人的动物性生活在一切时代都是按照同样的规律进行的，在这方面，一切时代都是相同的。不同的时代只是对于理智而言才存在的，只有那种用概念钻研它们的人，才

既生活于它们当中，又生存于他的这个时代，而另一种生活则只是一种物质性的生活。对发生的一切事情不加理会，让它们从身边匆匆而过，甚至闭目塞听，以阻止它们涌入心田，并且还把这种无所用心自诩为伟大的智慧，这对于岩石来说也许是合适的，因为海浪拍打岩石，岩石就对此毫无感觉，或者，这对于树干来说也许是合适的，因为狂风暴雨将树干摇来曳去，树干就对此毫无察觉，但是，这对于一个能思考的存在者来说却绝不可能是合适的。——即使一个人在高尚的思维领域里翱翔，这也不能解除这种理解他的时代的一般义务。一切高尚的思维必定想以自己的方式直接干预当前的时代，准确确实实生活在高尚的思维中，谁就同时也生活在当前的时代中，假如他没有也生活在这一时代中，那么，这就证明他也没有生活在那种思维中，而只是在那种思维中做梦。那种对我们眼下所发生的事情漫不经心的态度和把可能产生的注意力人为地引向其他事物的做法，可以说是我们的独立性的敌人最期望遇到的情况。如果他能肯定我们对任何事情都不作思考，那他就可以像使用没有生命的工具那样，用我们来做他想做的一切事情；漫不经心就是对一切都习以为常，但在清晰、全面的想法及其关于那种应当存在的东西的图像总是有警觉性的地方，是绝不会出现任何习以为常的惯性的。

这些演讲首先邀请了你们，并且在目前可能通过书籍的印刷 (I,10,256)
将整个德意志民族聚集在自己周围的限度内，也将邀请他们，亲自作出一个坚定的决断，在内心对下列问题取得一致意见：1）关于有一个德意志民族存在的说法，关于其特有的、独立的本质的继续存在目前处于危险之中的说法，是真的还是假的？2）是否值得努力

去维护这个民族？3)是否有一种维护它的可靠、有力的方法？这种方法是什么？

在我们当中以前有一种传统的习俗，那就是：当人们可以在口头上或文字中获悉任何严肃的言论时，日常的饶舌家就攫住了它，把它变成了他在令人压抑的无聊中可以取乐的消遣材料。首先在我的周围，我现在没有像以前那样察觉到，有人把我目前的演讲作了这样的用途；但从早先出版界的聚会发出的声音——我指的是各种文献报刊和其他杂志——中，我没有得到任何消息，因而也不知道，从这里可以期待的是随意取笑呢，还是认真严肃。无论情况
(I,10,257) 如何，我的意图至少不是要开玩笑，也不是重新启用我们这个时代所具有的熟为人知的笑话。

在德意志人当中过去还有一种习俗，它在我们当中更为根深蒂固，几乎已经成为另一种本性，而且几乎从未听说它有对立面，那就是：人们把一切会被引上发展道路的事物都视为对每一个有一张嘴的人的要求，要他立即对之发表意见，并向我们报道，他是否也持同样意见，整个事件究竟是根据什么样的表决告终的，公众的谈论必须根据什么样的表决匆匆转向新的对象。这样，德意志人中间的一切文字交流就都发生了转变，古老寓言的回响变成了纯粹的声响，完全没有躯体和物质内容。如同在大家熟悉的不好的个人社交场合一样，这里重要的也只是人们不断发出声音，每一个人都不停地接受它，并将它抛向自己的邻人，究竟什么东西在发出声音，却是根本不重要的。如果这不是缺乏性格，不是非德意志性，那是什么呢？尊重这种习俗，只维持公开交谈的热烈，这也不是我的意图。我想要另外一些东西，所以，我个人也早已完全不参

与这种公开的闲谈，而人们也可能最终免除了我做这种事。我并不想立刻知道，这个人或那个人对这些热烈谈论的问题是怎样考 (I,10,258) 虑的，也就是说，他迄今对它们是如何考虑的，或者对它们是如何不加考虑的。他应当亲自考虑并彻底思考这些问题，直到他的判断成熟和完全清楚为止，并且应当为此花费必要的时间；如果他还缺乏有关的预备知识，缺乏在这些事情上作出判断所需要的整个教育水平，那么，他也应当为此花费时间，以获得这些知识。如果有人以这种方式有了自己的成熟、清晰的判断，那也并不是要求他公开地发表这一判断；要是这一判断与我们在这里所讲的一致，那么，这个判断就是已经说过的，无须说第二次了，而只有谁能说出某种不同的、更好的东西，我们才会要求他讲话；但是，每一个人都无论如何应当按照自己的方式和情况真正地生活和做事。

最后，我的意图更不是用这些演讲向我们德意志著书立说的大师们提交一份习作，以便让他们加以修改，使我能借此机会得知，可以对我抱有怎样的希望。在这方面也已经向我提出过足够多的学说和好的建议，如果可以期待到什么改善的话，现在就一定已经显示出来了。

不，我最初的意图是：将我们当中那些一直被抛入成堆的问题和研究，被抛入关于它们的大量相反意见，而在那里徘徊的有教养者，尽可能多地从那里引导出来，导向一个他们自己能立足的点，也就是引向一个对我们最密切相关的点，即我们自己的共同事务；在这个统一点上让他们形成一个不可动摇的确定意见，让他们获得一个他们确实理解的清晰认识；尽管在他们之间对许多其他东西有争论，至少要在这一点上使他们统一思想，团结一致；最后，以这种方式产生出德意志人的一种牢固的根本特点，这就是德意志人都认为值得对德意志人的事务形成一个意见；与此相反，那种既不想听到、也不想思考这一事情的人，从现在起，则可有理由被看作不属于我们的人。

这样一种坚定的意见的产生，以及许多人对这一事情的统一认识和相互理解，将是把我们的性格从我们那种缺乏尊严的一盘散沙的状态中拯救出来的直接方法，同时也将是达到我们的主要目的，即采用新的民族教育的有力手段。特别是因为我们自己，不管是个人还是全体，从来都不一致，朝三暮四，每一个人都朝着嗡
(I,10,259) 嗡的嘈杂声乱喊，连我们的诚然经常十分明智的各届政府，在倾听我们的时候，也被弄得晕头转向，左右摇摆，就像我们的意见一样。如果我们的共同事务终于有一种坚定的和确有把握的进程，那么，什么东西能阻止我们首先从自己开始，做出一个坚定果断的榜样呢？要让人有朝一日听到一种一致的、不变的意见，要让人得知一种坚决的和普遍预示的需要，像我们所假定的民族教育的需要；我认为，我们的政府是会倾听我们的，如果我们表示愿意接受帮助，它就会帮助我们。如果情况相反，那么，我们至少在事后才有权利指责它；现在，既然我们的政府大体上符合于我们对它的希望，我们则不宜提出责难。

是否有一个维护德意志民族的确有把握的和彻底的方法，这个方法是什么，这在我向这个民族提出，让它加以决断的所有问题当中，是最重要的问题。我已经回答了这个问题，解释了我的答法的理由；这决不是为了作出最终判定，这种判定是毫无帮助的，因为每一个应当参与此事的人都必定已经通过自己的行动，在他自

己的内心有了确定的信念；这只是为了激励人们自己进行思考和判断。我必须从这时起不过问每一个人的事情，而听其自便。只是我还可以警告人们，在这个问题上不要让那些到处流传的浅薄想法欺骗自己，不要让它们阻碍自己作深刻的思考，不要让那些不能兑现的空话敷衍自己。

比如，我们必定早在发生最近的事件以前就听到过一种仿佛备妥的说法，它自那以后也经常对我们加以重复，那就是：即使我们的政治独立已丧失殆尽，我们还是能保存我们的语言和我们的文献，并且可以依靠它们永远成为一个民族，这样，我们在一切其他方面就会容易安慰我们自己了。

说我们即使没有政治独立也将保存我们的语言，这种希望究 (I,10 260)
竟以什么为首要根据呢？说这种话的人总该不会认为他们对子孙后代和一切未来世纪的劝告和训诫确有这种神奇的力量吧!？现在活着的、成熟的人们已经习惯于用德语说话、写作和阅读，这种做法无疑会继续下去；但下一代人将如何做呢？第三代人又将如何做呢？我们竟然想要给这些后代人加上什么样的砝码，与他们那种也要通过语言和文字，讨那个赫赫显要、分配一切特权的人物欢心的渴望保持平衡吗？[87] 有一种确系世界上首要语言的语言，虽然众所周知，各种首要作品今后还得用它撰写，但我们难道从来都没有听说过这种语言吗？我们不是现在就在我们眼前看到，那些希望以其内容赢得欢心的作品是用这种语言出版的吗？人们援引另外两种语言为例，一为古代语言，一为近代语言，尽管讲这两种语言的民族在政治上衰落了，它们还是作为活生生的语言继续流传下来。我绝不想深究这种流传的方式；但一目了然的是，这两种

语言本身都具有我们的语言所不具有的一些东西，因此它们在征服者面前得到了赏识，而这是我们的语言永远不可能得到的。假
(I,10,261) 如这些用空话敷衍了事的人能更好地环顾四周，他们就会发现另一个照我们看来完全在此适用的例证，这就是索布语。[88]在讲这种语言的民族丧失了他们的自由之后，这种语言还一直延续了数百年之久，也就是说，还在被束缚于土地的农奴们的贫穷茅屋里流传下来，使他们能用他们的压迫者不懂的语言叹息自己的命运。

或者，人们可以假设这样一种情况，即我们的语言仍然是活生生的，仍然是一种用于写作的语言，因而保存了自己的文献；那么，一个丧失了政治独立的民族的文献究竟可能是一种什么样的文献呢？[89]有理性的著作家究竟想要什么？他能要什么呢？不会是别的，只能是干预共同的和公众的生活，按照他的图像来塑造和改造这种生活；如果他不想这样做，他所讲的一切就都是空洞的声音，是供悠闲无事的人听着消遣的。他想在原初的意义上，从精神生活的根源出发，为那些同样在原初的意义上从事活动的人进行思考，也就是说，为那些在原初的意义上进行统治的人从事思考。因此，他只能用统治者也借以进行思考的语言从事写作，也就是说，用一种借以进行统治的语言，用一个构成独立国家的民族的语言从事写作。我们为各种极为抽象的科学所作的一切努力本身，最终究竟想要什么呢？且让我们认为，这些努力的最近目的就是要把科学一代一代地传下去，在世上保存下来；但为什么应当保存它呢？显然，只是为了在时机成熟时塑造共同的生活和整个人类的事物秩序。这是它的最终目的；因此，任何科学的追求哪怕是在未来的什么时候才能实现，都是间接地服务于国家的。如果它放弃

了这一目的，它也就丧失了自己的尊严和自己的独立性。但是，如果谁怀有这一目的，他就必须用统治民族的语言从事写作。

凡在能找到一种特定语言的地方，那里也就存在着一个特定的民族，它有权独立自主地操心自己的事务，自己治理自己，这个说法无疑是真实的；同样，我们可以反过来说，如果一个民族不再 (I,10,262)
自己治理自己，它也就应当放弃自己的语言，而与征服者融合到一起，以产生一种统一局面、内部和平和对不复存在的各种情况的完全遗忘。一个管辖这样一种民族混合体的一知半解的统帅必定会要求这样做，所以我们可以确信，在我们的情况中是会被要求这样做的。在这种融合产生之前，允许使用的教科书会译成野蛮民族的语言，也就是译成这样一种民族的语言，这种民族过分笨拙，以致学不会统治民族的语言，正因为如此，便将自己排除在对公众事务的一切影响之外，把自己贬低到终生受奴役的地步；这些自己使自己对现实发生的事情缄默不语的人，也会得到允许，用虚构的世俗之争练习自己的口才，或模仿以前的和古老的形式，在这个时候，人们可以在引以为例的古老语言中寻找前者的证明，在近代语言中寻找后者的证明。这样一种文献我们也许还想保持一段时间，而且那些没有什么更好安慰的人可以用它来安慰自己；但是，那些也许能鼓起勇气和正视真理，被真理的景象所惊醒，下定决心和采取行动的人，也会被一种毫无价值的安慰——它本来会对我们的独立性的敌人十分有利——弄得昏睡不醒，而这正是我想要阻止的，如果我能够做到的话。

人们向我们允诺，德语文献会世代流传下去。为了进一步评判我们在这个问题上所能抱有的希望，很有益的做法是，看一看我

们到此为止究竟是否还有真正意义上的德语文献。著作家最崇高的特权和最神圣的职责是，将他的民族聚集在一起，与她一起讨论她最重要的事务；尤其是，德国著作家的唯一职责一向如此，因为德国在过去已经分裂为许多分离的国家，它几乎只有通过著作家的工具，即通过语言和文字，才被结合为共同的整体；在将德意志人团结在一起的最后外在纽带——帝国宪法——如今也已经断裂之后，著作家在这一时期最根本和最迫切的职责亦将如此。现在，假如有迹象表明——我们在这里不是在讲我们可能知道的或害怕
(I,10,263) 的东西，而只是在讲我们同样必须预先考虑到的某种可能的情况——我是说，假如有迹象表明，一些特定国家的仆从现在已经被忧心忡忡、惊惧不安的情绪所支配，以致他们率先不容许那些假定一个民族依然存在、并向这一民族疾呼的声音响亮地讲出来，或用禁止的办法不容许它们得到传播，那么，这就会证明，我们现在已经不再有任何德语创作了，而且我们就会知道，我们对未来文献的展望能有何前景。

这些人惧怕的，到底可能是什么呢？也许是怕这个人或那个人不爱听这些声音吧!？他们至少给自己要表示的体贴至微的关照选错了时机。对于祖国的辱骂和贬低，对于外国的无聊吹捧，他们毕竟无法阻止；但对于夹杂在这些声音中的一句爱国话他们就不要这么严厉吧！很可能，不是所有的人都同样喜欢听所有的话；但我们目前无法顾及这些，危难时刻正在逼迫我们，我们必须说出危难时刻要求我们说的话。我们正在为生命搏斗；难道他们想要我们注意自己的脚步，以免某件官服沾上扬起的尘土吗？我们正在洪水中沉落下去；难道我们应当不呼救，以免某个神经衰弱的邻

人受惊吗?

那些可能不爱听这种话的人究竟是些什么人呢?他们究竟在什么样的条件下可能不爱听这种话呢?无论在什么地方,使人害怕的只是模糊不清和黑暗。任何可怕的图像,只要人们凝神注视它,就会消失不见。我们迄今一直无拘无束地、坦率地分析了在这些演讲中出现的每一个问题,让我们也以同样的态度正视这种可怕的东西吧。

或者人们认为,目前肩负着领导绝大部分世俗事务的人是真正伟大的人,或者认为情况正相反,[90]而第三种情况是不可能的。在第一种情况下,人的一切伟大之处除了建立在人的独立的、原初的东西之上,究竟建立在什么之上呢?人的伟大之处在于,人不是他的时代乔装打扮出来的东西,而是从永恒的、原初的精神世界生长出来的自然原本的东西,人的伟大之处在于,在他心中产生了一种对整个世界的新的和独特的看法,在于他具有将自己的这种看法应用于现实世界的坚定意志和铁的力量。但是,这样一种人绝对不可能除了尊重自己,就不尊重各个民族和个人的独立性、坚定性以及生存的独特性,而这是在他内心构成他自己的伟大之处的 (I,10,264)
东西。既然他很有把握地感觉到自己的伟大,对它充满信心,他就耻于统治具有可怜的奴仆思想的人,耻于做侏儒中的巨人;他鄙弃那种为统治人们而必定先要贬低他们的想法;看到自己周围的堕落,他十分压抑;不能尊重人们,这使他感到痛心;但是,所有那些能使他的情同兄弟的同时代人得到提高和变得高尚的事情,所有那些能将他们置于更为庄严隆重的光明境地的事情,则使他自己的高尚精神感到舒畅,而且是他的最高享受。利用时代所引起的

震动，把一个古老而可尊敬的民族，即把绝大多数近代欧洲民族的本原民族和一切民族的指导者，从沉睡中唤醒，说服她获取一种可靠的保护手段，以使自己摆脱堕落，而且这一手段同时保证了这个民族永远不再堕落，并在提高自己的同时提高其余一切民族——关于这种事情，难道这样一种人会不高兴听到吗？我们在这里并不是要鼓动一种打破宁静的争吵，而是要警告人们提防这种肯定会导致堕落的东西，要说明一种坚定不移的基础，世界上的某个民族最终将在这种基础之上建立起最高尚、最纯洁的和人类还从未有过的道德，它在以后的一切时代都将得到保证，并将从这个民族出发，被传播给其他民族；我们是要说明一种人类的改造，它将把尘世的和感性的创造物改造成纯粹的和高尚的精神。人们难道认为，一种本身纯洁、高尚和伟大的精神，或以这种精神培养起来的任何人，会由于这样一种建议而受到侮辱吗？

与此相反，那些怀有这种恐惧心理，并以自己的行动确认了自己有这种心理的人，会怎样认为呢？会怎样在所有世人面前大声承认自己这么认为呢？他们会承认，他们相信一种与人为敌的、非常藐小卑劣的原则支配着我们，每一种独立自主的力量的冲动都会使那种不能不害怕听到道德、宗教和心灵净化的人十分惊恐，因为对他来说，只有在对人的贬低中，在人的愚钝和罪恶中才有拯救和保存自己的希望。他们的这种信仰会给我们的其他痛苦再增添上受这样一种人统治的沉重耻辱，难道我们应当丝毫不表示迟疑，不要事先作出令人信服的证明，就同意这种信仰，并按照这种信仰行动吗？

假定发生了最糟的情况，即他们是正确的，而我们这些用自己的行动承认第一种情况的人却绝不是正确的，人类就真的应当遭到贬低，堕落下去，以讨好某个因此受益的人，讨好那些怀有畏惧 (I,10,265) 心理的人吗？难道不应当允许任何一个受到自己良心的命令的人警告这些人不要堕落吗？假定他们不仅是正确的，而且人们也还应当下决心在同代人和后世人面前承认他们是正确的，并大声宣布这项刚刚对自己作出的判决，那么，给那种不受欢迎的警告者可能由此造成的最大和最终的结果是什么呢？他们知道某种高于死亡的东西吗？死亡无论如何在等待着我们所有的人，从有人类开始，高尚的人们就为了微小的事情——因为哪里曾有什么事情高于眼前的事情呢？——而一直不顾死亡的危险。谁有权利介入一种冒着这样的危险业已开始的行动呢？

如果像我所不希望的那样，我们德意志人中间有这样的人，那么，这些人就会未经请求，不需感谢，而将他们的脖子供奉给精神奴役的桎梏，并且像我所希望的那样，不会遭到拒绝；他们不知道真正伟大的人物怎么勇敢，而根据具有他们自己的清晰性的那种想法来衡量这种人物的想法，因而认为必须靠政治手腕阿谀奉承，于是他们就会用恶狠狠地咒骂的办法，利用他们不知道有何他用的文献，以便经过砍伐，把它们当做祭献品，表示他们的殷勤。与此相反，我们则通过出于我们的信心和我们的勇敢的行动，歌颂拥有威力的人物的伟大，而这种歌颂远非语言所能形容。越过完全讲德语的整个领域，到我们能自由地、不受阻碍地发出声音的任何地方去，这声音就会通过自己的单纯存在而向德意志人呼喊道：任何人都不想要你们受到压迫，不想要你们抱有受人奴役的意识和你们奴隶般的屈从，而是想要你们独立，想要你们真正自由和得到升华与净化，因为人们并不阻止自己与你们公开讨论这些问题，向你们指出实现这些目的的可靠方法。如果这声音可以找到听众，获得预期的成功，那么，它就会在未来的数百年中为这种伟大人物，为我们对他的信仰树立起一座纪念碑，而时间是不会毁坏这座纪念碑的，相反地，它会随着每一代新人而长得更高，传播得更广。谁能反对建立这样一座纪念碑的尝试呢？

因此，我们不想用我们的文献在未来的繁荣来安慰我们失去了独立性，不想让这类安慰阻止我们去寻找一种恢复独立性的方法，我们宁愿知道，那些负有某种监管文献的责任的德意志人，是否时至今日还允许其他德意志人自己写作或自己阅读真正的文献，他们是否认为在目前的德国还允许有这样一种文献？但是，他

(I,10,266) 们对这个问题的真实想法如何，必须在最近就做出决定。

在讲完这一切以后，下一步我们要做的——这也只是为了在我们的本原民族得到完全、彻底的改善以前维护我们自己——是塑造我们自己的性格，是通过独自深思，对我们的真实处境和改善这一处境的可靠方法形成一种坚定的看法，首先由此验证这一性格。以我们的语言和文献的继续留存为安慰，已经表明是毫无价值的。但是，还有一些在这些演讲中尚未提到的其他虚幻想法，它们也阻碍着这样一种坚定的看法的形成。我们也要考虑这些想法，这是很恰当的；但这件工作我们留给下一讲。

第十三讲　内容通报[①]·业已开始的研究的继续

(I,10,267)

我们在上一讲的结尾处讲到,在我们当中还流传着许多关于民族事务的毫无价值的想法和蒙蔽人的学说,它们阻碍着德意志人对他们目前的处境作出符合自己的特性的坚定看法。由于人们恰恰在现在更热衷于到处兜售这些梦幻,以获得公众的尊敬,而且在很多其他的思想已经动摇以后,它们只能被一些人拿来填补产生的空缺,所以,抱着一种比在其他场合本来应当谈到它们的重要性时更为严肃的态度,对它们作一个检验,看来是切题的。

首先,比一切事情都重要的是:各个国家最初的、原始的和真正天然的疆界,毫无疑问是它们的内在疆界。讲同一种语言的人们早已在有一切人为技巧以前,通过单纯的天性,靠许多不可见的纽带联结在一起了;他们彼此理解,而且有能力不断更明白地表达自己的意思,他们休戚相关,自然而然地是一个整体,一个不可分割的整体。这样的一个整体为了至少不暂时引起混乱,为了不使自己均衡发展的进程受到严重干扰,绝不会愿意接受任何一个有另一种来源、讲另一种语言的民族,并且与它混合。从这种由人的精神本质划定的内在疆界中,才产生了居住地的外在疆界,这是那种内在疆界的结果,并且从事情的天然外观来看,住在某些山川之

① 为什么这一讲只提供内容通报,而不提供演讲本身,关于这一点,可参见这一通报末尾的说明。[91]

内的人们绝不是由于住在同一地域，才成为一个民族，相反地，人们是由于早已通过一种更高的自然规律而成为一个民族，才住在一起，而且如果他们很幸运，他们才有山河的掩护。

(I,10,268) 这样，德意志民族就通过共同的语言和思维方式完全结合到了一起，并且与其他民族截然分离，而居于欧洲的中部，成为那些没有亲缘关系的部族的一道隔墙；他们人数众多，十分英勇，足以抵御任何外来袭击，保护自己的疆界；他们独立自主，他们的整个思维方式使他们很少愿意从邻近的民族那里接受知识，很少愿意干涉这些民族的事情，用令人不安的做法激起这些民族的敌意。在时代的进程中，他们的好命运保护了他们免于直接参与对其他世界的掠夺；这种情况首先给近代世界历史的发展方式奠定了基础，给各民族的命运以及他们的绝大部分概念和意见奠定了基础。自从有这种情况以来，基督教的欧洲才分裂为许多相互隔离的部分，而在此之前，欧洲即使它自己没有清楚地意识到，也已经是一个整体，并且在共同行动中表现为一个整体；自从有这种情况以来，才树立了一个共同的猎物，每个人都同样对它垂涎三尺，因为大家都同样可能需要它，并且每个人看见它要落入别人手中，都心怀嫉妒；在这时才存在着一切人反对一切人的暗藏敌意和好战心理的原因。也就是在这时，通过征服，或在征服不可能时通过联盟，来吞并那些有另一种来源、讲另一种语言的民族，攫取他们的力量，才对某些民族来说变得有利可图。一个坚决依靠自然力量的民族，如果它的居住地对它来说变得过于窄小，就会想占领邻近的土地，从而扩大自己的居住地，以赢得更大的空间，而在这种情况下，它会驱逐那里原先的居民；它会想用一块贫瘠的不毛之地，

换取一块气候温和的天赐良田，而在这种情况下，它会再次驱赶走原先的占有人；它即使发生蜕化，也会单纯出征抢掠，它并不渴望得到土地或居民，而只强占征途中一切有用之物，然后又离开被洗劫一空的国家；最后，它会将被占领的土地上的原有居民同样作为一种有用之物，作为个人的奴隶加以瓜分。但是，如果它将外族原封不动地作为国家的组成部分补充进来，它就得不到丝毫的利益，所以，它永远不会受到诱惑，去做这种事情。但是，如果事情在于，应当从一个旗鼓相当的，或者可能实力更强的对手那里夺得一件诱人的、共同的猎物，那么，对情况的估计就不同了。不管被征服的民族是否在其他方面符合于我们的要求，至少他们的拳头对于打击我们所要掠夺的对手是有用的，他们当中的每一个人都增添了一份国家的战斗力，对我们来说是受欢迎的。所以我们要问，某 (I,10,269)
个曾经期望和平与安宁，睁眼看清这种形势的智者，能从哪里期待到这种安宁呢？显然，不能使用不让任何人利用多余之物的办法，自然地限制人的占有欲，以期获得安宁，因为现实地存在着一个诱惑所有人的猎物。同样，他也不能期望这些人具有给自己设定界限的意志，以期获得安宁，因为在这些人当中，每一个人都把他能抢到的一切东西抢到自己的手里，而那种限制自己的人必然会遭到毁灭。没有任何人想跟别人分享自己目前占有的东西；只要可能，每个人都想抢走别人的东西。要是有人按兵不动，那只是因为他认为自己没有足够的实力从事争斗；一旦他感到自己有了所需要的实力，他肯定会从事争斗。因此，保持安宁的唯一手段就是：任何人都永远不会获得能够扰乱安宁的力量，并且每一个人都要知道，另一方进行抵抗的力量与他这一方进行攻击的力量不相上

下；这样，就会形成一切力量的均势和抗衡，在其他一切手段都消失以后，只有通过这一手段，才能使每一个人维持自己目前的财产状况，使所有的人都保持安宁。因此，构成那种有名的欧洲均衡势力体系的先决条件的是这两样东西：第一，掠夺物，它是任何个人都没有权利占有的，然而是一切人都同样渴望的；第二，随之而来的掠夺欲，它是普遍的、永远蠢蠢欲动的和真实存在的。在这两个先决条件下，这种均衡当然会是维持安宁的唯一手段，但愿有人找到产生这种均衡，将它从空想变为现实的第二种手段。

但是，难道也可以把那两个先决条件当做普遍的和毫无例外的吗？在欧洲的中心，极为强大的德意志民族难道不是完全没有插手争夺这一猎物，丝毫没有沾染争夺它的兴趣，而且几乎没有要求得到它的能力吗？只要这个民族仍然团结一致，同心协力，那么，如果其他的欧洲人想在一切海域，在一切岛屿和海岸自相残杀，德意志人在欧洲中心的坚固壁垒就会阻止他们互相靠近，——这里本来会保持和平，德意志人本来会保持自己的安宁和富裕，同时保持其余一部分欧洲民族的安宁和富裕。

保持这种状态是不符合于只顾眼前的外国人的私利的。他们认为，德意志人的勇敢很有用处，可用来为他们打仗，德意志人的手很有用处，可用来夺走他们的对手的猎物；一种达到这个目的的
(I,10,270) 手段必定会被找到，而且外国人的狡猾多端轻而易举地战胜了德国人的毫无偏见和不善怀疑。正是外国首先利用了德国由于宗教之争而产生的感情分裂，以期将这个由内部紧密联系的统一体所组成的整个基督教欧洲的缩影同样人为地分裂为许多相互隔离和独立的部分，就像外国通过共同的争夺已经把自己自然而然地分

裂开那样。这些特殊的国家是产生于一个民族的怀抱的，而这个民族除了外国本身，没有任何敌人，除了团结一致，共同反对外国的诱惑和诡计，没有任何事情。外国懂得把这些国家扮演为彼此对立的天然的敌人，每一方都必须不断警惕对方。另一方面，外国也懂得将自己扮演成抵御这种由自己的同胞所构成的危险的天然盟友，扮演成维系这些国家的生死存亡的唯一盟友，因此，这些国家必须同样用自己的一切力量支持其盟友的行动。只有通过这种人为的约束手段，一切想对新旧世界中的任何一种对象展开的纷争，才成为德意志各部落本身彼此的纷争；每一场由于任何一种起因而发生的战争都必定是用德意志人的鲜血在德意志人的土地上决胜负的，在对这些情况的整个起源十分陌生的民族中，均势的任何偏移都必须加以平衡，而德意志诸国相互隔离的存在状态已是违反一切天性和理性的，为使它们还能有所作为，它们必须被当做欧洲均势天平上的主要砝码的附加物，盲目地、毫无意志地随着这个天平移动。如果说在某些国家，人们指称一些公民的方式是说他们属于某某外国政党或拥护某某外国联盟，但不知道如何称呼属于本国的政党的公民们，那么，德意志人早就只拥护任何一个外国政党了，人们很难碰上有谁会拥护德意志人的政党，会认为这个国家应当自己结成联盟。

这就是在欧洲各国之间人为地维持势力均衡这一臭名昭著的理论体系的真正起源和意义，这就是它对德国和对世界所产生的结果。如果基督教欧洲像它应当那样，像它原来那样，仍然是一个整体，那么，人们就决不会有产生这种想法的起因了；这一整体自立自强，并不分裂为必定彼此势均力敌的冲突力量；只有对于变得 (I,10,271)

不公正的和业已分裂的欧洲来说，那种想法才获得了一种勉强成立的意义。德国不曾属于这个变得不公正的和业已分裂的欧洲。假如至少德国仍然是一个整体，那它就会自立于文明大地的中心，犹如太阳自立于世界的中心；它会维持自身的安宁，并靠自身的力量维持它周围的安宁，它无须一切人为的措施，而凭自身单纯的、自然的存在，就会给予所有国家以均势。只有外国的欺骗才将它搅进了外国那种不公正的和有纷争的情况，并传授给它诡计概念，把这种概念作为最有效的手段之一，在它的真正利益上欺骗它，把它一直蒙在鼓里。现在，这一目的已经完全达到，人们谋图的结果已经完全摆在我们的眼前。即使我们现在无法取消这个结果，我们为什么不应当至少在我们自己的理智——这理智几乎还是仍然由我们自己支配的唯一东西——中消除它的根源呢？在苦难将我们从睡眠中唤醒之后，古老的梦幻为什么还应当一直摆放到我们眼前呢？我们为什么不应当至少现在就看到真理，发现那可能拯救我们的唯一手段呢？——我们的后代也许想做我们认识到的事情，正如我们因为父辈做梦而现在受苦一样。让我们理解，必须人为地维持均势的想法虽然对于处在罪过和灾难的压力之下的外国来说可能是一种令人安慰的梦想，但它作为地道的外国产物是永远不会在德意志人的心中扎根的，德意志人也永远不应陷入使它可以在他们中间生根的境地；我们至少现在就必须看透它是毫无价值的，我们必须认识到，并非在它那里，而是只有在德意志人自己的统一中才能找到共同的得救之道。

在我们的时代被经常鼓吹的海洋自由[92]，对德意志人来说同
(I,10,272) 样是陌生的，不管人们图谋的真的是这种自由，还仅仅是自己能够

将其他一切人都排除在这种自由之外的能力。几百年以来，当其他一切民族都在角逐的时候，德意志人却很少表现出大规模地参与这种自由的欲望，而且他们是永远不会这样做的。他们也不需要这种自由。他们资源丰富的国土和他们的勤劳，给他们保证了过文明人的生活所需要的一切；他们也不缺乏为达到这个目的而对这一切进行加工改造的技术。他们自己的科学精神不会使他们缺少交换手段，以获得世界贸易所带来的唯一真正的利益，即扩大对地球及其居民的科学知识。啊，但愿德意志人的有利命运能同样保护他们不间接参与掠夺其他世界的行径，就像它曾保护他们不直接参与这种行径一样！但愿轻信态度和那种也想象其他民族一样优雅地、高贵地生活的欲望，不会使产于其他世界的非必需品成为我们的必需品；但愿我们在考虑那些不怎么缺乏的物品时，宁肯向我们的自由同胞提出一些可以承受的条件，而不想从大海彼岸可怜的奴隶的血汗中攫取利益。这样，我们就至少不会甚至给我们现在的命运提供借口，我们就不会被作为买主而遭受战争，不会被作为市场而遭受灭亡。大约在十年以前，在有人能预见到以后发生的事情之前，德意志人就被劝告说，要使自己不依靠世界贸易，将自己作为商业国锁闭起来。这一建议违反了我们的习惯，特别是违反了我们对于金属铸币的偶像崇拜，于是受到了激烈的抨击，被弃之一旁。[93]从那以后，我们正在学会在外国暴力的逼迫之下，屈辱地缺失我们以前依靠自由，为我们的最高尊严而保证不能缺乏的东西，学会在这样的逼迫之下屈辱地缺失更多的这类东西。既然物质享受至少没有迷住我们的心窍，但愿我们抓住这个机会，以永远纠正我们的观念！但愿我们终于认识到，所有那些关于世

界贸易和外贸生产的骗人理论体系虽然很适合于外国人，并且恰
(I,10,273) 恰是他们一直用来打我们的一个武器，但是，这些理论体系在德意志人这里却毫无用处；除了德意志人自己的统一，德意志人内部的独立和贸易的独立是他们得救的第二个手段，并通过他们成为欧洲得救的第二个手段。

但愿人们最终也还敢于看出，一统天下的君主国的梦幻是可憎的和毫无理性的，这一梦幻已开始取代一段时期以来变得越来越难以令人置信的均势，而被呈现给了公众，以获得他们的尊敬。精神的本质只能在个人的千差万别的层次上，在整体的各个部分中，在许多民族中表现人类的本质。只有当这些民族中的每个民族依靠它自身，根据它的特性，发展和塑造自己的时候，只有当这些民族中的每个民族的每一个人在本民族里根据民族的共同特性和具体特性，发展和塑造自己的时候，神性才会像应当那样，在其真正的明镜中显现出来；只有那种不是对规律性和神圣秩序毫无预感，便是它们的死敌的人，才会想斗胆干预神灵世界的最高规律。藏于自己眼里的、不可见的民族特性，将各个民族与本原生活的源泉联系在一起，只有在这些民族特性中，才有他们当前的尊严和本来的尊严、道德和功绩的保证。如果这些特性由于民族的混合与摩擦而被去掉棱角，那就会从这种浅薄东西中产生出与精神本质的分离，产生出一切民族走向相互一致、彼此关联的堕落的融合。一些著作家就我们的一切不幸用一种前景安慰我们，说我们也会因此成为新兴的一统天下的君主国的臣民，说有人已经决意这样碾碎人类中的一切人性的萌芽，以便将融化的面团压成任何一种形状，并且说一种如此可怕的反对人类的野蛮行为或敌对行

为在我们的时代是可能的,我们应当相信他们的说法吗?或者,即使我们打算决定暂且相信这种全然不可信的说法,那么,究竟应当通过哪种机构进一步执行这样一种计划呢?在欧洲目前的文明状态下为了某个一统天下的新君主国而征服世界的究竟应当是哪一类民族呢?欧洲的各个民族不再做野蛮人,不再为了自己而以破坏性行为取乐,已有数百年之久。所有的民族都在战争之后寻求 (I,10,274)
最终的和平,在奋斗之后寻求安宁,在混乱之后寻求秩序;大家都想看到,自己的生涯以一种和平的、宁静的家园生活为圆满结局。在一个时期,甚至连单纯预想的民族利益都会鼓动他们进行战争;如果一统天下的君主国的要求是一再以这种方式提出来的,那种梦幻就会消失,它所给予的狂热力量也会消失;对宁静秩序的渴望又得到了恢复,于是,我们究竟是为何种目的做这一切和承受这一切的问题,也就提出来了。我们时代的世界征服者必定会首先清除所有这些感情,并且用经过深思熟虑的技艺,将一个野蛮民族塞到这个由于自己的本质而没有产生一个野蛮民族的时代。但他做的必定不止于此。只要我们让人们稍有休养生息的机会,那种从年轻时代起就看惯了耕种的土地,看惯了富裕和秩序的人,无论在什么地方见到同样的景象,都对它感到愉快,因为它向他展现了他自己那种永远无法完全泯灭的渴望的背景,而一定要消灭这种景象,则会使他自己感到痛心。甚至针对这种给社会的人深深地刻印上的愉悦之情,针对人们就征战者给被征服国家所带来的灾难表露的沉痛之感,也一定要找到一种制衡的力量。但除了掠夺欲望,就没有什么别的制衡力量。如果敛财聚物成为支配征战者的动力,如果征战者习惯于在蹂躏各个欣欣向荣的国家时不再想到

任何其他事情,而只想到他本人在大家普遍受苦受难时能获取什么,那么,可以预料到的是他心中的同情感和怜悯感不会表露出来。因此,我们时代的世界征服者除了将他的人们培养得能从事那种野蛮的暴行,也必定还会将他们培养得具有冷酷无情而深思熟虑的掠夺欲望;他一定不会惩罚敲诈勒索的行为,反而一定会对这种行为加以鼓励。那种自然而然地基于事实的耻辱感也一定会被首先扫光,但掠夺却必定会被认为是一种出色的理智的光荣标志,被算作伟大业绩,并且必定会开辟一条通向一切荣誉和尊严的道路。在近代欧洲,哪儿有一个民族这么寡廉鲜耻,因而可以被人们用这种方式加以调教呢?或者,如果我们假定世界征服者本人能够胜任这种调教工作,那么,恰恰是他的手段破坏了他的目的的实现。从这时起,这样一个民族便把被征服的人们、国家和艺术作品不再看做任何别的东西,而只看做尽快赚钱的手段,以期继续前进,再去赚钱;它从速榨取,将被榨干的东西丢弃,任其遭受各种可能的命运;它想摘到树上的果实,就砍伐树木。谁用这些工具去行动,对谁来说,一切诱惑、教唆和欺骗的技艺就都会被挫败;只有在远处,他们才能像人们在近处察觉到的那样行骗,于是,就连最愚笨的人都看到他们那种犹如禽兽的野蛮行径,看到他们那种无耻放肆的掠夺欲望,而且整个人类对他们的厌恶之声都响亮地表露
(I,10,275) 出来了。人们用这些工具虽然可以掠夺大地,使它荒芜,将它碾成一个沉闷之至、混乱不堪的领域,但永远无法将它组成一个一统天下的君主国。

上述想法和一切这类想法,是一种单纯愚弄自己,有时也耽于自己精心编造的谎言的思维所制造的产物,对德意志人的彻底性

和严肃性来说是毫无价值的。在这些图景中最多有一些图景,例如政治均势的图景,是在各种广袤和混乱的现象中辨认方向,把它们梳理清楚的有用辅助线;但是,相信这些东西的天然存在或力求实现它们,却正如同有人在划出标记的真实地球上,寻找用于辨认自己在地球上的观察方向的两极、子午线和回归线一样。但愿成为我们民族的风尚的是:我们的思考不是单纯要开玩笑,仿佛试验从中会产生何种结果,而是要这样进行思考,就是说,仿佛我们所思考的东西应当是真实的,应当在生活中真正起作用;如果能这样,让人们警惕这些原来属于外国的、只会压迫德意志人的治国能人的骗人形象,就将成为多余的了。

一旦我们掌握我们的思维方式的这种彻底性、严肃性和重要性,它们就会也出现在我们的生活中。我们已经被战胜;我们现在是否想同时遭受蔑视,公正地遭受蔑视,我们在遭受其他一切损失之后,是否也还想丧失荣誉,这将仍然永远取决于我们。用武器进行的斗争已经结束了;如我们希望的,哲学原理、道德风尚和民族性格的新斗争兴起了。

让我们送给我们的客人一副表现对祖国和朋友的眷恋之情,表现廉洁正直和富有责任感,表现一切公民道德和家庭道德的图画吧,让它作为送给客人的友好礼物,带到他们终有一天会返回去的他们自己的家乡。让我们留神,不要邀请他们来蔑视我们;但是,没有任何东西使我们肯定会邀请他们来蔑视我们,好像我们不是极度惧怕他们,便是放弃我们的生存方式,而力求模仿他们的生存方式。诚然,我们不要有那种个人向个人挑战和个人激怒个人的不妥行为,但除此以外,我们在各方面都继续走自己的道路,好像我们只管我们自己，而绝不建立我们绝对不需要的任何关系，这将是最可靠的措施；在这方面最可靠的手段将是，每一个人都满足于祖国原有的环境能够使他取得的成就，根据自己的力量承担共
(I,10,276) 同的重负，而把通过外国得到的每一种恩惠都看做丧失尊严的耻辱。可惜，人们在作出选择的场合宁愿小瞧自己，也不希望出现人们令人感动地称道的东西，这已几乎成为遍及欧洲的、因而也遍及德意志的习俗，而这也许可能让人把业已接受的良好生活方式的整个理论体系归结为那个基本原理的统一性。但愿我们德意志人在目前的情形下宁肯反抗这种生活方式，而不是反抗什么更高的东西！尽管可能有这样一种反抗，但愿我们仍保持自己的本来面貌；是的，假如我们能够做到这一点，但愿我们变得更强大和更坚定，就像我们所应当的那样！人们惯于批评我们说，我们非常缺乏敏捷的行动和驾轻就熟的技能，我们对一切事情都过分严肃、过分谨慎和过分看重，但愿我们对此不怎么觉得惭愧，所以反而力求不断地有更大的理由、在更广泛的范围里够得上受这种批评！我们确信，如果我们并不完全不再是我们自己——这就相当于完全不再存在——那么，我们即使竭尽一切努力，也依然永远不会使那些人满意，这种容易达到的确信巩固了我们的这一决心。有一些民族，他们自己想要保存他们的特点，想要使别人知道尊重他们的特点，因而也承认其他民族自身的特点，乐意和允许其他民族有这种特点；毫无疑问，德意志人是属于这些民族的，这一特征在他们整个过去和现在的尘世生活中已有很深的根基，以致他们经常为了公正地对待同时代的外国人和以往的古代史，而对自己很不公正。又有另外一些民族，他们那种在自身紧密生长在一起的自我，永远

不允许他们有一种不囿于自身，对异族进行冷静观察的自由，因此他们不得不认为，做有教养的人只有一种唯一可能的方式，而这种方式每每都是在这个时刻恰好由某种偶然情况抛给他们的；世界上的其余一切人，除了成为像他们那样的人，并没有什么别的使命，如果他们想要承担教化这些人的辛劳，这些人就必须向他们表示最大的感谢。在第一类民族中，对人的发展有一种教化和教育的最有益的交互作用，并且有一种渗透，在这种渗透中每个人仍然可以靠他人的善良意志保持自己。第二类民族没有能力教化什么，因为他们没有能力把握现存状态中的任何东西；他们只想消灭现存的一切，并在自己以外的所有地方产生出一块他们能不断重复自己形象的空地；就连他们最初在表面上对异邦风俗的介入，也只是教育者对现在还很孱弱、但很有希望的学子们的好心屈就；就 (I,10,277) 连已经结束的过去时代里的人物，直到他们用自己的外衣将这些人物乔装打扮好为止，他们也一直不喜欢，如果他们能做到，他们就会把这些人物从坟墓中唤醒，以期按照自己的方式教育这些人物。诚然，我永远不敢肆无忌惮，笼统地、毫无例外地责备任何一个现存民族有这种局限性。倒不如说，让我们假定，在这里也是那些不发言的人是更好的人。但是，如果按照发表的言论评判那些出现在我们当中，发表过言论的人们，那么，看来结论就是必须把他们纳入我们描绘过的那类人。这样一种言论似乎需要加以证明；我不谈摆在欧洲眼前的这种精神造成的其余后果，而只举出以下这种唯一的情况：我们互相之间进行了战争；我们这一方是战败者，那些人是战胜者；这是真实的，是得到承认的。那些人可以毫不怀疑地对此感到满足。现在，我们当中有人会继续认为，我们的

事业还是正义的，我们本应取得胜利，该抱怨的是这个胜利没有成为我们的。难道这种结局就这么糟糕吗？那些从他们那个方面同样可以设想他们希求的结局的人，难道能使我们如此恼火吗？不，我们不应当肆无忌惮，设想那种结局。我们应当同时认识到，在任何时候希求的都与他们不同，都要抵抗他们，这是一种多么不正确的做法！我们应当祝福我们的失败，把它当做对我们自身最有益的事件，当做给我们做的最大好事。结局不可能是别样，人们对我们的良好理智就有这个希望！——可我还再说什么呢？这差不多在两千年以前就已经非常精确地说过了，比如在塔西陀的历史书中，[94]罗马人针对反对他们的、被战胜的野蛮人的情况表示，抵抗罗马人是对神的法律和人的法律的罪恶反叛和反抗，罗马人的武器能给各个民族带来的只是祝福，罗马人的锁链能给各个民族带来的只是尊严，这种看法毕竟是建立在一种可以获得几分原谅的表面现象之上的。人们在这些日子里从我们这里获得的正是这种看法，他们满怀好意地向我们自己要求这种看法，把它假定为我们的看法。我并不是把这些话当做傲慢的讽刺说出来的；我能够理
(I,10,278) 解，人们在十分自以为是和见识短浅的时候，可能会怎样认真地相信这类事情，并同样真诚地相信相反的事情，正如我认为罗马人确实是那样认为的；但我只是让大家思考，我们当中这些认为永远不可能转向那种信念的人们是否能够指望得到什么补偿。

如果我们德意志人的各个部族、阶层、个人都在外国人的耳边就我们的共同命运相互指责，相互进行辛辣和激烈的责难，我们就在外国面前极大地贬低了我们自己。首先，所有这一类指责绝大部分都是没有道理的、不公正的和毫无根据的。我们已在上面说

明，是什么原因导致了德国最近的命运；这些原因数百年来都毫无例外地在一切德意志部族本身同样存在着；最近的事件并不是某个部族或它的政府犯有某种特别错误的结果，它们酝酿已久，假如只涉及那些在我们自身存在的原因，则同样早就能击中了我们。在这里，大家的罪过或无辜大概都一样大，而且不再有可能作出其他的估计。在匆匆产生最终结果的时候已经发现，各个德意志国家连它们本身、它们的力量和它们的真实处境都不了解，在这种情况下，究竟哪一个国家能妄自挺身而出，对别人的罪责作出一个基于透彻的了解的最终判断呢？

有根据的指责可能会越过德意志祖国的一切部族，而击中某一个阶层，这不是因为它也同样不比一切别的阶层更多地认识到或有能力认识到共同的罪责是什么，而是因为它作出一种样子，似乎它认识到的和所能做的更多，而把其余一切阶层排挤出了国家管理工作的范围。即使这样一种指责是有根据的，谁应当说出它来呢？而且它恰恰在现在才以前所未有的巨大声音和尖刻语调被说出来并加以磋商，又有什么必要呢？我们看到，著作家们是这样做的。如果他们在以前，在那个阶层还拥有一切权力和一切威望，受到其余绝大多数人的默默赞同的时候，同样像他们现在这样讲话，谁能责怪他们重新提到他们以前发表的那种已在很大程度上被经验证实的讲话呢？我们也听到，他们在民族法庭前逐一点名 (I,10,279)
指控以前身居高位的人，说明这些人的无能、懒惰和险恶用心，证明这些原因必定会造成这些结果。如果在当时，在这些被指控的人还掌权的时候，在这些人的管理工作必然会造成的弊端还可以被避免的时候，他们就已经认识到他们现在认识到的东西，同样大

声地把它讲出来，如果他们那时就同样有力地指控这些人的罪责，千方百计把祖国从这些人的手中拯救出来，只是人们没有听他们的话，那么，他们重提自己当时被人不屑一顾的警告，就是十分正当的。但是，如果他们只是从结果中得出他们当时的智慧，而这是全体民众从那以后跟他们一起从中得出的，那么，为什么现在恰恰是他们在说这些众所周知的东西呢？或者是因为，他们当时利欲熏心，也许根本就是在阿谀奉承，或者是因为，他们心怀畏惧，曾在那个阶层和那些人面前保持沉默，而到现在，在那些人丧失权力以后，他们的声讨之词就劈头盖脸向这些人袭来；噢，那么，他们今后就不要忘记，在我们的不幸的根源中，除了贵族、无能的大臣和将领们，也还要举出同群氓无异的事后诸葛亮的政论家们，他们对当权者阿谀奉承，但对失势者却幸灾乐祸地加以讥笑！

或者是因为，他们谴责过去的错误——这些错误诚然不会被他们的一切谴责所消灭——只是为了使人们在今后不再犯这些错误，但他们这种促成人类关系的彻底改善的热诚，竟然使他们如此勇敢地置明智和体面于不顾吗？我们很乐于相信他们有这种善良意志，只要认识和理智的彻底性允许他们在这种行业中有善良意志。招致了我们的不幸的，不仅是那些曾经偶然身居最高位置的个人，而且是整体的内在联系和复杂情况，即时代的整个精神，时
(I,10,280) 代的种种错误、无知、浅薄、气馁以及与此不可分离的毫无把握的步伐，换句话说，是时代的整个风尚；因此，一直行动的人就远远少于提供的位置，而且每个人，尤其是激烈的批评者本身都极有可能认为，他们如果居于同样的位置，大概也会被环境推向同样的目标。但愿人们很少梦想处心积虑的险恶用心和叛变！缺乏理智和

懒惰成性几乎到处都足以解释所发生的事件；这种罪责是任何人都不应该不经深入的独自检验就完全开脱的；特别是在全体民众中存在着一种极大的惰性力量的地方，那种应该努力进取的个人必须具有一种程度极高的活动力量。即使个人的各种错误由此被明显地暴露出来，造成弊端的原因也没有因而被发现，也不会因为这些错误在将来能加以避免而被消除。如果人们仍然不完善，他们就别无他途，而只能犯错误；即使他们能躲避前人的错误，在错误的无限空间里也会非常容易出现各种新的错误。只有进行一种彻底的改造，只有开始一种崭新的精神，才能够救助我们。如果他们将一同致力于这种发展，那么，我们除了承认他们具有善良意志的光荣，也很愿意承认他们具有正确的和有效用的理智。

这些相互指责既不公正和无益于事，同时又极不明智，必定在外国人眼里极大地贬低了我们，而我们偏偏以种种方式使他们易于了解这些情况，将这些情况硬塞给他们。如果我们不倦地向他们说假话，说我们这里的一切事情在过去如何混乱和乏味，我们在多大的程度上悲惨地受到了统治，他们不是就必定会认为，不管他们想怎样对待我们，他们对我们毕竟总是太好，而绝不可能对我们太坏吗？他们不是就必定会认为，我们既然如此笨拙和拮据，就得以低声下气地表示感激的态度，接受他们从他们的统治、管理和立法技艺的丰富宝藏中给我们取出来的或为我们的将来所考虑的每一样东西吗？我们这一方就需要他们这种无论如何对他们自己不无裨益，而对我们则无足轻重的看法的支持吗？人们在别的场合必定会当做辛辣讽刺的某些说法——比如说，他们才给原先不曾有祖国的德意志诸邦带来一个祖国，或者，他们废除了曾在我们这 (I,10,281)

里合法的奴隶式的人身依附——难道不会因而成为我们自己的言论的重复，成为我们自己的阿谀之词的回声吗？其他欧洲民族在其余的命运方面与我们德意志人已经变得相同，但它们当中没有任何一个国家与我们共同遭到这样的耻辱：一旦外国的武装统治我们，我们就立刻显得对这一时刻好像等待已久，想不失时机地尽快做出一副良好的姿态，辱骂我们以前用庸俗的方式阿谀奉承过的自己的政府和自己的当权者，辱骂我们祖国的一切。

我们其他无辜的人怎样从我们的头上去掉耻辱，让这些有罪的人独自站立起来呢？有一个办法。人们一旦能肯定无人再买辱骂我们祖国的著作，这种著作的作者和出版人一旦不能再指望读者被游手好闲的习性、空虚的好奇心和喜欢空谈的癖好所引诱，或被幸灾乐祸之心所引诱，目睹那种曾经引起他们痛苦的尊敬之情的东西遭到凌辱，这样的著作就即刻不再会被刊印了。让每一个感到耻辱的人都怀着应有的蔑视态度，退回这种供他阅读的著作吧；虽然他认为自己是唯一这么行动的人，也让他这么做吧，直到在我们中间形成每一个正直的人都这么做的风尚；这样，即使没有强制性的图书禁令，我们也很快就会了结我们著作界的这种充满耻辱的部分。

最后，如果我们专注于对外国人阿谀奉承，这就在他们面前极大地贬低了我们自己。我们当中的一部分人，在以前就已经使自己成了非常可鄙、可笑和令人作呕的，因为他们利用过一切机会向本国的当权者进献高香，在他们认为能阿谀献媚的一切地方，他们既不顾理性，也不顾体面、良好风尚和鉴赏能力。这种风尚在这个时代已经过时，这些歌功颂德有些已经变成了责难之词。在这期间，我们仿佛为了使自己不变得荒疏，就给我们的缭绕的香烟指出了另一个方向，让它飘到现在掌权的那一边去。只说前一种事情，即献媚本身和献媚没有遭到拒绝，就必定会使每一个严肃思考的德意志人感到痛心；但问题还是在我们内部。难道我们现在也想把外国人当做我们这种低贱的癖好的见证人，当做我们极为笨拙地摆脱这种癖好的见证人，从而给人们鄙视我们的低贱再增添上我们笨拙的可笑景象吗？在这一行动中，我们缺乏外国人所具有 (I,10,282) 的一切精细；为了不至于受到考问，我们变得粗笨而夸张，立刻开始顶礼膜拜，迷信星命。此外，我们的样子看起来好像主要是由于惊吓和畏惧，才不得不歌功颂德；但是，没有任何事物比一个胆小鬼更可笑了，他把自己事实上认为可怕的东西赞颂为美丽和优雅，他只是想用这种献媚的手段贿赂这个可怕的东西，让它不要吞食了自己。

或者，[95]这些赞颂也许不是阿谀奉承，而是他们对于那种在他们看来领导人类事务的伟大天才务必表示的敬意和钦佩的真实表达吗？即使在这里，他们也是多么不了解真正的伟人的特征啊！伟人不虚荣，他们在一切时代和一切民族当中都在这方面是一样的，正如反过来说那样，表现出虚荣的人从来都必定是渺小的和低下的。那些真正的、依靠自身的力量的伟大人物并不喜欢同时代人给他们建立纪念碑或冠以“伟大”的名称，并不喜欢群众震耳的掌声和赞颂；倒不如说，他们以应有的鄙视态度拒绝这些东西，他们首先等待着自己内心的法官对自己的判决，等待着有评判能力的后人发出的声音。还有一个特征，总是同这些特征联系在一起，那就是伟人敬畏黑暗的、神秘的厄运，不忘永远运转的命运之轮，在自己终结之前不让别人赞美自己伟大或有福气。由此可见，那些赞美者是自相矛盾的，他们通过使用自己的言论，把它们的内容变成了谎言。如果他们真的认为自己所声称的尊敬的对象是伟大的，他们就会满足于接受他是超然于他们的掌声和赞颂之上的，并以充满敬畏的沉默态度来尊敬他。但如果他们用赞颂他来做交易，他们就以此表明，他们事实上把他看成渺小的和低下的，并把他看成非常虚荣的，以致他会喜欢他们的赞颂，而他们则能因而避免某种灾祸或得到某种好处。

那种“多么崇高的天才啊，多么深刻的智慧啊，多么周全的计划啊！”的热情呼喊，如果细加观察，到底是在说什么呢？它是在说，天才是如此伟大，连我们也能完全理解他，智慧是如此深刻，连我们也能彻底看清它，计划是如此周全，连我们也能完全仿制它。因此，它是在说，被颂扬者大致跟颂扬者同样伟大，但也不全然如此，因为后者完全理解和通盘了解前者，因而是站在前者之上的，只要他十分努力，他大概还能作出一些更伟大的业绩。如果有人
(I,10,283) 认为自己能用讨人喜欢的方式献殷勤，他对自己的评判就必定很充分；但如果受颂扬的人很高兴地接受这样的敬意，他对自己的评判就必定很不充分。

不，诚实、严肃、稳重的德意志人和同胞们，让这种无知远离开我们的精神吧！让这种污染远离开我们为了表达真理而形成的语言吧！让我们听凭外国人对每一种新现象都发出惊呼吧！让我们听凭外国人每十年就产生一种衡量伟人的新标准，创造一些新的偶像，为赞美人而亵渎神吧！我们衡量伟人的标准仍然是原有的：只有那种能够提出永远给各民族带来福祉的理念，受这些理念感

召的人，才是伟大的；但对于活着的人，让我们听凭有评判能力的后人作出判决吧！

说　　明

将第十三讲的手稿交到书刊检查机关后，我一连等了几周都没有等回手稿，而是终于收到了下面这封信：

“在已经向费希特教授先生发出付印许可以后，他的第十三讲的手稿由于某种偶然情况遗失了，虽然经过一切努力，也无法再被找到。

现在为了不耽误出版人赖默尔付印，我请求尊贵的费希特教授先生根据他的笔记本补充这一讲。并为了付印许可而将这一讲寄给我。

柏林，1808 年 4 月 13 日

冯·舍费”

可以被这封信理解为笔记本的资料，我没有保留，在撰写第十三讲的本文时写在草稿上的提纲和草拟的东西，在这一期间迁居时也被付之一炬。因此我不得不坚持，应当重新找回这篇不该遗失，但已经遗失的手稿。但这就像人们保证的那样，即使再极其仔细地寻找，也已经不可能办到；这至少在现在没有办到，于是我就必须尽我所能，填补这一空缺。

虽然为了给自己辩护，我不得不让外界的读者知道这个偶然 (I,10,284)
发生的事故，但我请求读者们相信，人们无论在这个事故本身，还是在讲到这个事故的那封信中所能发现的现象，在我们这里决不是普遍的风气，相反地，这种事故只是一种极为少见的、也许绝无仅有的例外，可以期待，将会采取预防措施，以使这种情况不可能再出现。

(I,10,285)

第十四讲　结语[96]

我就此结束我的演讲，这些演讲的洪大声音当然首先是向你们发出的，但是它们着眼于整个德意志民族，它们旨在将一切能够理解它们的讲德语的人都聚集在自己的周围，聚集在这个你们显然正在呼吸的大厅里。如果我能成功地将一粒火种投入任何一个在我眼前搏动的胸膛，如果这粒火种能在这个胸膛里继续闪烁并获得生命，那么，我的意图并不是要使这些人孤芳独处，相反地，我是想要使整个共有的大地上信念和决心相似的人都向他们聚拢过来，并跟他们的信念和决心联合起来，使爱国思维方式中唯一的、绵延不断和连成一体的火焰从这一中心出发，传播并点燃整个祖国大地，直至最遥远的边疆。这些演讲在这个时代并不是为了悠闲无事的人消磨时光而讲给他们听和让他们看的，相反地，我想最终知道，而且每一个具有同样信念的人都应当和我一起知道，除了我们以外，是否还有一些跟我们的思维方式相似的人。每一个德意志人，只要他还相信自己是一个被他认为伟大高尚的民族的成员，只要他对这个民族还抱有希望，勇于为她奋斗，甘于为她忍辱负重，他就应当最终从那种对自己的信仰感到不踏实的心态中挣脱出来；他应当清楚地看到自己是正确的呢，还只是一个傻瓜和狂热分子，他应当从现在起要么怀着确信和愉快的意识继续走自己

的路，要么坚决果断地放弃尘世中的祖国，而只用天国聊以自慰。这些演讲的呼声是向你们发出的，它们不是把你们当做我们日常有限生活中的某个人，而是把你们当做民族的代表，并通过你们的听觉器官向整个民族发出呼声。

你们已有数百年不曾像今天这样济济一堂，完全作为一个民族，作为德意志人，来讨论如此重大紧迫和如此休戚与共的事情了。你们也绝不会再有这样的机会了。如果你们现在不注意听讲，心不在焉，把这些演讲也当成耳旁风，或当成奇谈怪论白白放过，那么，谁都不会再指望你们了。你们无论如何要听一听，你们无论如何要想一想。不过，这一次，你们不要不下定决心就走开；每一个听到这种声音的人都要亲自为自己下定决心，仿佛他是一 (I,10 286)
人独处，必须独自做一切那样。如果有很多人这样想，那么，不久就会有一个很大的整体汇成一股紧密团结的统一力量。反之，如果每一个人都置身事外，将希望寄托在其余人身上，把事情托付给别人，那么，就根本没有什么别人，大家都仍然处于他们以前的状态。——你们要立刻下定决心，下定这个决心。你们不要说：让我们再休息一会儿，再睡一会儿觉，做一会儿梦，直到情况会自行好转。情况是永远不会自行好转的。如果有谁错过了那个可能还比较便于思考的昨日，而在今日仍不能想这样做，那么，他在明日就更无法这样做了。任何一种拖延都只会使我们更加懒惰，只会哄骗我们愈发乐于适应我们的悲惨境遇。促使我们思考的外在动力也绝不可能变得更强烈和更紧迫。目前这种形势不能使谁振奋起来，谁就肯定是麻木不仁的。——你们被召集到一起，下定最后的、不变的决心和决断；这绝不是为了一种对他人的命令、托付和

要求，而是为了一种对你们自己的要求。你们应当下定这样一种决心，这种决心只能是每个人靠自己的力量亲自下定的。在这里，那种无所事事的打算，那种等待日后的愿望，那种认为人们有朝一日会又自行改善，因而听之任之、安于现状的懒惰态度，都是不足取的；而是事情要求你们有这样一种决心，这种决心也同时直接就是生活和内在行动，这种决心毫不动摇，毫不移易，而不断地起着支配作用，直至达到自己的目标。

或许，那个唯独能产生这样一种参与生活的决心的根源已经在你们身上完全灭绝和消失了吗？难道你们的整个本性真的已经淡化，已经化为一个空虚的影子，没有生气，没有血液，也没有自身的动力了吗？难道它已经化为一场梦，在这场梦里虽然会产生形形色色的面孔，他们拼命地相互攻讦，然而身体却像死尸一般僵直地躺在那里吗？长期以来，穿着各异的人们都对这个时代说，而且不断重复说，人们大致就是这样设想它的。[97]它的代言人曾经以为，人们这样做，只不过是想恶语中伤，因此，他们认为自己被挑起来，也从自己方面反唇相讥，[98]以使事情重新恢复其自然秩序。除
(I,10,287) 此以外，人们感觉不到丝毫的变化或改善。如果你们听到这种说法，它就能激怒你们；你们现在就来惩罚那些如此看待和议论你们的人吧！你们要直截了当地用你们的行动证明他们在说谎，这就是说，你们要在所有世人面前表明你们是另外的样子，这样，那些人就在所有世人面前被认为是错误的了。也许他们正在打算遭到你们的驳斥，因为他们对于用任何其他办法刺激你们已感到绝望，所以他们才对你们措辞严厉。他们这样做，要比那些阿谀奉承你们的人也许对你们好得多，那些奉承你们的人会使你们四体不勤，

对任何事情都漫不经心！

即使你们一向十分软弱，毫无力量，在这个时代人们也已经使你们很容易进行前所未有的、清晰冷静的思考。那种原本使我们对自己的处境感到迷茫，使我们漫不经心、随波逐流的东西，是对我们自己和我们的生活方式的一种甜蜜的自满自足。以前日子是这样过的，以后也继续这样过下去；无论谁要求我们进行思考，我们都不反驳他，而是以胜利者的姿态，向他显示我们这种无须任何思考而出现的生活和不断生存的过程。但这不过是由于我们没有受到检验。自那以后，我们就一直这么过来了。从那时起，那些欺骗，那些迷惑人心的东西，那种我们用以互相搅乱对方的虚伪安慰，大概就该崩溃了吧？——那些天生的偏见，无须从什么地方冒出来，而是像天然的雾障一样在所有人的头上弥漫开来，将所有的人都裹进这片昏暗之中，这些偏见现在大概应当消失了吧？那种昏暗不再遮蔽我们的眼睛；但是，它也不再能充当借口。我们现在屹立在那里，心地纯洁，襟怀坦荡，脱下了所有的外壳和披挂，纯粹成为了我们自己。这个自我是什么或不是什么，现在必定会显示出来。

你们当中可能会有人站出来向我发问：在一切德意志人和著作家当中，是什么恰恰给了你一个人这个特殊的任务、职业和特权，来召集我们和告诫我们呢？难道在德国成千上万的著作家当中不是每一个人都跟你一样有这样的权利吗？但这些人当中没有一个人这样做，而只有你一个人出头露面。我的回答是：诚然每一个人都像我一样拥有这样的权利，但正因为这些人当中没有一个人在我之前这样做过，我才做这件事；假如有人早先做过这件事，那我就会沉默不语。这是达到彻底改良的目标的第一步，总得有人要走这第一步。我就是这个在自己的有生之年首先看到这一点的人，所以我就成为走出这第一步的人。在走出这一步之后，将会有第二步；现在大家都有同样的权利来走这第二步；但是，真正走这第二步的又将只有一个人。总有一个人必定是这第一人，谁有能力做，谁就是这第一人！

(I,10,288) 你们不必对这种情况担忧，而要稍稍注意观察我们以前引导你们观察过的这样一种情况：如果德国知道利用自己的幸运处境，认识到自己的优势，它将会处于怎样令人羡慕的状况，世界又将会处于怎样令人羡慕的状况。你们要接着用你们的眼睛，密切注视这两者目前的状况，让自己深切感受到每一个高尚的人在这时都必然会感受到的痛苦和不满。在这种情况下，你们要返求诸己，看到这个时代正想让你们免除前世的谬误，去掉眼前的雾障，如果你们允许的话；你们要看到，你们前无古人地被赋予了扭转历史的使命，你们须将那段不光彩的片断从德意志人的历史书中除去。

你们要让各种状况都在你们面前匆匆演示一番，你们必须从中作一选择。如果你们继续这样浑浑噩噩、漫不经心地生活下去，那么，等待你们的首先是一切受奴役的痛苦、贫困和屈辱，是征服者对你们的嘲弄和傲慢；你们将总是被赶到各个角落，因为你们到处都不合适，碍手碍脚，直到你们通过牺牲你们的民族性和语言，给自己买到一官半职，直到你们以这种方式逐渐灭绝你们的民族。相反地，如果你们振作精神，留意现状，那么，你们就首先会找到一种可以过得去的和光荣的日子，并且在你们当中和你们周围还可以看到一个世代的振兴，这将使你们和德意志人得到最隆重的纪念。通过这个世代，你们在精神世界里会看到德意志的名字上升为一切民族中最光辉的名字，你们会看到这一民族成为世界的再生者和重建者。

你们是否想成为一个不值得尊敬的，甚至肯定会遭到后人蔑视的世代的终点和终结人，这取决于你们，要是在这个即将在此开始的野蛮岁月中能够开始一种历史，后人将会为这个世代的历史的终结而弹冠相庆，赞美命运的公正；或者，你们是否想成为一个崭新的、远远超出你们的一切想象的美妙时代的开端和起始点，想成为那种被后人看作给他们带来幸福日子的人，这也取决于你们。你们要考虑做后者，在这种人的力量中蕴藏着这种伟大的变革。你们肯定还听到过德意志人被称为一个统一整体，你们看到过她的统一性的一个明显标志，看到过一个帝国和一个帝国邦联；或 (I,10,289)
者，你们已经知道，在你们中间还偶尔能听见那些被这种高尚爱国之情鼓舞起来的人们发出的声音。你们的后人将习惯于其他的观念，他们将接受陌生的礼仪，接受另一种工作方式和生活方式；但要等到所有眼见耳闻过德意志人的人都谢世，还有多久呢？

对你们的要求并不多。你们只应当想到，从速集中精力，思考直接、明显地摆在你们眼前的事物。你们只应当对此形成一个确定的看法，忠实于自己的看法，并且也向你们周围的人发表和说出这一看法。这是先决条件。我们坚信，这种思考将在你们所有的人那里都同样产生结果，而且，只要你们真正思考，而不是像迄今为止那样漫不经心，你们就会意见一致地思考；只要你们能获得精神，而不滞留于单纯的物质生活，精神的一致与和谐就会自然到来。一旦达到这样的境界，我们所需要的一切其余东西也会自然产生。

对于你们当中每一个还能亲自思考自己眼前明摆着的事物的人，我们所要求的也其实就是这样的思维。你们是有时间这样做的；这一时刻不会使你们感到麻木和意外；与你们一起商谈的记录仍放在你们面前。在你们自己取得一致意见之前，不要放它们出手。你们绝不要由于信赖别人或信赖你们自己以外的什么东西而放松自己；也绝不要由于现时代的不可理喻的智慧而放松自己。这种智慧认为，时代是无须人类的一切助力，而靠某种未知的力量造就成自己的。这些演讲孜孜不倦地提醒你们，除了你们自己挽救自己，根本没有任何东西能挽救你们；这些演讲认为，直到最后一刻，这都有必要加以重复。[99]尽管雨露和年景的丰歉是由我们所不知道的、我们无法控制的力量造成的，但人类整个特有的时代，即各种人际环境，却都只是人自己造成的，而绝不是他们之外的任何力量造成的。只有当他们大家都同样盲目无知的时候，他们才会归顺于这种隐秘的力量。但他们也可以不是盲目无知的。虽然我们遭殃的轻重程度可能部分地取决于这种未知的力量，但是，这却特别取决于我们所服从的理智和善良意志的力量。我们是否还能重交好运，这完全取决于我们自己，如果我们自己不给自己创造幸福，尤其是，[100]如果不是我们当中的每个人都以他自己的方式做
(I,10,290) 事和行动，好像他独立于世，好像人类未来的好运只寄托在他身上，任何幸福都肯定不会再降临到我们头上。

这就是你们必须做的，这些演讲恳请你们不失时机地这样去做。

这些演讲向你们这些青年人提出了恳请。我这个早已不再属

于你们这个辈分的人认为，并且也在这些演讲中说过：你们更有能力形成任何一种超凡脱俗的思想，更易于受到任何一种善举和伟业的鼓舞，因为你们的年龄更靠近天真无瑕和合乎自然的年龄。你们的这种根本特征完全不同于大多数年纪较大的人。这些人抱怨你们高傲自大，抱怨你们的判断草率冒失和不自量力，抱怨你们自以为是和追求新奇。但他们不过是怀着善意，笑对你们的这些失误。他们以为，所有这些都只是由于你们对世界缺乏认识，也就是说，对人类的普遍堕落缺乏认识，因为他们看不到世界上的另外一些东西。不过现在，因为你们希望找到志同道合的人的帮助，因为你们不了解那种将跟你们的改良设想作对的严厉的顽固势力，所以你们才会有勇气。只要你们的想象力的青春火焰一旦消逝，只要你们一旦察觉到普遍存在的自私、懒惰和畏惧劳动的情绪，只要你们自己一旦真正尝到那种在习以为常的轨道上继续走下去的甜蜜滋味，你们就会失去你们原来那种打算比所有其他人变得更善良和更聪明的兴致。他们并没有凭空捏造你们的这种良好希望；他们已经在自己身上证实和发现了这种希望。他们必定会承认，他们在自己不谙世故的青年时代也同你们现在一样梦想过改良世界，然而随着不断的成熟，他们就变得像你们现在看到的那样温顺和安静了。我相信他们；我自己已经凭我的不很长的阅历体验到，年轻人虽然在最初激发起另外的希望，但在以后却完全顺应了那种成熟的老年人的良好期望。青年人，你们可不要再这样做了，因为否则，什么时候才能开始有更好的一代人呢？诚然，你们会脱落掉青春的釉彩，想象力的火焰也会不再自行燃烧；但是，你们要用清晰的思考抓住这一火焰，使它熊熊燃烧，你们要掌握这种

(I,10,291) 思考的艺术，这样，你们就将获得人的最佳禀赋，获得人的品格。靠这种清晰的思考，你们将获得青春永驻的源泉；不管你们年迈时的双膝如何不稳，步履如何蹒跚，你们的精神将在不断的更新中充满朝气，获得再生，你们的品格将屹立不动，毫不移易。你们要立刻抓住在这里向你们提供的机会，你们要清晰地思考那个供你们讨论的课题，你们在**某一点**上获得的清晰认识将逐步扩展到一切其他方面。

这些演讲向你们这些老年人提出了恳请。就像你们也听到的，人们对你们的看法是：除了那些确实也并不罕见的和更加令人尊敬的例外，就你们当中的绝大多数而言，人们对待你们的态度完全正确；人们也把这种看法当面向你们说过，而且我这个演讲人也要以自己的人格直言不讳地这么补充说。大家可以回顾一下近二十年或三十年的历史；除了你们自己，所有的人都一致认为，在总是撇开例外，而只着眼于大多数人的前提下，在一切领域中，在科学活动和生活事务中，可以发现年龄更大的人更无用、更自私；甚至连你们自己也这么一致认为，也就是说，一切人都在不直接涉及自己的行业里这么一致认为。一切同时代的人都已经看到：每一个希求更美好和更完善的事物的人，都不但必须同自己的模糊认识和周围环境作斗争，还必须同你们作最艰苦的斗争；你们过去下定决心，认为凡是你们没有做过的和不知道的事情，都一定不会发生；你们过去把每一种从事思考的冲动都看做是对你们的理智的辱骂，不遗余力地要在这场反对更美好的事物的斗争中获胜，就像你们通常也确实会获胜那样。所以，你们曾经是一切改良——这是禀性善良的人从自己永葆青春的胸怀向我们呈献出来的——的阻力，直到你们全部都化为你们过去那样的尘埃，直到下一代人在同你们的斗争中变成跟你们一样的人，并继承你们的未竟事业。不过，你们现在也可以行动，就像你们迄今为止在所有的改良倡议方面做过的那样，只不过你们又可以宁愿要你们那种虚荣心，显示在天地之间没有任何东西是你们不曾研究过的，而不要大家共享的幸福。这样，通过这一次最后的斗争，你们就摆脱了一切进一步的斗争；任何改良都不会实现，反而情况会越来越糟，这样，你们就还可以感受到一些快乐。

大家不会相信，我是因为老年人年迈而轻视和贬低他们的。如果说原初的生命和它的不断发展的源泉仅仅是通过自由的活动 (I,10 292)
被纳入生活的，那么，只要生活继续下去，清晰的认识就会增长，力量也会随之增长。这种生活过得更加美好，尘世的渣滓脱落得越来越多，而且这种生活越来越高尚，向着永恒的生命上升，朝它绽开花朵。这样一种老年人的经验并不与邪恶妥协，相反地，为了胜利地与邪恶进行斗争，只会使措施更明确，技艺更精湛。年纪越大，人越变糟，这只是我们时代的过错，在社会十分腐败的一切地方，都必然会产生这种情况。使我们腐败的并不是大自然，它在诞生我们的时候，我们是清白无辜的；使我们腐败的正是社会。谁一旦对社会的影响听之任之，那么，他受到这种影响的时间越长，他就自然会变得越坏。我们也许值得花些力气，从这方面来研究其他腐败透顶的时代的历史，比如，看一看在罗马皇帝的统治下，那种曾经很坏的人是否随着年龄的增长也越变越坏。

因此，这些演讲向你们这些构成例外和经验丰富的老年人提出了恳请：你们要在这件事情上对年轻一代采取肯定、支持和劝告

的态度，他们的目光正充满敬畏之情注视着你们。但是对你们其余的寻常人，这些演讲则提出了这样的恳请：你们不必提供帮助，只不过唯独这一次不要进行干扰，不要又像你们一向做的那样，用你们的智慧和千般疑虑进行阻挠。这件事情以及世上的每件合理的事情都不是复杂的，而是简单的，这也是你们所不知道的上千事物之一。假如你们的智慧能够拯救我们，那它就会在以前拯救了我们，因为你们是一直给我们出主意的人。现在这件事跟任何其他的事情一样都已经安排妥当，就不必再推给你们了。不过你们总该最终认识你们自己，并且要沉默无言。

这些演讲向你们这些做实际工作的人提出了恳请。除了少数例外，你们在内心一直对我们得出的思想和一切渴望自成一体的科学怀有敌意，虽然你们装出一副似乎只是很高雅地轻视这一切的样子；你们竭尽所能，将做这类事情的人和他们的建议都拒于千里之外；他们在你们那里通常能够指望得到的酬谢，就是你们指责他们神经错乱或建议将他们送进疯人医院。另一方面，这些人虽然不敢同样直言不讳地谈论你们，因为他们依附于你们，但他们内
(I,10,293) 心的真实看法是：你们除了个别例外，是思想浅薄的空谈家、大言不惭的吹牛家、在学校走了过场的半吊子、到处盲目摸索的大笨蛋和因循守旧的爬行者，别的什么都不想做，也不能做。你们要用行动证明他们的谎言，你们要为此抓住现在提供给你们的机会；你们要放弃那种轻视透彻思维和科学的态度，让别人给你们讲解你们不懂的东西，倾听和学习这种东西，否则，谴责你们的人就是正确的。

这些演讲向你们这些也许还值得称为思想家、学者和著作家

的人提出了恳请。做实际工作的人对你们的那种指责在某种意义上说也不无道理。你们往往太无忧无虑地驰骋于纯粹的思维领域，毫不关心现实世界，不查看思维如何能与现实结合起来；你们给自己描绘了你们自己的世界，以过分鄙视和轻蔑的态度，将现实世界置于一旁。诚然，现实生活的一切秩序和形态都必须从更高的规范概念出发，而且现实生活不可在习惯的轨道上走下去；这是一个永恒的真理，它用上帝的名义，以毫不掩饰的轻蔑态度，压倒了任何敢于对此毫无所知，竟然从事实际工作的人。但在概念和概念之引用于每种特定生活之间，却有一个巨大的鸿沟。填平这个鸿沟，既是做实际工作的人——他当然在此以前就应当学到很多东西，以便能够理解你们——的事业，也是你们的事业，你们不应当在遨游于思想世界的时候忘记了这种生活。你们双方要在这里汇合到一起。你们双方不应当站在鸿沟的旁边互相侧目而视，互相贬低对方，反之，你们任何一方都应当努力从自己这边填平鸿沟，以开通联合的道路。你们总要最后明白，你们双方就相互关系而言都是必不可少的，就像头脑和胳膊都是必不可少的一样。

这些演讲也从其他方面向你们这些也许还值得称为思想家、学者和著作家的人提出了恳请。你们对普遍存在的思想浅薄、漫不经心和随波逐流的抱怨，对自以为是和夸夸其谈的抱怨，对一切阶层当中存在的那种轻视严肃认真和穷根究底精神的态度的抱怨，可能是符合于事实的。但究竟是哪个阶层教育出所有这些阶层来的呢？究竟是哪个阶层在他们面前把一切科学的东西都变成游戏，把他们从孩提时代起就引向那种自以为是和那种夸夸其谈的呢？究竟是谁还在一直教育这一代已经走出校门的人呢？这个

时代之所以懵懵懂懂，最明显的原因就在于它懵懵懂懂地读了你们写出的东西。尽管你们知道，这群无所事事的人什么都没有学
(I,10,294) 过，也不愿学习任何东西，但你们为什么还一直这么操心，为他们解闷消遣呢？你们把他们称为读者，把他们奉为你们的法官，挑动他们反对你们的竞争者，企图利用一切手段把这群盲目无知、头脑混乱的人拉到你们一边，你们为什么要这么做呢？你们在你们的评论机构和刊物中正像你们的这类最差的读者所能做的那样，不看上下文就信口开河，妄加评论，终于自己把此中的素材提供给他们，作为他们作出的草率评论的范例，你们为什么要这么做呢？如果你们不是都有这样的看法，如果你们当中还有思想好的人，为什么这些思想好的人不团结起来，结束这种灾难呢？特别是谈到那些做实际工作的人，你们自己也说他们在你们的学校里走了过场；你们起码没有利用他们的这种走过场，向他们灌输一些对科学的默默敬意，尤其是逐步打掉出身高贵的年轻人的傲气，向他指出阶层和出身在思想领域里是无济于事的，你们为什么没有这么做呢？也许你们以前奉承过他们，把他们捧得过高，那你们现在就自食其果吧！

假如你们没有理解你们工作的重要性，这些演讲则愿意原谅你们；但这些演讲恳请你们从此时起就认识到这一重要性，而不要再把你们的工作当做一项单纯的营生手艺来做。你们要学会尊重自己，在你们的行动中表明你们在这么做，这样，世人就会尊重你们。关于这个道理，依靠你们根据业已表示的决心将对自己发生的影响，依靠你们在这时将如何举止的方式，你们将会首先得到验证。

这些演讲向你们这些德国君主提出了恳请。那些在你们面前装得似乎对你们根本不可说什么或必须说什么的人，是可鄙的阿谀奉承者，他们是你们的凶恶的诽谤者；你们要把他们从你们身边远远地赶走。你们正像我们其他所有的人一样，是生而无知的，你们如果要脱离这种天然的无知状态，就必须像我们一样听讲和学习，这是真理。你们在招致你们和你们的人民共同遭受到的命运的过程中所起的作用，在这里已经以最温和的方式予以说明，而且我们相信，是以唯一公正合理的方式予以说明的，如果你们不想只听阿谀奉承之词，但又永远不想听真理，那你们就不该抱怨这些演讲。但愿这一切已被遗忘，就像我们其他所有的人也希望我们的那部分罪责被遗忘一样。现在，不仅对于我们大家来说，而且对于你们来说，也已经开始了一种新的生活。但愿这个声音能够穿过你们周围所有那些经常使你们充耳不闻的人，直接进入你们的耳朵！这个声音可以带着自豪感告诉你们：你们要把人民管理成忠诚可靠、可以塑造和配享幸福的，任何一个时代和任何一个民族的君主都没有这样管理过人民。(I,10,295) 人民对自由是有理解力的，他们有能力获得自由；但是，他们跟随过你们浴血奋战，去反对那种在他们看来诚属自由的事业，这是因为你们打算这样做。你们当中有些人后来另有打算，于是他们又跟随你们，去进行那种在他们看来必定彻底灭绝德意志民族最后留有的一点独立性和自主性的战争；这也是因为你们打算这样做。从此以后，他们就忍受和肩负着共同苦难的重担；他们没有不再忠于你们，他们没有不再怀着诚意追随你们，爱戴你们，把你们当做上帝赐予他们的保护人。但愿你们能在他们察觉不到的情况下观察他们，但愿你们摆脱你们周围

那些不总是向你们展现人类最美好的方面的人，能下到市民的寒舍里，下到农民的茅屋中，能追踪观察这些阶层所过的恬静、隐蔽的生活，而那种在高等阶层中变得很罕见的忠诚可靠精神看来已经躲避到这些阶层中来了；呵，你们肯定会下定决心，比以往任何时候都更严肃地思考如何帮助他们。这些演讲向你们推荐了帮助的方法，认为这种方法是有把握的、彻底的和有决定性作用的。你们可以让你们的顾问们去商讨，看他们是否也这样认为，或者，看他们是否知道更好的方法，只是它要同样具有决定作用。但我们确信，某种事情必定会发生，而且必定会马上发生，某种彻底的和具有决定作用的事情必定会发生；我们确信，那种采取犹豫的措施和拖延的手段的时期已经过去了。如果能够，这些演讲很愿意在你们心中产生这种确信，因为它们对你们诚实正直的品格还抱有最大的信赖。

你们所有的德意志人，无论在社会中处于何种地位，这些演讲都向你们提出了恳请：你们当中每一个能够思考的人，都要首先对引发的课题进行思考，而且每一个人都要为恰好在自己近旁的事情做些什么。

你们的祖先会由于这些演讲而联合起来，向你们提出恳请。你们要想到，我的声音中掺有你们远古时代的祖先的声音，他们用自己的躯体阻挡了罗马人统治世界的洪流的涌入，他们用自己的鲜血争取到了这些高山、平原和河川的独立，而它们到了你们这一代，已成为外国人的战利品。他们向你们呼喊道：你们要代表我们，要将对我们的纪念同样光荣地、无可指摘地传给后世，就像它传给你们那样，就像你们以它为荣、以做我们的后人为荣那样。到现在为止，我们的反抗是高尚的、伟大的和明智的，我们仿佛是知 (I,10,296) 道天机的人，是对神圣的宇宙蓝图感到鼓舞的人。如果我们这一代人同你们一起完结，那么，我们的荣誉会变成耻辱，我们的智慧会变成愚蠢。这是因为，假如德意志民族有朝一日会隳于罗马人的风气，那么，这种毁灭发生于古代罗马人的风气要比发生于一种现代罗马人的风气更好些。我们过去抵抗并战胜了前者，而你们如今却在后者面前被化为灰尘。即使事情如此，你们也不应当用身体做武器去战胜他们；只有你们的精神应当在他们面前振作起来，巍然屹立。你们已经领受了更伟大的使命，那就是建立精神和理性的王国，将作为世界统治者的全部粗野的物质力量消灭殆尽。如果你们会这样做，你们就称得上是我们的后人。

在这些声音中也掺进了你们近代的祖先的精神，他们在为宗教自由和信仰自由所作的神圣斗争中已经牺牲了。他们向你们呼喊道：你们也要拯救我们的荣誉。我们不完全明白我们斗争的目的；我们的合法决定是在有关良心的事情上不许外在力量对我们发号施令，除此以外，推动我们的还有一种更高的精神，这种精神从来都没有向我们完全展现出来。如果你们拥有一种看到精神世界的视力，这种精神就向你们展现出来了，所以你们要用高瞻远瞩和明察秋毫的目光凝神注视。那种由感性动力和精神动力混合而成的大杂烩想要统治世界，它的这种资格应当完全予以罢免，只有纯粹的、从一切感性动力中析取出来的精神，才应当给人类事务掌舵。为了使这种精神获得自由，发展起来，成长为一种独立的生存方式，我们流过鲜血。你们要恢复这种精神的那个业已给它规定的统治世界的资格，所以，证明这种牺牲的重要性和合理性就是交给你们的任务。如果我们的民族迄今的一切发展所追求的这个最后目标不能达到，那么，我们的种种斗争也就会变为轰动一时的空洞闹剧，而且如果从这时起根本不再有精神或良知，我们所赢得的精神自由和良知自由就是一个空洞字眼。

你们的尚未出世的后人也会向你们提出恳请。他们向你们呼喊道：你们要以自己的祖先为荣，自豪地加入一个由高尚的人组成的行列。你们要留心这个链条不在你们这里断裂，你们要做得使我们也能以你们为荣，使我们能通过你们这一无可非议的中间环节，加入这个光荣的行列。你们不要使我们不得不耻于做你们的后人，使我们不得不掩盖自己低微、野蛮和卑屈的出身，或虚构一

(I,10,297) 个别的姓氏和别的出身，以期我们不至于无须进一步受到检查，就立刻被人抛弃或践踏。你们的下一代人将会如何，你们就将会如何在历史上得到纪念：如果下一代人能证明你们光荣，对你们的纪念就会是光荣的；如果你们没有任何一个名声响亮的后人，而由胜利者撰写你们的历史，对你们的纪念就甚至会有不适当的诋毁。还从来没有一位胜利者有足够的兴趣或知识，公正地评判被征服者。他把被征服者贬得越低，他自己的地位就越合理。谁能知道，有些古代民族的哪些伟大业绩、哪些卓越设施和哪些高尚习俗已被遗忘，因为他们的后人已被奴役，征服者按照自己的目的对他们作出了不容辩驳的报道。

甚至连外国也向你们提出了恳请，只要它还至少理解自己，还看到自己的真正利益。是的，在所有的民族当中都还有这样一些人，这些人一直无法相信，给人类建立公正、理性和真理的王国的伟大预言竟然是虚空的，是一幅虚幻的景象，因此他们认为，目前

的没落时代只是一个通往更好的状况的阶段。这些人和他们所代表的全部新人都寄望于你们。他们当中的大部分人起源于我们这里，其余的人则从我们这里获得了宗教和各种文化。前者由于他们与我们有共同的祖国大地，也由于他们把他们的诞生地空敞地留给我们而恳请我们；后者由于他们从我们这里获得了保证更高幸福的文化而恳请我们——所有这些人都要我们也为了他们，也由于他们的缘故而维护我们自己，就像我们一直不断地生存下去那样，不让这个对他们极为重要的环节脱离开新成长起来的一代人的谱系，以使他们在一旦为了达到尘世生活的真正目标而需要我们的建议、示范和参与的时候，不为失去我们而感到痛苦。

一切时代，一切在这个世界上生活过的智者和仁者，他们对高尚事物的一切想法和预感，都融入了这些声音，围绕在你们周围，向你们举手恳求；如果可以这样说，甚至创造人类的天意和神圣的宇宙蓝图——之所以有这种蓝图，只是为了供人思考，让人引入现实世界——也恳请你们拯救人的荣誉和人的生存。一些人曾经认为，人类必定会越来越好，关于人类的秩序和尊严的思想并不是空 (I,10,298)
虚的梦想，而是未来现实世界的预言和保证；另一些人则在他们懒散的物质生活中打着瞌睡，对每一次向更高境界的飞升都加以嘲笑。是前一种人正确呢，还是后一种人正确呢，要说明对此作出最终评判的根据，是落到了你们头上的课题。古代世界由于它自身的不体面，由于你们父辈的暴力，已经带着它的辉煌和伟大，带着它的缺点沉沦下去了。如果在这些演讲阐释的东西中包含着真理，那么可以说，在一切现代民族当中，正是你们极其明显地拥有人类臻于完善的萌芽，在人类臻于完善的发展的过程中已经被委

以领头的重任。如果你们的这种天性自行毁灭，那么，整个人类对于从不幸的深渊中得救的一切希望就与你们一起破灭了。你们不要对于凭空捏造的、相信以往情况会简单重复的意见抱有希望，也不要用它安慰自己。这种意见认为，在旧的文化没落以后，会在它的废墟上，从一个处于半野蛮状态的民族中再次出现一种新的文化。在古老的时代有过这样一个民族，它拥有完成这个使命所需要的一切必要条件，有文化的民族很熟悉它，也描述过它；而这些描述它的人本身，假如能设想自己没落的情况，也就会在这个民族身上发现复兴的办法。我们对于地球的整个表面和所有在它之上生活的民族也很熟悉，难道我们知道有这样一个类似于现代世界中的本原民族的民族，可以使我们对它抱有同样的期望吗？我想，任何一个人只要不抱单纯狂热的看法和希望，而是作透彻的研究和思考，就必定会对这个问题作出否定的回答。抱那种期望，绝没有任何出路。如果你们沉沦，整个人类就会随之沉沦，而不存在有朝一日复兴的希望。

尊敬的听众，这就是我在这些演讲结束的时候还打算和应当向你们这些代表我们民族的人，并通过你们向我们的整个民族恳切劝导的。

译者注释

1. 费希特在《现时代的根本特点》里把人类历史的逻辑进程划分为五个先后必经的时期：1. 无须进行强制，不必付出辛劳，人与人的关系只依靠合理本能加以安排的时期；2. 合理本能已经变弱，只表现于少数出类拔萃的人身上，被他们变为一种对大家有强制作用的外在权威的时期；3. 直接摆脱专断的权威，间接摆脱合理本能和任何形态的理性的统治的时期，叫做恶贯满盈的状态；4. 采取科学形态的理性逐渐传遍于人类，理性及其规律在清晰的意识中得到把握的时期；5. 通过完善的技艺，按照理性的规律，人类的一切关系得到调整和安排的时期。他在这个演讲系列里认为，当时的世界历史处于第三个时期。过了三年以后，根据拿破仑不断征服欧洲其他主要国家的现实，尤其是普鲁士国家的惨败，费希特认为，这个发展阶段已经在德国完全结束。因此，他把考察德国如何进入第四个发展阶段的《对德意志民族的演讲》称为《现时代的根本特点》的续篇。——1

2. 《对德意志民族的演讲》的排印方式是：讲完一讲就立即送审一讲，获准一讲就立即排印一讲。由于书刊检查官扣压第一讲的讲稿，费希特在开排第二讲时不得不暂且假定第一讲将占 48 个页码；但在后来第一讲获准付印时，他发现它占不了这么多页码；于是，他不得不再从其他论著中摘录一些段落，把现在出现的空当填补起来，而这些段落分别出自《论马基雅维里》（载柯尼斯堡《维斯塔·科学与艺术之友杂志》，第 1 卷，1807 年 6 月）和《关于爱国主义与其对立面》（未发表的两次谈话录，第一次谈话脱稿于柏林 1806 年 7 月，第二次谈话脱稿于柯尼斯堡 1807 年 7 月），都以争取写作自由和出版自由为目的。——1

3. 这里摘录的两段文字出自《维斯塔》第 1 卷，第 80—81 页；见《费希特全集》，第Ⅰ辑第 9 卷，第 274—275 页。——3

4. 这里摘录的四段文字出自《维斯塔》第1卷，第29—35页；见《费希特全集》，第I辑第9卷，第232—234页。——4

5. 这里摘录的一段文字出自费希特给打算出版的《关于爱国主义与其对立面》所写的前言，见《费希特全集》，第II辑第9卷，第396页。他在这里加的顺序号III是多余的，因为这部谈话录并不是《论马基雅维里》的一个部分。——6

6. 费希特在12月13日作过第一讲以后，立即将讲稿交柏林高等宗教监理会审查。该会成员诺尔特教授当日通读了全文，在他认为有问题的地方画了红线，并摘抄出一些打算要求修改的段落。他在审查报告中说，“书商赖默尔先生——我可以认为这是得到舍费主席先生阁下的批准的——将费希特教授先生今天所作的以‘绪论’为题的第一讲送我审查。我本人参加了这一讲的报告会，并再次不带任何偏见地通读了这一讲。我坦率地承认，尽管作者先生是从一种哲学立场考察他的研究对象的，但他无论在涉及普鲁士政府的地方，还是在暗指法国政府的地方，两者都讲得很明了、很醒目，使我当然不无理由地担心，无条件地签发印刷许可证，将会带来令人不快的麻烦。我这么承认以后，就可以不太担心自己匆忙作出评论了。为了证明我的主张，我摘抄了一些用红笔在边上标出的段落，并且同时呈交出来，看是否可以要求作者先生现在还不必逐讲付印，而是在演讲结束以后，将全书呈交审查，这样就可以更全面地评价全书的倾向，也可以从前后论断的关联中对一些论断作出温和的解释。”（入柏林《普鲁士国家秘密文化档案》；见《同时代人谈论中的费希特》，第4卷，第80—81页。）该会另外三个成员也审查了第一讲。弗·萨克和汉斯坦认为这一讲是谈政治的，不属于应审的神学书籍的范围。黑克尔表示同意诺尔特的意见。该会主席舍费据此决定给第一讲拒发印刷许可证，并于12月16日将拒发的理由通知费希特。1808年2月14日第九讲通过了审查，费希特认为全书的倾向已经讲明，因而要求赖默尔再次送审第一讲。舍费接受赖默尔的送审，让诺尔特、黑克尔与弗·萨克重审第一讲。诺尔特的意见是：或者敦促作者对所提到的段落加以修改，以缓和措辞，或者不发印刷许可证。黑克尔与弗·萨克仍坚持初审的意见。舍费于2月26日答复费希特，说明不能签发印刷许可证的理由。费希特写信求助于普鲁

士王国大臣拜梅,这位大臣要他等到普鲁士政府从柯尼斯堡返回柏林以后。(《费希特全集》,第 III 辑第 6 卷,第 233 页)在这种情况下,他对所提到的段落作了修改。诺尔特在 3 月 31 日的鉴定意见中说,“费希特教授先生的第一讲现在已经有若干修改,它们表明作者的努力不会被误解,因此,我认为现在可以给它签发印刷许可证。”(《同时代人谈论中的费希特》,第 4 卷,第 134—135 页)舍费最后于 4 月 1 日在鉴定意见上签了字。——8

7. 费希特原来写的和说的都不是“在某个地方”,而是在“普鲁士国家”。见《同时代人谈论中的费希特》,第 4 卷,第 118 页与 121 页以下;《费希特著作评论集》,第 4 卷,第 283 页。——8
8. 暗指拿破仑帝国对德意志民族的侵略。——8
9. 当时的状况是:十六个南部和西部德意志君主公开背叛帝国,在 1806 年 7 月 12 日接受拿破仑的指使,成立莱茵同盟;在拿破仑的压力下,弗兰茨二世皇帝于 1806 年 8 月 6 日宣布“德意志民族神圣罗马帝国”结束;耶拿大战后,普鲁士宫廷逃往柯尼斯堡,普鲁士王国丧失了易北河以西的全部领土和原先在波兰占有的地盘,普鲁士军队被限定到四万二千人,同时普鲁士还必须按时向法国交付高额战争赔款。——10

10. 例如,费希特在 1807 年 7 月 29 日写给他的妻子的信里说:“我们这次未走上帝指明的道路;我曾相信,德意志民族必定会保存下来;但是你瞧,它现在已经被遗忘了。”(《费希特全集》,第 III 辑第 6 卷,第 154 页。)——11
11. 从这句话开始往下,诺尔特摘抄了三段打算要求修改的文字。摘抄的文字入柏林《普鲁士国家秘密文化档案》,见《同时代人谈论中的费希特》,第 4 卷,第 122 页。——14
12. 在诺尔特摘抄的段落中,这里的原文是语义明确的“国家”(der Staat),而不是语义含糊的“共同体”(das gemeine Wesen)。——15
13. 诺尔特摘抄的第三段文字至此结束。——16
14. 从这句话开始往下,诺尔特又摘抄了两个段落,它们同样入柏林《普鲁士国家秘密文化档案》;见《同时代人谈论中的费希特》,第 4 卷,第 122 页。——17
15. 在诺尔特摘抄的第四段里,最后一句话的原文为:“正是由于这些纽带被

切断,国家就崩溃了。”——17

16. 诺尔特摘抄的第五段,即最后一段文字到此结束。——17

17. 费希特的这个改造德意志民族的思想,早在他1799年所写的致神圣罗马帝国皇帝弗兰茨二世的书信草稿中就已经形成。这个草稿发表于《作为体系的先验哲学》(汉堡1989年)第313—320页。——18

18. 费希特把他在12月20日作过的第二讲同样于当日送交柏林高等宗教监理会。诺尔特在当天写出上报的审查意见,其中说,“我在所附的费希特阐述民族教育的一般原理的第二讲里,没有发现什么可以拒绝给它签发印刷许可证的东西”。(见《同时代人谈论中的费希特》,第4卷,第86页)该会主席舍费于12月23日在审查报告上签了字,于是第二讲的印刷就未再遇到阻碍。——24

19. 这个看法可能是受了雅可比的影响,因为雅可比在其《关于斯宾诺莎的学说》(布雷斯劳1785年)第183页上说过:“施皮尔茨亚人与布利斯人较之波斯人,并不想更加轻而易举地得到什么思维与推理的娴熟技巧。他们也未曾诉诸他们的理智、他们的精密判断,而是仅仅诉诸各种物,诉诸他们对这些物的偏爱。他们在这里也不炫耀他们的美德;他们只了解他们的心仪、他们的情感。他们没有任何哲学,或者说,他们的哲学只是历史知识。”——30

20. 裴斯泰洛齐批评了这种机械地问答、死背硬记的教学方式,见《格特鲁德是如何教育她的孩子们的》(伯尔尼与苏黎世1810年)第73页以下。费希特在此发挥了他的教育思想。——33

21. 这里说的是拉丁文。——34

22. 这里说的是希腊文。——34

23. 费希特在12月27日所作的第三讲又在书刊检查官那里遇到了麻烦,不过这一次是由于他们难以理解它的内容。诺尔特在写给舍费的报告中说,“我已经尽我的所能,钻研过所附的费希特这篇整个来说含糊不清的第三讲的意思,我认为让它付印不会令人生疑,何况我考虑到,关于以前就宗教问题发表过类似言论的著作,已经给这位作者签发了印刷许可证。我现在只能指望,再请我们监理会中一位神职人员先生对这一讲发表意见,这在尊敬的主席先生看来会觉得是适当的,因为我自己在对这件事情的看法上可能出错”。(《同时代人谈论中的费希特》,第 4 卷,第 98 页)于是,根据舍费的要求,萨克与黑克尔又对第三讲进行复审。萨克的鉴定意见是:“对我来说,费希特先生的哲理太高深,完全无法让人领会。我不理解他,所以无法对他作出评论。但我以为,可以给这一讲签发印刷许可证,因为对于很多其他令人生厌的,但每个人都比较易于理解的奇谈怪论,过去并未拒绝签发印刷许可证。”(同上)黑克尔也说,“我同样认为,无疑可以给费希特的这篇著作签发印刷许可证,因为它难以让人理解,完全不可能对它的读者的宗教情感和道德信念产生什么有害的影响。”(同上书,第 99 页)舍费于 12 月 29 日据此作出了准予付印的决定。——39

24. 暗指谢林《哲学与宗教》(图宾根 1804 年)第 58 页:“绝对者是唯一实在者,有限事物则不是实在的,因此,它的根据不可能在于它或它的基质对实在性的分有,这种分有应该出自绝对者;它的根据只能在于与绝对者的分离、脱离。”——42

25. 即《现时代的根本特点》。关于人类在尘世的真正使命,参看《费希特全集》,第 I 辑第 8 卷,第 201 页;关于自由发展的第二个主要阶段取代不自由发展的第一个主要阶段,参看该书第 198—201 页和第 206—207 页。——50

26. 这一段文字是费希特对《纯粹理性批判》1781 年问世以来批判哲学的成就与不足所作的一个评论。——53

27.《旧约全书》,“以西结书”,第 37 章第 1—10 段。——54

28. 对于费希特 1808 年 1 月 3 日所作的第四讲,诺尔特在当日写的鉴定意见是:“我在第四讲里没有发现什么可以拒绝给它签发印刷许可证的东西。”舍费于 1 月 5 日在鉴定意见书上签了字。(见《同时代人谈论中的费希特》,第 4 卷,第 103 页)——54

29. 在耶拿时期,费希特就研究过语言学问题,见《费希特全集》第 I 辑第 3 卷第 91—127 页,第 II 辑第 4 卷第 158—181 页;在柏林时期,他又研究了语言学问题,见第 II 辑第 10 卷第 371—430 页与第 431—448 页。——57

30. Idee 来源于古希腊文 *eidos*,就像德语中的 Gesicht 一样,最初表示由感官把握的感性东西,后来经过演变,表示由心灵把握的超感性东西。——60

31.《圣经全书》,马丁・路德德文译本,经萨克森选帝侯恩准,由维滕堡汉斯·卢夫特(Hans Luffte,1495—1584)刊印于1534年;这类说法出自该书“但以理书”第1章第17段以下。——60

32. 费希特在半年前就已经在其《论马基雅维里》中说:一向盛行的“时代哲学变得非常平庸、病态和贫乏,它所提供的最大财富是某种博爱、自由和平等”;“自法国革命以来,关于人权、关于人人自由和生而平等的学说虽然是一切社会制度的永恒的和不可动摇的基础,但是,人们仅仅依靠对这些学说的理解,既不能建立也不能管理一个国家。”(《费希特全集》,第Ⅰ辑第9卷,第245页。)——64

33. 对于费希特1月10日所作的第五讲,诺尔特虽然在审查意见中说“决不能给它拒发印刷许可证”,但仍然指出,“就像在原稿第8页、第13页与第26页用铅笔画出来的那些地方表明的,它有对于法国语言和文学的激烈诋毁。”(《同时代人谈论中的费希特》,第4卷,第104页)萨克的意见是:“就我读过和理解的这篇手稿而言,我没有发现其中有什么根据书报检查敕令不得付梓的东西”;黑克尔也表示,“我无疑同意这个鉴定意见。”(同上)舍费于1月12日据此签发了印刷许可证。——70

34. 费希特的这一论述,是针对谢林在其《关于科学研究方法的演讲》(图宾根1803年,第8页以下)中提出的质问而发的。——73

35. 从上下文看,诺尔特在原稿第8页用铅笔画过的地方大致是从这里开始的。——74

36. 这里涉及的是赫尔德的《知性与经验·对纯粹理性批判所作的元批判》(莱比锡1799年)。费希特在他于《文汇报》(1801年1月24日)上发表的通报里,已经对这本书作出了反应,批评了赫尔德对康德哲学的攻击。见《六年以来》,入《费希特全集》,第Ⅰ辑第7卷,第157页以下。——75

37. 这里说的是让·巴·波·莫里哀的著名代表作《伪君子》。——75

38. 从上下文看,诺尔特在原稿第13页用铅笔画过的地方大致是从这里开始的。——77

39. 这里是原书第83页与第84页交界处,费希特在本讲结束后,给此处插入一个说明。——79

40. 从上下文看,诺尔特在原稿第26页用铅笔画过的地方大致是从这里开始的。——83

41. 提坦(Titanen),希腊神话中天神和地神的子女们及其后裔,共 12 名;大多反对主神宙斯,战败后被囚禁于冥界。——85
42. 贺拉斯《歌集》,第 3 卷,第 4 首,第 53—58 段。——85
43. 提福俄斯(Typhoeus),希腊神话中一个有一百个蛇头喷火的怪物,地震被认为是他造成的。——85
44. 弥玛斯(Mimas),希腊神话中的巨人之一,为宙斯所杀。——85
45. 波耳费里翁(Porphyrion),希腊神话中的巨人之一,为宙斯和赫拉克勒斯所杀。——85
46. 洛托斯(Rhoetus),希腊神话中的马人,在庇里托俄斯婚筵中为底玛斯所杀。——85
47. 恩刻拉多斯(Enceladus),希腊神话中的巨人之一,被雅典娜用西西里岛压住。——85
48. 帕拉斯(Pallas),希腊神话中的巨人之一,被雅典娜打死。——85
49. 费希特 1 月 16 日所作的第六讲在送审时没有遇到问题。——87

50. 这里说的是路德于 1520 年 8 月在维滕堡发表其《致信奉基督教的德意志贵族书》。——90
51. 萨克森选帝侯智者弗利德里希三世(Friedrich III, der Weise 1463—1525)致力于改革,1502 年建立维滕堡大学;虽对路德的学说持观望态度,但在罗马教皇利奥十世下令惩办路德时保护了路德。——91
52. 这里说的是路德于 1520 年冬季在维滕堡发表的著作《论基督徒的自由》。——92
53. 这里说的是莱布尼茨以其《人类理智新论》(1765 年)对洛克的《人类理智论》(1757 年)进行了针锋相对的批驳。——96
54. 这是对康德《纯粹理性批判》(1781 年)的巨大贡献的颂扬。——96
55. 康德在《未来形而上学导论》(1783 年)里说,“我坦率地承认,正是休谟的提示在多年以前首先打破了我教条主义的迷梦,并且在我对思辨哲学的研究上给我指出来一个完全不同的方向。”(见中译本,北京 1982 年,第 9 页)——96
56. 费希特对法国革命的结果的评论。——96
57. 给这个思想提供了一个典范的是费希特家中所藏的约·冯·米勒《瑞士

联邦史》(卷一,莱比锡 1806 年)。——100

58. 费希特 1 月 23 日所作的第七讲在送审时没有遇到问题。——101

59. 在这里,费希特按照古代高地德语,把 Deutsch(德意志)解释为 dem Volk eigen (民族特有的);在本书第十二讲中,他又给这个解释作了明确的概括。这是当时具有代表性的观点。例如,约·克·阿德隆编的《高地德语字典》(维也纳 1808 年)第 I 卷第 1472 栏:“卓越的语言学家都主张 deutsch 是从古代的 Thiod、Volk 演绎来的。”——101

60. 这里暗指雅可比来信中暴露的观点:“真的,我的亲爱的费希特,如果您或随便什么人想把基督教称为这样一种思想,而我已把这种思想与那种被我写为虚无主义的唯心主义对立起来,这将不会使我心中不快。”《费希特全集》,第 III 辑第 3 卷,第 223 页。——104

61. 这里暗指霍布斯以来的社会契约论观点。——105

62. 这里暗指马基雅维里《君主论》。费希特在 1807—1808 年研究了此书,他写出的评论见诸《费希特全集》,第 I 辑第 9 卷,第 226 页以下。——108

63. 费希特当时在国家的本质与职能问题上已经开始从形式方面吸取柏拉图的理念论;参看《关于学者的本质》第一讲与第八讲和《现时代的根本特点》第十讲至第十一讲。——109

64. 在 1804 年柏林知识学演讲中,见《费希特全集》,第 II 辑第 7 卷第 359 页和第 8 卷第 5 页与第 300 页;在第 I 辑第 8 卷第 196 页:“只有这样一种观点才堪称哲学观点,这种观点把经验的现有多样性归结为一个共同原理的统一性,然后用这种统一性详尽地说明和推导那种多样性。”——112

65. 费希特于 1808 年 1 月 31 日所作的第八讲在送审后又遇到了麻烦。诺尔特在当日写的审查意见中说,“在第八讲的最后六页上出现一些段落,它们在当前的情况下使我不得不指望我的一位同事先生再对它们加以审核,就它们是否可以付印,供广大读者了解,表示自己的意见”。(《同时代人谈论中的费希特》,第 4 卷,第 111 页)弗·萨克在 2 月 1 日写的鉴定意见中说,“不管费希特先生在第八讲里的论证是否有根据,我没有从中发现什么根据书刊检查敕令不能予以付梓的东西。但是,像最后几页上出现的那些对德国现状的暗示,是否在政治上明智,是否会依然毫无实效,而不给作者惹起麻烦,这却是另一个问题。一位法国书刊检查官如果从另一角度认为这篇手稿值得读懂，则起码难以给它签发出版许可证。”（同上书，第111—112页）舍费在2月3日与高等教会监理会其他成员讨论过这篇讲稿以后，于2月4日将它呈交直属维和委员会约·奥·萨克主席和该会成员卡·格·冯·劳默尔(K. G. von Raumer，1783—1865)，询问它是否会在政治上引起疑问。在未得到回答以前，诺尔特于2月7日审查了费希特当日作过的第九讲，在鉴定意见中认为：“如果像我希望的那样，国王直属维和委员会没有发现什么不能印刷第八讲的东西，那么，也就不可给当前的第九讲——在这一讲里，只有第5页、第7页与第25页上用铅笔画出的段落可能让某个外邦的权威认为不对头——拒发印刷许可证。”（同上书，第113页）2月8日，舍费收到直属维和委员会的肯定答复以后，给第八讲与第九讲同时签发了印刷许可证。约·奥·萨克向普鲁士国王弗利德里希·威廉三世报告说，“费希特教授继续在此间作报告，向他的时代传播振奋和唤醒民族主义的强烈言辞。”（同上书，第115页）——120

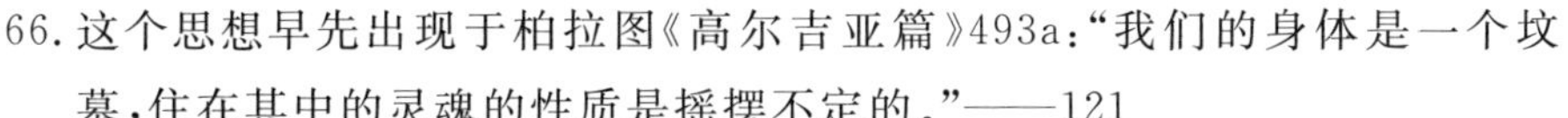

66. 这个思想早先出现于柏拉图《高尔吉亚篇》493a：“我们的身体是一个坟墓，住在其中的灵魂的性质是摇摆不定的。”——121

67. 贺拉斯《流浪艺人诗歌集》，第3卷第2首；西塞罗《司祭集》，第1卷第57节。——127

68. 阿米尼乌斯(Arminius，公元前18—公元19)，彻路西部族首领泽基穆尔之子，10岁赴罗马学武艺，曾经作为军团副将参加罗马帝国皇帝提比略对日耳曼尼亚的征讨，以卓著战功获得罗马公民权和骑士头衔；公元7年返回家乡，成为罗马帝国的反对者，公元9年大败罗马人，歼敌三个军团，公元16年顶住了罗马发动的全面进攻，公元17年与马科曼尼国王进行战斗，胜利以后，被他人杀害。——132

69. 塔西佗《编年史》记载了阿米尼乌斯和日耳曼的其他首领让他们的部族记住：“或者是继续保持自己的自由，或者是被奴役而死，在这之外难道还有别的道路可走么？”（见中译本，北京1997年，上卷，第78—79页）——132

70. 见法国弗·马·伏尔泰的悲剧作品《宗教狂热或穆罕默德》(1740年)，它于1742年上演时遭禁。——134

71. 由此往下是诺尔特在审查时用铅笔画出的六个段落。——136

72. 见《新约全书》,“马太福音”,第 5 章第 39 段与第 40 段。——138
73. 约·海·裴斯泰洛齐(J. H. Pestalozzi,1746—1827),瑞士教育家,深受卢梭关心民众的思想的影响,献身于民众教育事业,在教育史上建树卓著,费希特在苏黎世时期即与他建立友谊。——144
74. 裴斯泰洛齐《格特鲁德是如何教育她的孩子们的》,第 31 页以下、第 34 页、第 35 页与第 38 页以下。——146
75. 同上书,第 187 页:“语言的最终目标显然是把我们人类从晦暗的直观引向清晰的概念。”——147
76. 裴斯泰洛齐《母亲必读》,第 1 册,苏黎世、伯尔尼与图宾根 1803 年。在这本书里,只有前言出自裴斯泰洛齐之手;正文是由他的助手赫尔曼·克吕西(Hermann Krüsi)写成的。当然,裴斯泰洛齐本人也认为家庭教育具有重要价值。——149
77. 裴斯泰洛齐《格特鲁德是如何教育她的孩子们的》,第 119—122 页;这里谈的是他聘请的数学教师约·克·布斯(J. Ch Buss,1776—1855)的报道。——150

78. 同上书,第 55 页:“为了把孩子们引向理性,走上独立思考的道路,我们必须有尽可能多的预防,使他们不要毫无顾虑地夸夸其谈,不要习惯于对自己只从表面上了解的事物发表看法。”——151
79. 同上书,第 342 页以下。——152
80. 费希特 2 月 14 日作过的第十讲在送审时没有遇到问题。——153
81.《新约全书》,“马太福音”,第 18 章第 6 段。——162
82. 裴斯泰洛齐《格特鲁德是如何教育她的孩子们的》,第 52 页以下:“我已经在我三十年前的试验中就此取得了最重要的结果。我当时已经使孩子们在纺织期间达到了一种预计的熟练技巧,而这种技巧是我本人不看操作规程就无法达到的。孩子们必定会完全掌握他们靠学习而从事的手工劳动,因此,他们在劳动之外学到的课程必定在任何情况下都仅仅是对他们已经能做的工作的一种简单补充。”——165
83. 费希特 2 月 21 日作过的第十一讲在送审时没有遇到问题。——168
84. 1807 年 10 月 9 日普鲁士宣布废除隶农制(Leibeigenschaft)。这里的臣属制(Untertänigkeit)应理解为隶农制;同样,前后文中的臣民亦应理解为隶

农。——180

85. 费希特3月6日作过的第十二讲在送审时没有遇到问题。——184

86. 关于费希特的这个解释，梅林指出，“不难了解，崇高的东西可以变为可笑的，如果不是在一步之中，就是在一世纪之中。”（见“费希特对德意志民族的演说”，载《新时代》第26年度第1卷）——186

87. 普鲁士官员亚·亨·缪勒(A. H. Müller)在其《关于德国科学与文学的演讲》（德累斯顿1806年）里曲学阿世、讨好拿破仑，这是费希特对他的言论的批评。——191

88. 索布语(Sorbisch)，亦称汶德语(Wendisch)，一种西斯拉夫语言，中世纪时广泛使用，目前在德国东部仍有大约10万人操这种少数民族语言。——192

89. 莱布尼茨在其《关于德语的应用和改善的不成熟想法》中写道：“如若我们的基本核心语言就这么由于我们疏忽大意而走向毁灭，因而几乎可能使人遇到任何不妙的事情，这仍然可以说是永久的遗憾和耻辱，因为采用一种异邦语言通常会导致自由的丧失，而给自己戴上一副外来的枷锁。”费希特是从美茵茨河畔法兰克福出版的《德意志纪事》（1792年，第12期）读到这篇著作的。——192

90. 由此往下的三段行文中，费希特用对比和影射的方法说出了自己对拿破仑的看法。——195

91. 费希特于3月13日作过的第十三讲在14日就通过了审查。诺尔特的鉴定意见是：“在我看来，我们高等宗教监理会方面也不能给这第十三讲拒发印刷许可证。”（《同时代人谈论中的费希特》，第4卷，第127页）但手稿连同印刷许可证不知丢到什么地方去了。费希特十分恼火，通过赖默尔要求高等宗教监理会仔细查找。查找的结果是：在该会文书室有发出舍费签署的印刷许可证与手稿的存根，但没有赖默尔收到批件与手稿的存根。舍费于4月13日正式通知费希特说第十三讲手稿业已遗失，并请他重写。费希特又请赖默尔于4月16日给舍费写信，说明他坚持要求找回手稿的立场，而且他已无法再有撰写那一讲时的心情，因而重写的部分必定难以与其他部分统一，其结果就是损害全书的风貌。舍费虽然也责成诺尔特再查找手稿，但拖延甚久，未作答复。在这种情况下，费希特于5

月2日向直属维和委员会告状，一方面指出手稿的丢失与重写给自己造成了无法弥补的损失；另一方面要求请人审查重写的手稿。该会很快作出了答复，一是委托汉斯坦审查重写的手稿，二是责成高等教会监理会再查找手稿。舍费于5月7日向直属维和委员会复函，说手稿仍未找到，可能是在送交出版社以后丢失的，把责任推给了赖默尔。汉斯坦审查了由直属维和委员会转来的第十三讲内容通报，认为可以付梓，但对于末尾附的说明，则一直等到费希特将其中措辞激烈的段落删改以后，才于5月9日让它也获得印刷许可证。——199

92. 这里说的是荷兰胡果·格劳秀斯建立的海上自由原则，它服务于确保大国在海洋拥有的特权。在英法海上对抗时，法国公使代办巴歇尔于1806年8月1日传达给德意志民族神圣罗马帝国会议的外交照会说："陛下〔即拿破仑〕已经声明，他绝对不把法国的疆界扩展得超过莱茵河。他永远恪守自己的语言。现在他的唯一要求是能应用天意托付给他的手段，以期解放海洋，赋予贸易以自由，从而确保世界的安宁与幸福。"（文柯普编《莱茵同盟文件》，美茵河畔法兰克福1808年，第27页以下。）——204

93. 这里谈的是《锁闭的商业国》中提出的计划经济模式和它遭到的批评。见《费希特全集》，第Ⅰ辑第7卷，第47—141页，以及《费希特著作评论集》（斯图加特1995年），第3卷，第175—290页。——205

94. 塔西佗在《历史》中记载了巴塔维亚起义领袖奇维里斯（Civilis）向罗马人求和，说当时在这个日耳曼部族的民众中有这样一种说法："我们无论如何不能再把这一多难的战争拖下去了；任何一个民族都无法摆脱加到世界上的奴役。""罗马人不要我们缴纳租税，只要我们拿出勇气和人员来。这个条件几乎同自由差不多了。而且如果我们要选择我们的主人的话，我们忍受罗马皇帝的统治较之受日耳曼女人的统治要更光荣一些。"（中译本，北京1985年，第356页。）——212

95. 由此往下的两段文字中，费希特用对比和影射的方法说出了自己对拿破仑的看法。——217

96. 对于费希特3月20日作过的第十四讲，诺尔特在3月28日写出的审查意见中认为，用红笔标出的段落会引起外国权威的反感，应加以修改。舍费于4月2日给费希特发出便条，要求他以缓和的语气修改这些段落。

费希特于当天就作出答复说,“在标出的最后两段,我已经缓和了语气。但第 9 页上的第一段我无法修改。”(《费希特全集》,第 III 辑第 6 卷,第 237 页)诺尔特看过修改以后认为,最令人感到有顾虑的段落已经改变,所以这一讲可以付印。弗·萨克依然坚持其过去的立场,认为这类涉及政治的论著不属于高等教会监理会的审查范围,而这些被认为有问题的段落并不与宗教抵触,所以高等教会监理会不应不允许它付印。舍费仍有顾虑,便请示直属维和委员会主席约·奥·萨克。这位财政大臣复信说,这篇手稿在总体上仍属于高等教会监理会审查的范围,但画红线的地方确实令人担忧,希望作者为了出版全书而修改这些地方。于是,舍费再次要求费希特修改或删除这些地方。费希特转向当时正在柏林的普鲁士首相亨·弗·卡·施泰因男爵(H. F. K. Freiherr von Stein, 1757—1831),寻求支持。不料这位政治家在涉及法国的问题上亦爱莫能助,劝他再作妥协。在这种情况下,费希特于 4 月 11 日给舍费回信说,首相认为,“第 9 页上带有附加补充的第一段不动,第 20 页第二段可照我压缩过的那样付印。”(同上书,第 239 页)这样,舍费才在 4 月 13 日签发了印刷许可证。——220

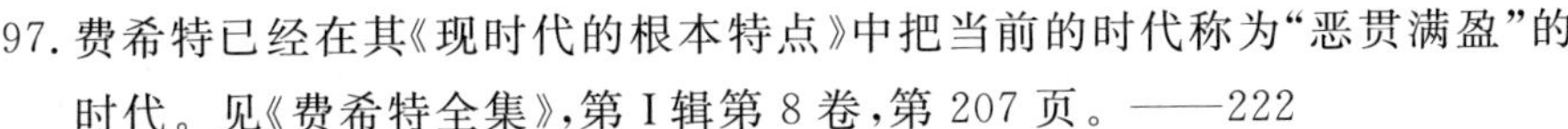

97. 费希特已经在其《现时代的根本特点》中把当前的时代称为“恶贯满盈”的时代。见《费希特全集》,第 I 辑第 8 卷,第 207 页。——222

98. 谢林在其《对于自然哲学与经过修订的费希特学说的真正关系的阐述》(图宾根 1806 年)中就此回答道:“我们已经向他〔费希特〕证明,是他把原罪的真正本原、自我性确立为哲学的根本(《哲学与宗教》第 42 页以下);他现在恰恰把这个时代解释为恶贯满盈的时代。”(第 9 页)——222

99. 由此往下,到本段为止,根据费希特 4 月 2 日信中用“遭殃”(übelgehen)和“交好运”(wohlgehen)谈遣辞造句的情况,可以推断,就是原稿第 9 页上他认为无法修改的段落。——226

100. 同样可以推断,由此往下的条件从句就是所谓的“附加补充”。(见《同时代人谈论中的费希特》,第 4 卷,第 141—142 页)但费希特附加的这句话有违前一句话的原意。——226

后　　记

本书最初是由它的德文单行本（汉堡 1978 年，迈纳出版社）译出，于 2003 年在辽宁教育出版社出版的。收入《费希特著作选集》第五卷（商务印书馆 2006 年）时，我们根据刚问世的《费希特全集》第Ⅰ辑第 10 卷第 99—208 页对全书正文部分进行了修订。现在从选集中抽出发表时，我们又根据这个全集本对过去编写的译者注释进行了增订。

中文版序言的撰写参考过当代著名费希特研究家赖因哈德·劳特（Reinhard Lauth）为那个德文单行本写的导言。这位真诚的德国哲学家支持我们费希特课题组的工作长达 23 年之久，他虽然离开了我们，但他那种不屈不挠的探索精神给我们留下了不可磨灭的印象。

梁志学　沈真　李理

2008 年 4 月

图书在版编目(CIP)数据

对德意志民族的演讲/(德)费希特著;梁志学,沈真,李理译.—北京:商务印书馆,2017
(汉译世界学术名著丛书:120年纪念版:珍藏本)
ISBN 978-7-100-14491-9

Ⅰ.①对… Ⅱ.①费… ②梁… ③沈… ④李… Ⅲ.①德国古典哲学 Ⅳ.①B516.33

中国版本图书馆CIP数据核字(2017)第154116号

汉译世界学术名著丛书
(120年纪念版·珍藏本)
对德意志民族的演讲
〔德〕费希特 著
梁志学 沈真 李理 译

商务印书馆出版
(北京王府井大街36号 邮政编码100710)
商务印书馆发行
北京新华印刷有限公司印刷
ISBN 978-7-100-14491-9

2017年12月第1版 开本710×1000 1/16
2017年12月北京第1次印刷 印张18½
定价:92.00元